向未来生长
——未来学校探索与实践

谢 英 李宣霖 著

哈尔滨工业大学出版社

图书在版编目(CIP)数据

向未来生长：未来学校探索与实践/谢英，李宣霖著．—哈尔滨：哈尔滨工业大学出版社，2021.6
ISBN 978-7-5603-9558-6

Ⅰ.①向… Ⅱ.①谢…②李… Ⅲ.①小学教育-教育研究 Ⅳ.①G622.0

中国版本图书馆 CIP 数据核字(2021)第 123425 号

策划编辑　闻　竹
责任编辑　佟　馨
封面设计　郝　棣
出版发行　哈尔滨工业大学出版社
社　　址　哈尔滨市南岗区复华四道街10号　邮编150006
传　　真　0451-86414749
网　　址　http://hitpress.hit.edu.cn
印　　刷　哈尔滨市工大节能印刷厂
开　　本　787mm×1092mm　1/16　印张9.75　字数243千字
版　　次　2021年6月第1版　2024年6月第2次印刷
书　　号　ISBN 978-7-5603-9558-6
定　　价　70.00元

(如因印装质量问题影响阅读,我社负责调换)

序

　　未来已来,我们都在进行着大变革。

　　未来已来,我们将如何面对这随之而来的大变革?人们在对未来充满向往的同时,也怀揣着疑问。面对神秘的未来,人们开始在科技、教育等领域展开摸索。结果发现,未来既是全球化、合作化的时代,也是竞争的时代。在未来,提升自己的可持续发展的竞争力成为首要目标。

　　中国科学院院士苏步青先生与清华大学社会科学学院继续教育中心主任曲炜教授都曾经说过,未来的竞争,本质就是人才的竞争。所以国家想要维持在未来的核心竞争力,就需要对人进行核心竞争力的培养,就应该关注未来的教育。

　　近些年,世界各国都在对未来教育进行积极探索。从2006年美国第一所未来学校的诞生,到俄罗斯的"未来项目"、新加坡的"智慧国2015计划"、欧盟的"未来教室实验室"项目等,关于未来学校的项目相继展开,未来教育的概念正在逐步清晰。在2013年,由中国教育科学院牵头,我国正式启动了"中国未来学校创新计划",旨在利用数字时代的先进数信技术来促进学校教育的结构性变革。在不断的探索与实践之中,我们确定了打造未来学习中心、STEAM创新中心、艺术创意中心三大中心,并确定了未来学习空间设计、未来学习方式变革、未来教育课程再造、未来学校组织创新四类研究内容。但是关于具体的落实与实践,却仍然需要我们去进行探索。由此,笔者开始编撰本书。

　　本书分为上下两个篇章展开对未来学校的探索与实践。在上篇"与未来同行"中,我们从新时代下的新教育、学校新形态的探索与定义、未来学校的兴起以及未来学校现状的思考与启示四个方面来展开,对当今世界的教育发展、未来教育以及未来学校的建设进行阐述。我们还聚焦于未来学校的特征与革新两个层面,了解未来学校在空间、学习方式、课程体系、学校组织等方面的具体特征,并且结合传统学校的特点展开未来学校在核心变革层、重点变革层、外延拓展层三个层面的革新。最后,结合具体的实践案例,对未来学校的发展方向与实践途径进行探索。在上篇的最后,我们从技术逻辑以及人文关怀两个具体的方向对未来学校的实践进行思考,从培养核心、实践途径以及具体构建三个维度提出自己的思考和建议,为未来学校的构建提供新的认识视角与思考角度。

　　本书的下篇"向未来生长"结合上篇的理论探索,以湖南省常德市武陵区第一小学作为具体的实践案例,对未来学校在文化体系构建、组织体系构建、课程体系搭建、环境体系构建四个方面的具体内容进行阐述,探讨未来学校的具体构建。

　　湖南省常德市武陵区第一小学是现在乃至未来对未来学校进行探索的最佳案例。其在文化体系、组织体系、课程体系、环境体系的构建之中,都取得了一定的成果。不仅确立了"同未来相识"文化体系、"和美好同行"组织体系、"向未来生长"课程体系以及"让美好相遇"环境体系四大核心内容,更从文化系统框架搭建,校本内容设计,学校组织管理智能化、协同化、自管化,智慧教育,创造+课程体系搭建,七大中心与特色教师的搭建,环境设计等具体的内容对以上四大核心内容进行搭建。

　　本书的下篇从这些具体方面出发,对文化体系、组织体系、课程体系、环境体系的构建含义、作用意义、探索实例、探索方向等进行讨论,并结合湖南省常德市武陵区第一小学的情况提出自己的意见与建议,以点照面,为中国未来学校的发展提出具有可操作性的意见与建议,推动我国未来教育探索的进程,为提升未来的核心竞争力贡献自己的一份力量。

在撰写本书过程中,笔者以自身对未来教育的展望、见解以及目前已经形成具体体系的理论框架作为核心,结合《中国未来学校白皮书》,以教育部提出的相应的发展指南作为理论基础,形成了完整的理论体系。随后以湖南省常德市武陵区第一小学的实际探索作为案例,使未来学校的建设可以更加具象化地呈现在我们的面前。在此过程中,笔者得到了教育界同仁以及湖南省常德市武陵区第一小学的大力支持,在此特地表达衷心的感谢。

本书为重庆第二师范学院校级科研项目"师范生沉浸式媒体教学资源开发与应用研究"(项目编号:KY201705B)研究成果。

本书为教育部学校规划建设发展中心重庆第二师范学院儿童研究院应用开发类重点项目"人工智能视域下未来幼儿园游戏化空间设计"(项目编号:CSDP18FC2208)研究成果。

作者
2021 年 3 月

目 录

上篇：与未来同行

第一章 未来已来的未来学校 ... 3
1.1 新时代下的新教育 ... 3
1.2 学校新形态的探索与定义 ... 9
1.3 未来学校的兴起 ... 10
1.4 未来学校现状的思考与启示 ... 18

第二章 未来学校的特征与革新 ... 26
2.1 未来学校的特征 ... 26
2.2 未来学校的革新 ... 37

第三章 未来学校的发展方向与实践途径 ... 46
3.1 未来学校的培养核心 ... 46
3.2 未来学校的实践路径 ... 49
3.3 未来学校的具体构建 ... 52

下篇：向未来生长

第四章 同行未来的文化体系构建 ... 65
4.1 文化系统框架搭设构想 ... 65
4.2 文化系统框架解释 ... 67
4.3 校本课程设计 ... 72

第五章 走进未来的组织体系的构建 ... 84
5.1 学校组织智能管理化——云上管理平台 ... 85
5.2 家长群体协同管理化——家长协管组织平台的搭建 ... 86
5.3 学生自管引导化——构建学生自管平台 ... 88
5.4 七大中心以及35个特色教室的构建 ... 90

第六章 面向未来的课程体系搭建 ... 98
6.1 智慧教育 ... 98
6.2 "创造+"课程 ... 111

第七章　遇见未来的环境体系构建 ……………………………………… 117
7.1　视觉语言 ……………………………………………………… 118
7.2　技术逻辑下的环境体系打造 ………………………………… 128
7.3　情感体系下的环境体系打造 ………………………………… 131
7.4　以学生作为教育核心 ………………………………………… 133
7.5　构建完整的学生培养环境系统 ……………………………… 143

参考文献 ……………………………………………………………… 147

上篇：与未来同行

随着时代的发展，人们已达成共识，那就是："未来的竞争就是关于人才的竞争！"而培养未来人才就需要我们思考一些问题，未来人才是什么样的？我们如何培养未来人才？在不断的探索之中，人们对这两个问题有了相对直观的答案：未来人才的培养核心就是培养具有德智体美劳五种优秀的品德，同时又兼具发现问题能力、解决问题能力、判断能力、决断能力等非认知性能力的专业性的人才。而培养未来人才就需要从最为基础的教育入手。通过发展未来教育，建设未来学校来实现未来人才的培养是非常可靠的实施方案。明确了这样一个问题之后，还需要去面对更多的问题：什么是未来学校？未来学校有什么不同？如何去构建未来学校？这些问题成为构建未来教育、培养未来人才的道路上不得不跨越的鸿沟。

在近些年的探索之中，上述这些问题的答案也开始逐渐浮出水面，未来学校不再只是水中看月、雾里看花般的存在。在本书的上篇，我们将结合近些年一些国家与地区对于上述问题的探索进行论述，就未来教育的发展、未来学校的探索与定义、未来学校的特征与革新、未来学校的发展方向与实践途径几个方面的问题进行思考。让世界与未来同行，让未来教育与我们同行。

笔者将以我国教育的发展历程、新时代教育的提出及其意义，一些国家与地区对于21世纪的人才培养方案以及对于未来教育的积极探索作为主要的论述背景，以未来学校建设方向的探索作为主要目标，探讨未来教育的意义以及探索方向。我们也将对承担着未来教育责任的未来学校进行详细的介绍，从未来学校的特征以及革新两个方面出发，让人们了解什么是未来学校，未来学校是什么样的，未来学校相较于传统教育的革新以及发展的主要方向到底是什么。在上篇的最后阶段，我们也将结合未来学校现阶段积极探索的实例，以及未来人才培育的目标，对未来学校的发展方向以及实践途径进行探索。

第一章 未来已来的未来学校

1.1 新时代下的新教育

何为教育？古今中外，讨论的人不在少数。韩愈的《师说》曰："师者，所以传道受业解惑也。"哲学家雅斯贝尔斯在《什么是教育》中写道："教育的本质意味着'一棵树摇动另一棵树，一朵云推动另一朵云，一个灵魂唤醒另一个灵魂'。"卢梭在其名著《爱弥儿》中认为："最好的教育就是无所作为的教育：学生看不到教育的发生，却实实在在地影响着他们的心灵，帮助他们发挥了潜能，这才是天底下最好的教育。"著名教育家张伯苓说："作为一个教育者，我们不仅要教会学生知识，教会学生锻炼身体，更重要的是要教会学生如何做人。"

教育，狭义上指专门组织的学校教育；广义上指影响人的身心发展的社会实践活动。教育者按照法律法规和行业规范，根据学校条件和职称，有目的、有计划、有组织地对受教育者进行教化，以现有的经验、学识授人，为其解释各种现象、问题或行为，以提高其实践能力，其根本是以人的一种相对成熟或理性的思维来认知事物。教育的本质就是立德树人，教书育人。一定意义而言，教育帮助学生获得信息、认识、技能，改变其思维方式、价值观和态度，使学生树立正确的世界观和人生观，让每个人都成为社会的有用之才。教育既是过程，也是结果；既是手段，也是目的；既是教师个人行为，也是家庭、学校、社会集体的努力。

社会对于人才的需求也随着社会经济的迅猛发展而改变，创新型人才、复合型人才、技能型人才需求越来越大。为顺应时代发展，各学校纷纷加快课程体系改革，尝试以思想为引导，培养学生专业能力的自主学习模式。利用素质教育模式提高学生的综合素质，使他们能够适应新时期社会的需求。

《中国教育现代化2035》提出，推进教育现代化的总体目标是：到2020年，全面实现"十三五"发展目标，教育总体实力和国际影响力显著增强，劳动年龄人口平均受教育年限明显增加，教育现代化取得重要进展，为全面建成小康社会做出重要贡献。在此基础上，再经过15年努力，到2035年，总体实现教育现代化，迈入教育强国行列，推动我国成为学习大国、人力资源强国和人才强国，为到21世纪中叶建成富强民主文明和谐美丽的社会主义现代化强国奠定坚实基础。《中国教育现代化2035》聚焦教育发展的突出问题和薄弱环节，立足当前，着眼长远，重点部署了面向教育现代化的十大战略任务，其中包括完善教育质量标准体系，制定覆盖全学段、体现世界先进水平、符合不同层次类型教育特点的教育质量标准，明确学习者发展核心素养要求。加强课程教材体系建设，科学规划大中小学课程，分类制定课程标准，充分利用现代信息技术，丰富并创新课程形式。加快信息化时代教育变革。建设智能化校园，统筹建设一体化智能化教学、管理与服务平台。利用现代技术加快推动人才培养模式改革，实现规模化教育与个性化培养的有机结合。

因此，我们关于教育发展的眼光绝不能仅停留在当下，必须要看向2035、2050，甚至更远的未来。当前是信息大爆炸的时代，网络信息化迅速发展，教育也正经历着从推广普及到质量提升的长周期转变进程。在这样的背景下，中国教育行业迎来了新的发展机遇，人才培养结构面临着最深刻的调整,借助信息技术的力量,打破传统教育模式的枷锁,将网络化教育、多媒体教育、科研化教育以及数字化教育等结合到实际的教育课程中,促进学生综合素质和能力水平的发展,促进教育的全面性发展,学校已经处在了形态变革的前夜。

1.1.1 教育3.0时代来临

当前,人类社会已经全面进入信息时代,知识呈几何级数增长,信息技术导致产业结构发生了剧烈变化,社会发展对多元化、复合型、创新型的人才需求愈加迫切,个体对教育的需求也更加复杂。教育目标、教师角色、学习环境、学习内容、学习方式都已发生或正在发生着重大变化,人们对通过教育改变未来生活所寄寓的希望日益增强,教育变革比以往任何时候都显得更加重要。

从历史角度看,基础教育自改革开放以来,可分为四个阶段,一是"普及九年义务教育"之前;二是"普及九年义务教育"期间;三是"义务教育均衡发展"阶段;四是正在开启的中国教育现代化2035时代。从教学模式的角度看,教育可分为教育1.0时代、教育2.0时代与教育3.0时代(图1-1)。

图1-1 教育时代变革

以"普及九年义务教育"为标志的阶段,可称为教育1.0时代。我国的义务教育,如果追本溯源,便要追溯到1904年,清政府在颁布的《奏定学堂章程》中规定:"儿童自六岁起受蒙学四年,十岁入寻常小学修业三年。俟各处学堂一律办齐后,无论何色人等皆应受此七年教育,然后听其任为各项事业。"义务教育从此在华夏大地生根发芽。我国人民普及义务教育的梦想是从中华人民共和国成立开始一步步实现的。1986年,我国颁布了《义务教育法》,义务教育才真正从法理上予以确立,自此,一场轰轰烈烈的"普九"运动在华夏大地拉开了帷幕。2011年所有省(自治区、直辖市)通过了国家"普九"验收,自1986年到2011年,我国用了25年时间全面普及了城乡免费义务教育,从根本上保障了适龄儿童少年"有学上"。但"普九"不是终点,只有继续加快教育发展,才能促进教育现代化,才能造就经济和社会发展的新的人才优势。教育1.0模式是传统的"粉笔+板书"的教育模式,教师在讲台上写板书教授课本内容,学生则在台下听讲、记笔记。教育1.0模式更关注对学生基本知识的传授、基本技能的培育,是无差别的、单向的知识传授,缺少互动性和个性化。

以"义务教育均衡发展"为标志的阶段,可称为教育2.0时代。2012年9月,《国务院关于深入推进义务教育均衡发展的意见》指出:"深入推进义务教育均衡发展,着力提升农村学校和薄弱学校办学水平,全面提高义务教育质量,努力实现所有适龄儿童少年'上好学',对于坚持以人为本、促进人的全面发展,解决义务教育深层次矛盾、推动教育事业科学发展,促进教育公平、构建社会主义和谐社会,进一步提升国民素质、建设人力资源强国,具有重大的现实意义和深远的历史意义。"截至2019年底,全国有2767个县通过了义务教育基本均衡发展督导评估认定,占比达95.32%,提前一年实现了全国95%的县达到基本均衡验收的目标,23个省份整体实现县域义务教育发展基本均衡。教育2.0时代依然是以教师为主体的教学模式,但相较于教育1.0时代,它更具信息化、特色化。教育2.0时代以班级授课制、分科教学、现代学校组织为特征,逐渐引入多媒体教学、案例教学、互动教学等手段,增加了问答和互动环节。课程目标除了知识与技能的培育外,增加了过程与方法、情感态度与价值观的培育,丰富了教学内容,调动了课堂气氛,提高了学生主动性。

尽管各地推进义务教育均衡发展时日已久,但总体而言,各区域、城乡、学校之间发展不均衡的现象仍然存在。一些地方、学校在推进义务教育均衡发展过程中出现形式大于实质、重视硬件而忽视软件、重技术逻辑而轻人文情怀的现象。即使引进新技术、新教学手段,依旧是一个教学模式、一个标准,导致教育教学工作趋于平均化、平面化,有违教育均衡发展的初衷。再者,人才的标准并非是一成不变的。各时期经济的发展、产业结构的调整都将使就业结构发生重大改变并对人才需求产生直接的、根本性的影响。例如,教育1.0时代和教育2.0时代分别满足了"普及九年义务教育""义务教育均衡发展"时期人才的培养需求,为当时的大中小企业推送了一批批勤奋踏实、敬业爱岗、无私奉献的人才。21世纪,人类进入了日新月异的信息时代,高新技术更广泛地渗入社会的各个领域。世界经济的发展总是以新知识、新技术、新理论的产生为先导,21世纪的人才需求也有所改变,最需要的人才是具有多元化的知识结构,在个人素质、学识和经验、合作与交流、创新与决策等不同方面都拥有足够潜力与修养的"广义"的人才,是创新与实践相结合、专才跨领域的综合型人才。教育2.0时代的人才培养方案不再适应21世纪,基于教育发展的长远规划和战略定位,教育3.0时代便应运而生。

而正在迈入的中国教育现代化2035阶段,可定义为教育3.0时代。2019年2月,中共中央、国务院印发《中国教育现代化2035》。《中国教育现代化2035》聚焦教育发展的突出问题和薄弱环节,立足当前,着眼长远。《中国教育现代化2035》提出,到2035年,总体实现教育现代化,迈入教育强国行列,推动我国成为学习大国、人力资源强国和人才强国,为到21世纪中叶建成富强民主文明和谐美丽的社会主义现代化强国奠定坚实基础。2035年主要发展目标是:建成服务全民终身学习的现代教育体系、普及有质量的学前教育、实现优质均衡的义务教育、全面普及高中阶段教育、职业教育服务能力显著提升、高等教育竞争力明显提升、残疾儿童少年享有适合的教育、形成全社会共同参与的教育治理新格局。

在教育1.0、2.0时代,教师的教学方式往往是"储蓄式教育"。教师面临的教学任务和指标十分沉重,教师把大量的时间都用在教学设计、教学评价等工作上,很多教师便成了课本、教材的"搬运工"。教育3.0时代,互联网、云计算、大数据等技术的不断发展,微信、微课、微助教、研讨教学等教学手段和工具被引入课堂,"云课程""慕课""翻转课堂""移动学习""泛在学习"等新的教育形态,一经问世便迅速遍及全球,引发了信息技术变革教育的浪潮,冲破了传统教育在时间和空间上的限制。这就要求教师要通过学生在学习平台上的学习痕迹掌握学生的学习风格和认知风格,并利用智能技术对学生进行"画像",创造性地构建属于学生个体的教学情境。根据学生的认知规律以及各方面需要进行课程教学研究和开发,对教材知识以及教材外的知识重新组织,确定新的课程内容,形成新的课程体系。通过课前准备、课上研讨和课后提高三个环节,通过循序渐进的学习实现知识的内化,满足学生自主性、互动性、体验性、个性化的学习需求。教师不能是教材的"搬运工",而应成为教育教学的研究者、创造者。与此同时,个性化、体验式、合作式学习以及互动式教学等教学组织方式深入人心,"无处不在的学习""没有教室的学校""一人一张课程表"等新的教育形态不断涌现,今天的教育已经与倡导整齐划一的教育2.0时代截然不同,一个全新的教育3.0时代已到来。

教育3.0时代意味着人工智能等新一代信息技术对教育的影响将会越来越广泛和深入。教育3.0时代的本质是每一个参与者或群体都可以基于自己的学习目标在网络上进行多层次的教学交互,与外部网络联通,并促进自身的网络建构和发展。这不仅使现代教育技术发生了变革,更对学习模式和教学组织形式产生了强烈冲击,并影响着教育的理念和体制。"未来学校"近年来也成为教育界的热词,受到了各界人士的关注。教育3.0时代(图1-2)是教育发展的必然趋势,未来学校则是顺应教育3.0时代的发展的产物。

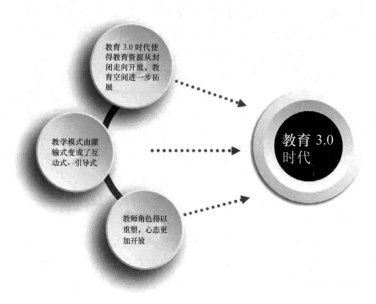

图1-2 教育3.0时代

与教育1.0、2.0时代相比,首先,教育3.0时代使得教育资源从封闭走向开放,教育空间进一步拓展。随着科学技术的不断发展和一系列新兴技术领域的开辟,互联网、云计算、物联网等新技术打破了时间、空间、内容、师资等限制,使得信息资源高度共享,建立起联通各地,甚至是各国的信息高速公路。使得世界各地的学校能够通过这条信息高速公路便捷地共享资源,打破了学校、学科之间的界限,教育的空间与机会得到了极大的拓展。在传统的教育模式中,教育资源主要聚集在校园这个相对封闭的物理空间内,教育资源相对匮乏且分配不均。而在"互联网+"时代,教育资源的迅速电子化、数字化,使得各地教育资源可在全国甚至可在国际范围内获得广泛的共享。网络具有强大的存储性和交互性,互联网可以在短时间内收集和存储海量的资源,形成巨大的"信息库",借助高新技术迅速传播,不再局限于某个校园、地区或者国家,使得优质教育资源可以在全世界范围内平等自由共享。

其次,教学模式变成了互动式、引导式。在传统的教学中,教师占绝对的核心地位,拘泥于班级授课制的局限,一般都是以集体的形式进行授课,对学生的个体差异和个性需求难以顾及。而在互联网时代,网络学习平台会代替教师的部分职能,教师不再是获取知识的唯一渠道,学生可以利用互联网、多媒体等渠道汲取知识,对教师的依赖性明显减弱。但是网络上的信息是庞杂的、碎片化的,而学生的吸收能力是有限的。这就需要教师对信进行系统的整理和组织,并帮助学生将获得的知识以合理的方式融入自身的知识体系。因此,在教育3.0时代,教师的知识掌握者的角色将被替代,教师将从教学的主导者转变成学习的辅导者、引导者和服务者,教学课堂更多的是互动式、引导式的对话或答疑解惑等,在技术手段的支持下能够更好地针对学生个体学习水平、性格、兴趣、特长等开展个性化教育。

再次,教师角色得以重塑,心态更加开放。丰富的互联网教育资源受到学习者的追捧,并在一定程度上架空了实体教育,使得"教"与"学"有了改变。传统的教学课堂通常采用"一对多"的授课方式,一个教师站在讲台上面对班级几十名学生进行授课。教师具有绝对的话语权,统一协调教学进度,安排教学任务,学生按照教师的教学节奏学习。未来,智能学习平台在教育中的应用会越来越广泛和深入,网络学习平台也将成为学生获取知识的一个重要途径,学生可以根据自己的实际情况安排学习进度,查看学习平台上的数据判断对于知识的掌握程度。作为"教"的主体,教师必须及时地做出相应的角色转型,教师不仅需要具备更加积极的态度、更加创新的理念,而且要在教学中融入更多的综合能力。教师需要根据数据分析的结果了解学生的个性化特点与每一个学生的真实水平,据此开展个性化教学,达到因材施教。教育3.0时代背景下,教师不仅要对课程与教学有自己独到的理解,而且要善于利用信息技术开展教学,更重要的是要学会通过技术手段创新教育教学。

如果说教育1.0时代"普及九年义务教育时期"追求的是教学的"量"和校园规模的发展,教育2.0时代"义务教育均衡发展时期"追求的则是教育设备的更新与教育品质的提升,为实现义务教育现代化打下坚实的基础,那么教育3.0则是追求教育的更高质量、更高水平。教育3.0时代使得教育资源从封闭走向开放,教育空间进一步拓展;教学模式变成了互动式、引导式;教师角色得以重塑,心态更加开放。

1.1.2　21世纪人才培养规划概述

在教育3.0时代,培养学生21世纪核心素养已成为世界各国所面临的共同主题。当前,全球化创造了一个与以往大不相同的教育环境。21世纪核心素养是世界教育研究的重要课题,几乎每个国家都认识到21世纪核心素养对其经济繁荣和国民福祉的重要性。国际组织也逐渐提高对高等教育质量的关注程度,不断出台政策以保障教育质量。其中以联合国教科文组织(UNESCO)、经济合作与发展组织(OECD)、欧洲联盟(EU)三大国际组织关于21世纪核心素养的完备性、影响力和执行力最为突出。

联合国教育、科学及文化组织简称联合国教科文组织。该组织旨在通过教育、科学和文化促进各国合作,对世界和平和安全做出贡献。联合国教科文组织关于21世纪核心素养提出,教育应由工具性目标转变为人本性目标,由把学生培养成提高生产率的工具转变为提高学生情感、智力、身体、心理诸方面的潜质与素质。教育应从身体健康、社会情绪、文化艺术、文字沟通、学习方法与认知、数字与数学、科学与技术七个维度的核心素养展开。

经济合作与发展组织作为全球最具影响力的国际组织之一,是由38个市场经济国家组成的政府间国际经济组织,旨在共同应对全球化带来的经济、社会和政府治理等方面的挑战,并把握全球化带来的机遇。经济合作与发展组织历年的未来教育报告已成为诸多国家的教育政策参考。其"塑造教育趋势"(Trends Shaping Education)项目重点概述经济、社会、人口和技术趋势及其与教育的潜在联系,对教育未来的预测享有很强的国际影响力。安德烈亚斯·施莱歇尔(Andreas Schleicher)教授在梳理各国基础教育创新政策后指出:21世纪所必须习得的素养,涵盖了知识、技能和个人品性,具体包括创造力、批判性思维、问题解决、创新、协作、数据搜集与沟通等方面的能力。在新形势下,各国政府都重新审视人才培养目标,对 21 世纪的核心素养分别做了相应的表述。

欧盟理事会是一个由来自欧盟成员国各国政府部长所组成的理事会,是欧盟的主要决策机构之一。欧洲议会和欧盟理事会在 2005 年发布了《终身学习关键能力——欧洲参照框架》,指出基础教育阶段要培养的学生的能力包括:母语交流能力、外语交流能力、数学能力及科学和技术基本能力、数字化能力、学会学习能力、社会和公民能力、首创精神和创业能力、文化意识和表达能力等。以此为核心,培养素质全面的合格公民。

从以上可以看出,联合国教科文组织、经济合作与发展组织和欧盟在 21 世纪人才培养规划方面的内涵和目标上既有共性,又各具特色。从内涵上看,其共性表现在三大组织都将 21 世纪人才培养规划理解为旨在实现、保持或提高基础教育领域质量的政策、程序和实践。区别是联合国教科文组织强调潜质培养;经合组织注重思辨能力;欧盟更突出实践能力。从目标上看,三大国际组织都根据不同地区的实际情况设计了一整套基础教育质量保障目标体系,为成员国提供参考。

除以上三大国际组织外,各国立足于本国人才培养现状,出台符合本国国情的 21 世纪人才培养规划,以下举例介绍。

《美国国家教育技术计划》提出,21 世纪人才应具备的能力素质包括批判性思维能力、复杂问题解决能力、协作能力和多媒体通信能力。2012 年 8 月,美国国家科学院的最新报告将 21 世纪技能分为三大类:认知技能(如批判思考、分析推理等)、人际关系技能(如团队合作和沟通能力等)和个人内在技能(自我表达,包含自我觉察的反省能力及诚实耿直的品性等)。其中,批判性思维和问题解决能力、创新能力、沟通和协作能力、信息技术技能等被公认为是教育系统应该重点关注的 21 世纪技能。

2014 年 4 月,新加坡教育部发布了《新加坡学生 21 世纪技能和目标框架》,将核心技能分为三个层次。首先,居于中心位置的是核心价值观。价值观是知识和技能的基础,决定一个人的性格特点,塑造一个人的信仰、态度和行为。其次,居于中间环节的是社交和情感技能,它帮助学生识别和管理情绪,学习关心他人,做出负责任的决定,建立积极的人际关系,以及有效处理各种挑战。最后,居于外环的是全球化技能,包括公民素养,全球化意识和跨文化技能,批判性和创新性思维,沟通、合作和信息技能。

中国教育部于 2016 年 9 月正式出台《中国学生发展核心素养》,指出中国学生发展核心素养,以科学性、时代性和民族性为基本原则,以培养全面发展的人为核心。学生发展核心素养分为文化基础、自主发展、社会参与三个方面。综合表现分为人文底蕴、科学精神、学会学习、健康生活、责任担当、实践创新六大素养,涵盖了理性思维、批判质疑、勇于探究、信息意识、国家认同、国际理解、问题解决等多方面内容。

综合来看,各国的 21 世纪核心素养都是大同小异。我们可以将这些能力分为两类,一类是通用能力,例如批判性思维能力、创新思维能力、学习能力,还有关于个人发展的能力,比如认识自我、沟通和合作以及社会责任感等。另一类就是特殊领域的能力,例如语言能力(母语和外语)、数学能力、人文素养、科技素养等,其中信息素养是信息时代背景下格外重要的一种能力。

教育对一个国家发展有着重要的作用,教育的发展水平在一定程度上决定着国家的发展水平。在新一轮科技与产业革命的大背景下,世界各国关于 21 世纪人才培养的广泛共识已经充分表明——全球教育变革势在必行,教育3.0时代是发展的必然趋势。教育3.0时代将融合传统教育发展理念,结合互联网信息技术,为学生构建智能化、多样化、信息化的教学环境。未来的学校教育将迈入一个面向未来的全新时代!

1.2 学校新形态的探索与定义

随着时代的发展,数字化、智能化逐渐替代工业现代化,越来越多的大数据、人工智能等高新技术正在融合进生活中的每一个部分。未来世界对于人才的需求也开始逐渐转变,更需要善于认识、理解、掌握、运用数据化、智能终端的人才。在这样的时代背景之下,未来学校进入社会各个领域的视野,社会各界人士开始对未来学校进行展望以及探索。

21世纪教育研究院院长杨东平认为:"未来学校就是一种'开环学校',意味着学校将成为社区或者社会的学习中心,它和社会进行各种各样的资源交流,以社会作为课堂。同时,它也是一个智慧校园,有强大的网络学习环境和先进的教育技术,游戏将会成为重要的学习内容和教育手段。而文凭的重要性将会逐渐被各种课程证书、职业证书所取代。"

《第56号教室的奇迹》的作者雷夫·艾斯奎斯提出的有效改善弱势学校的"KIPP"(Knowledge Is Power Program)教育模式所表现的美国的特许学校认为:"未来学校是指在不改变公办学校公办性质的前提下,将学校委托给有教育理想的教育家群体办理。由举办者按照章程进行办学,自主管理学校。"

我国教育部学校规划建设发展中心则认为:"未来学校是在'互联网+'的时代背景下的学校结构性变革,通过空间、课程与技术的融合,形成个性化的学习支持体系,为每一个学生提供私人定制的教育。"

江苏省无锡市SK海力士外国语小学校长陈罡认为:"教育基于人、成就人。未来学校应该是一个因其对儿童的成长起到至关重要的作用而作为存在意义的儿童世界。"

成都万华投资集团有限公司总裁罗立平认为:"未来学校是为了推进新的教育模式构想,构建泛教育平台,让更多样化的教育成为可能。"

《经济学人》杂志指出:"随着人工智能时代的来临,只在人生初期密集学习的模式,将无法适应变化越来越多的职业生涯。未来学校将成为终身学习基地,就未来的大学教育而言,未来的大学应具有弹性的学习时段,随时迎接需要进修的各年龄层学生。"

朱永新教授在《未来学校——重新定义教育》中认为:"未来学校将超出传统学校的形态限制,而成为一个'学习中心'。学习中心是开放的、自由的、混搭的。在学习中心没有固定的课程,每个求学者可以'自定义'自己的学习计划和内容;没有固定的班级,也没有固定的学生,和你一起上课的可能是儿童、可能是老人;也没有固定的教室和教师,没有固定的寒暑假与周末,没有相应的地域的限制,无论你身在何处,都可以通过学习中心搭建的平台,获取你想要学习的任何的知识。"

虽然各个行业对于未来学校的探索以及展望一直在继续,但是什么才是未来学校?未来学校应该保持哪些传统教育中的教育因素,又该如何结合新时代进行教育的改革?未来学校应该具备哪些基本特征,又有哪些突出特点?其形态是否需要进行改变?深层次的教育理念的改革和教育流程的再造又应该从哪些方面开始出发?它的发展方向与实践途径又该如何探索与落实?这一系列的问题排列在我们的眼前,并没有得到一个非常明确的、具体的回答,这些问题亟待我们一一探索。

谈起未来学校,我们需要明确的第一个具体的问题就是——什么是未来学校？笔者认为,与教育 2.0 时代的职责相似,代表着教育 3.0 时代的未来学校的主要着眼点是能够满足 21 世纪,甚至是 22 世纪的人才培养需求的一个组织机构。

未来学校就是在数据化、智能化的时代之下,以新型技术中的智能科技和相关的技术逻辑以及具体的技术的实体作为基础,以《中国教育现代化 2035》确定的核心任务为依据,以人文关怀为拓展的核心与主要理念,从未来学校的四大基本特征出发,以传统教育地点作为改革基础,打造多元化、数字化、智能化、情景化、人文化、跨界组构化的,以学生发展为核心的未来教育中心。

未来学校的四大基本特征指的是从文化理念、组织、课程、环境四个方面出发打造中国教育现代化、未来化的教育目标。而未来教育是以学生发展为核心则是指以培养学生的思维方式与关键能力为核心,从态度、习惯、技巧、自我觉察、自我管理、同理心、社交技能、抉择力等具体的表现内容出发,培养学生笃学精思、实践创新、修德立行、体健艺精、展示自我,并以理念以及情绪关怀引导作为辅助。

未来学校既不是凭空产生的,也不是完全照搬照抄传统教育的教育革新。未来学校是依托传统教育的骨架,以传统教育中的优秀品质以及一定的资源,并结合时代发展的规律以及科技进步的产物,组建一个从传统中出现,但是绝不落伍于将来的学校。

未来学校不是一个无组织化、无形态化的学习地点,也不是一个类似于传统教育中的固定班级、固定情景、固定群体的学习地点。未来学校将借助更多的人工智能以及先进的科技来带入更多的情景化,以此来做到情景化、故事化教学。将对每一个学生的潜在的能力进行一定的发掘,并在模拟的环境之中进行激发、培养,同时在实际教学之中要善于发现每一个学生的能力欠缺点,并进行早期的辅助干预与帮助,帮助学生对这些缺点进行一定的改正,进而达到培养综合型人才的目标。

未来学校不是一个只注重于技术逻辑,着力于进行设备革新以及技术改进的科技区域,而是以学生为核心形成的以人文关怀为主、以技术逻辑为辅的充满着人文情怀的地点。这里有着以技术逻辑作为技术基础的智能食堂、智能教室、智能图书馆,有着处处凸显人文关怀的情绪调节中心、智能学习中心、智能交流中心。所有的技术逻辑都将是以服务于人而存在的,这是一个以技术逻辑作为基础、以人文关怀作为核心的,有着鲜明的时代特点并保存了一定的原有教育特点的"与未来相遇,向未来生长"的教育中心。

目前对于未来学校的定义已然进入了收官阶段,各领域人才对于未来学校的定义也有了新的认知,在这个过程之中,对于未来学校的实践探究也一直在推进。未来学校正在以逐渐清晰的姿态走进我们的视野,而对于未来学校的积极探索与实践,世界各国也有着不同的认知。

1.3　未来学校的兴起

1.3.1　世界范围内的未来教育的发展政策与探索实践

埃森哲评选的全球 50 位管理大师之一,著名的未来学家约翰·奈斯比特指出:"未来的竞争就是人才的竞争。"而人才的竞争主要体现在教育的改革竞争方面。自进入 21 世纪以来,世界各国以培养 21 世纪人才作为目标,以现代教育信息技术为手段,以个性化的学习与一系列的教学活动作为最基本的表现形式,迄今为止,未来学校的探索与实践一直在继续,并且取得了一定的成绩。一个可以满足未来人才培养需求,打造美好未来的教育中心正逐渐地展现在我们的眼前。

1. 美国的"未来学校"

2006年,一所由费城学区与微软共建的公立学校出现在教育的舞台上,这就是从2003年开始进行筹建的世界上第一所以"未来学校"命名的未来学校。该校是未来教育行业里程碑式的第一步,是由美国政府负担经费,由微软作为学校设计理念、信息化课程教育体系、师生发展等相关技术的提供方,以"创新+技术"作为基础的融合学校。

在这所学校里,学生们将不再局限于传统的课本学习,事实上,这里的学生已经没有了纸笔与课本,而是将网络与现代移动终端设备作为学习的基本工具。这所学校最大的特色就是打破了传统的统一化管理。传统的教育往往是以班级作为基本单位,在统一的时间、统一的地点,保持着统一的学习进度,但是"未来学校"却打破了常规的空间与时间的限制,由于采用网络与移动终端设备进行学习,这里每个人的进度也不再需要被动地保持一致,每一个人都有自己的学习进度。在某一个教室里,可能有人还在学习着二年级的语文,但也有人在学习五年级的数学。每个人根据各自学习特点而进行个性化的学习。此外,由于网络的互通性、联动性和先进性,这里的学生可以以全球先进的、庞大的数据库作为学习辅助工具。

在整个培养人才过程中个性化随处可见,学习者的自我管理、自我规划、自我调节能力都在得到全面提升,一对一的教育服务专业化人员的专业化技术教授、在线互动的方式,都在不遗余力地激发学生的潜能。

随着未来学校的成功,"学校+企业"的模式,让人看到了更多的可能性。在随后众多的探索之中,由马克斯·温蒂拉(Max Ventilla)在2013年创建的Altschool与在2016年成立的位于美国阿肯色州的"史密斯堡未来学校"两者也给人带来了很多的思考。

Altschool在用自己的每一个举动来向外界表现它的教育理念——给每一个学生提供最符合他的个性和需求的学习方式,并且使其规模化、系统化。其借助自主研发的电子平台My.Altschool让教师与学生进行沟通。而这些"教师"也不再是局限于传统意义上的专职于教育行业的专家,而是向着更多优秀的、专业的领域转移的人才。在My.Altschool,教师每周都会和每个学生进行沟通,对于他们上一周的学习情况进行了解,通过了解他们的兴趣与强弱项以及上阶段的任务完成情况来制订下一个阶段的学习计划,一般表现为25个学习任务卡。而学生们可以用移动设备终端查看任务,并且通过提交文档与图片的形式来完成任务。根据学生的完成情况,教师们将会进行一对一的辅导。此外,由于每个人的学习潜能各有不同,对于科目的掌握情况也不尽相同,所以也会出现一个学生在学习三年级的数学的同时在学习五年级的语文的情况。在My.Altschool,也没有严格的班级划分,只有进度相同、兴趣相同的"同志"。

而另一个表现突出的则是史密斯堡未来学校,该学校被韩国教育放送公社(EBS)在拍摄的未来学校纪录片中立为典型成功案例。这所在成立之初只有45名学生,就算现在也只有221名学生的小规模学校之所以会受EBS青睐的原因就在于,它在保持了技术逻辑的同时,更加注重学生们的能力培养,并且提出了"ICAN"发展方向,即实习(Internship)、大学机会(College Opportunity)、指导(Advisory)和非认知技能(Non-Cognitive Skills)。该校准确把握学生选择、个性化课程、基于项目的课堂、融合技术、真实世界的实习、跨部门伙伴关系等六个优势,通过具体的项目来进行目的性的教育培养,学生们通过数信技术进行自己的学习,并采取在真实世界实习的方式对他们的学习成果进行检验,让他们成为更加适用于21世纪的人才。在这里逐渐将未来学校的发展中心开始从技术转到人的层面,对于学生们的非认知技能的培养,譬如责任心、适应力、毅力、团队组建与磨合合作等技能的培养,在学生的未来发展中将发挥更加重要的作用。

史密斯堡未来学校一直贯彻其五大发展原则——目的良善、允许不同意、平等表达、全身心投入和一切向前。在这样的发展原则之下,史密斯堡未来学校对学生从价值、目标、内容三方面进行培养,结合阿肯色州西部技术中心、阿肯色大学史密斯堡分校和阿肯色理工大学以及超过100家本地企业,为21世纪推送了一批高质量、高专业化、高适配度的人才。

2. 俄罗斯的"未来项目"

教育是一项生于民,惠于民的民生大计,俄罗斯就是一个非常重视教育的国家。为了提升未来竞争力,提高21世纪人才储备,俄罗斯在2006年提出了一项以实现中小学教育现代化转移为目标的"未来项目"计划。该计划聚焦于基础的中小学教育,通过对现有环境以及各类资源进行规划整理,以环境教学、智慧教学为表现形式,在校园内以环境搭设、内容更新、重点转移等手段来进行未来人才的培养。

2000年,俄罗斯把"高质量的教育"纳入"国家规划"之中。2005年,时任总统普京首次把"教育"作为国家优先发展项目,着力解决普通教育中出现的问题。随即,俄罗斯政府出台了"教育优先发展项目"。2006年,俄罗斯政府发布了《教育的创新发展——提高俄罗斯竞争力的基础》报告。这一系列的政策文件旨在提高俄罗斯的教育质量,培养能促进国家发展的现代化创新型人才。从俄罗斯有关教育的政策中我们可以看出,俄罗斯的教育都是以保证从学前教育到高等教育的全方位提升作为目标,在这次的"未来项目"上,俄罗斯计划的落实也是以全社会的中小学机制为中心,而非具体的某一所学校。俄罗斯的教育革新的另一大特点就是在教学的教与学两个方面,不仅注重学生自主化、个性化发展学习层面,对于教的方面的革新也很重视。在以上的政策提出之后,俄罗斯又于2018年提出了"未来教师"项目。该项目从课堂教学、学生培养、学生发展三方面对教师进行了明确的要求,实现在21世纪可以拥有一批具有新技能、新方法、新理念的新教师。该项目以教师能力的持续发展并积极提供所需条件,加快年轻教师、新型教师的成长速度,举办多种、多类型、多方面的教学能力大赛,加强教师的能力考核与评估四个方面作为主要的发展内容,力主从教到学的全面的革新。

3. 新加坡的"智慧国2015计划"

"智慧国2015计划"是由新加坡信息咨讯通信发展管理局(Information Development Authority,IDA)联合新加坡教育部,在2006年发起的一场为期10年的新加坡信息通信宏伟计划。此项计划旨在利用信息科技使新加坡在经济和社会政治方面可以在世界上获得鳌头地位。此计划的提出者之一——新加坡信息咨讯通信发展管理局,在新加坡主要承担国家资讯通信总体规划开发及推动新加坡ICT(Information and Communication Technology)产业的重担。IDA为了增加人们对于智慧城市中ICT组成部分的认识,提出了多层架构的智慧城市整体框架,并基于此推出了"智慧国2015计划"。用资讯通信确认的智能化来打造新加坡,并促成社会-企业-人民模型(P-P-P)的构建,旨在促进共同协作创新,实现造就智慧城市的目标。

"智慧国 2015 计划"是一场针对全国的数字化变革，更是一场针对教育的革新，在教育革新中，新加坡培育学校使用资讯通信技术手段，如采用全息投影、虚拟环境搭建、VR 设备系统构造等，增加学生们的学习兴趣，增强他们的学习体验，提升在各环节中的细节培养，促进学生多面发展。2007 年，该部分计划正式开始实行，并选出康培小学、重辉中学、裕廊中学、克倍女中和华侨中学等五个学校成为"智慧国 2015 计划"的人才培养基地。此后，IDA 还联合新加坡国立教育学院（National Institute of Education，NIE）共同发起"第 3 代未来教室"项目，将学生受教的教室改造成一个融合了多项技术的智能互动空间，并随后发起了为教师提供将新兴技术用于学校的教育实验室项目，使得新加坡的未来人才培养成为成系统、成体系的一场大变革，也让新加坡在智慧城市建设上取得了进步。

4. 德国的"MINT 友好学校"项目

2012 年，德国联邦教育与研究部在《MINT 展望——MINT 教育推广指南与 MINT 类职业规划》中指出：面对 21 世纪的到来，德国在 MINT 专业的人才缺口将逐步扩大，德国迫切需要更多的未来人才面对竞争激烈的未来。2018 年 10 月，德国总理默克尔与各州州长在德累斯顿的教育峰会上，通过了以"通过教育实现进步——德国资格计划"为标题的《德累斯顿决议》，就讨论未来德国教育改革的发展方面与措施，加强数学、信息、自然科学和技术（MINT）专业等方面进行了规划。加强数学、信息、自然科学和技术（MINT）专业提出"加强青少年对于 MINT 领域的兴趣并提升其批判性思维"的号召。在这样的框架与背景下，德国展开了"MINT 友好学校"项目。

该项目旨在通过活动评选、榜样学校等方式来激励学校进行改革，在数信、科学、技术等方面对教育进行创新。通过在学校内建设良好氛围，增加学生的兴趣与体验感，让学生深入了解自己的兴趣点，并以此作为学生个性化学习的开端，加深学生对未来属性与技术领域的兴趣，继而以兴趣作为培养基础，提升教学质量。此外，该项目还注重校企、校政、校会之间的联系，与德国电信、思科公司、德国数学学会都有着一定的合作，使教育不再禁锢于学校这一单一的个体，而是让教育成为全社会的基础工作，极大地促进了全民教育阶段的落实。

5. 芬兰的"FINNABLE 2020"项目

传统的教育一直都存在着时间、空间的相关限制，而未来的教育则有望打破这些限制，为了实现这一目标，2011 年 12 月，芬兰科技部、地方政府与相关基金会与企业组织进行合作，推出了 FINNABLE 2020 项目，为芬兰提供更多的拥有国际视野的、精于 ICT 技术的 21 世纪新型技术人才。

FINNABLE 2020 项目致力于打造数字化平台，形成健全的网络学习社区，构建模拟环境与视觉语言，培养学生的积极性以及对于问题的探究和处理能力，使其成为具备一定水准的、有一定科学技术素养的，并且善于沟通合作的未来人才。此外，芬兰在进行未来教育的探索上还研究了"Me & My City"项目，通过数信技术将中小学的教学大纲采用互动式、沉浸式、体验式等新型方式进行表现，让学生们去"亲身体验"各种行业，并让他们在处理问题的过程中收获、积累。芬兰的未来教育，很好地利用和依托了体验式技术，也是科学技术与传统教育融合的一次成功的案例。

6. 欧盟的"未来教室实验室"项目

对于信息技术，欧盟一直保持着高度重视，在欧盟国家推动区域整合，也一直是 ICT 实现功能的确切功能体现。在教育方面,欧盟同样认为ICT有着非常重要的作用,欧盟的官方组织——欧盟学习网认为:ICT在未来教育中发挥着至关重要的作用,而未来学校的教室必须依靠ICT来实现将传统教室与其他教学场所组合的目标,以满足未来人才在各种场景中所应具备的各种能力的培养,来弥补传统教育手段出现疲软的情况。

基于此,欧盟于2012年1月,在比利时布鲁塞尔总部宣布成立"未来教室实验室"项目,希望可以通过举办讲座、沙龙、研讨会、虚拟情景模拟,将现在以及未来会具有的科技技术进行融入,通过对于现有教学模式的创新以及多样化的学习方式的带入,探索未来教育的教与学两个方面内容,增强未来人才的个性化教育,增强欧盟地区的教育竞争力。

"未来教室实验室"在构造上,同样采用了多场景、多功能的区域化模式,根据主要承担的功能的不同而进行分区,有互动区、展示区、探究区、创造区、交流区与发展区六大区域。每个区域都承担了一定的功能,但是又相互联系,相互促进,为发展学生们的批判性思维、创新能力、问题解决能力、沟通能力等非认知性能力发挥了重要的作用。该未来教室是一个可以自由组构的开放空间——以小型互动式课堂作为基本单位,可以根据教学的需要自由组构新型空间。阶级座位和互动式设备不仅可以供教师和学生们展示成果,也可以作为集体性的工作区域。此外,ICT产业的发展带来的新型技术与设备,在学生们调查研究、作品创作、交流讨论、资源获取等方面,也发挥了很大的作用。欧盟的"未来教室实验室"项目也在进行完善与扩充,"课堂参与创新与技术""未来教室设计计划""持续专业发展实验计划""生活学校实验室计划"的开展,都是欧盟对于未来教育的积极探索。

7. 法国的"教育数字化"计划

2013年6月《重建共和国基础教育规划法》被法国参议院通过,法国也开始了教育改革。2013年法国教育部相关部门逐步开展了数字化校园的相关战略部署与研究工作,开始从培训、资源、设备、创新四个方面进行推动。同年"互动课堂时计划"开始推动,社区教育,学生与家长的数字化、多样化发展,得到保障。2014年9月高速网络计划启动,9 000所学校获得高质量网络。2015年9月,500所中小学被纳入数字化校园计划,同时纳入教育数字化系统。2016年3月,法国国民教育部发布了三项新措施:①起草《数字教育服务信任宪章》;②推动符合公民规范的数字技术的使用;③创建一个新的面向家庭、学校团队和地方政府的信息服务网站。法国教育部发起的"教育数字化计划",计划投入大量经费以完善教学设备,发展丰富的教学资源和多样的教学形式,并着力打造数字校园,形成数字信息公共教育服务体系。法国"教育数字化"计划有着以下几点意义:①巩固学科知识创新的学习方式;②提升信息素养,未来人才得以储备;③学生们掌握自控自律能力,网络信息也会得到明辨,有利于综合素质的培养;④通过家长参与,推动了家校联动的实现;⑤有利于开展个性化教育。

8. 日本的"超级科学高中"计划

2002年,日本提出建设超级科学高中(Super Science High School,SSH)计划。2012年,"SSH实施指南"发布,旨在通过高中及完全中学的新科技、理科数学教育,培养学生科学的能力与技能,提升其思维力、判断力、表达力,从而更好地面对21世纪的人才竞争。

SSH计划以学生个性化发展为核心,关注学生的学习兴趣和学习能力,通过培养学生对于科学的好奇心与探究性,来激发其创造力和想象力。注重学习场景,打造多样化的学习方式。日本的文部科学省赋予了学校课堂自主权,允许学校教授国家颁布的教学大纲之外的技能与知识,注重学生自身的发展,竭力为学生建设多元的交流、展示的平台。自2014年该项目正式启动时起,就有200所高中,成为了超级科学高中示范研究基地。超级科学高中计划自实施起,就在日本的科技进步、社会发展、教育革新、人才培养等方面发挥了至关重要的作用,也为日本的21世纪国家竞争力提供了强力的储备力量。

正如以上的实例所表现的那样,一场关于未来人才竞争的变革,正在如火如荼地在全世界快速展开。在这场革新之中,我们发现了越来越多的教育形式,也发现了越来越多的教育内容以及转变形式,在里面,我们发现了未来更多的可能性,也发现了通向未来的实践路径。在其中,我们不难发现,数字信息、移动终端、虚拟模拟在这场教育的变革中发挥着越来越重要的作用,但是这场落足于教育革新的本质仍然是以人作为其发展核心,个性化、全面化、专业化、专业能力、非认知性能力的革新也拥有着不可替代的地位。虽然这场竞争之中并没有硝烟,但是却带动着越来越多的国家与地区参与,因为这是一场关于未来的竞争。

1.3.2 中国未来学校的提出与探索

21世纪的世界正在日新月异地向前高速前进着,这场必将持续很久的变革,也表现在各个方面:科技、经济、军事、教育等等。此外,现在社会的又一大特征就是跨界联动化,无论是在经济、科技,还是在教育上,进行变革的都不再是单一的领域,而是多个领域共同改变。而身为一切之本的教育,其改革不但承接了所有新时代的变革特点,更是可以成为联动变革的最佳落脚点,所以应得到更多的关注与探索。比如,科学技术与教育的改革联动:慕课、微课、翻转课堂、超星等平台的产生,大数据、VR、AR、移动终端技术的进步都给教育带来了新型的教学形态。又如社会与教育的联动跟变革,随着社会的进步,未来更是需要一批拥有着非认知能力的、拥有国际视野的、精于ICT领域的人才,而能够满足这些需要的只有教育。随着社会的进步以及社会架构的变革,教育中的理念、目标、形式、内容,其实也正在悄然地发生着转变。但无论是培养拥有着个性化专长的未来人才,还是打破传统,塑造多能力的ICT人才,都要通过科技、经济、技术等联同教育进行改革。也正是因为认识到了这一点,美国、欧盟、俄罗斯、日本、新加坡等,开始探索未来教育。

在以上的时代背景之下,2013年,中国教育科学院正式启动了"中国未来学校创新计划",该计划旨在利用数字时代的先进数信技术来促进学校教育的结构性变革,推动科学研究,致力于培养新世纪人才,着力于空间、理念、技术、课堂四者之间的创新与融合,为中国未来教育提供新的理论指导与实践实例。经过三年的不断探索,未来教育在中国也取得了巨大的进步。中国教育科学研究院及未来学校实验室于2016年11月联合发表的《中国未来学校白皮书》指出:未来学校在三年中已然确立了一套完整的1+3+4立体工作体系,即定时举办一场关于未来教育的研讨会,打造未来学习中心、STEAM(Science,Technology,Engineering,Arts,Mathematics)创新中心、艺术创意中心三大中心,并确定了未来学习空间设计、未来学习方式变革、未来教育课程再造、未来学校组织创新四类研究内容。

2019年2月,《中国教育现代化2035》指出,要"建设智能化校园,统筹建设一体化智能化教学、管理与服务平台"。2020年1月《中国未来学校2.0创新计划》发布,提出了以丰富发展中国特色未来学校理论体系、系统探索未来学校实践的中国模式、积极践行推进教育现代化的决策服务三个方面为目标;以科研引领、协同创新、迭代升级为基本原则;重点项目是推动组建未来学校研究共同体、发布未来学校2.0重点课题、启动未来学校领航计划、实施未来教师能力提升工程、遴选未来学校典型案例和优秀成果。

中国未来教育创新计划自启动以来,受到了全国的欢迎,中国未来学校联盟也顺势而立,其内包括了北京、上海、广州、浙江、四川等地共计20个实验地区以及300所学校的加盟,建设富有中国特色的、符合中国未来人才需求培养目标的未来学校的探索,正在快速地在教育界进行。无论是1+3+4立体体系的建设,还是三大中心的建设,亦或是四大具体内容的探索都快速地展现在我们的面前。

在关于未来教育的研讨会的开设上,自中国未来学校创新计划启动以来,先后在天津、成都、深圳、北京、重庆、西安六地举办了主题为"空间、课程和技术的融合""契合、融合、联合""数据驱动的课堂革命""建设未来学校、培养时代新人""课堂革命中的教师蝶变"等共计六届研讨会。在三个中心的建设方面,自计划开始实施之日起,全国超过1 000家中小学开始落实三大中心的建设。而在四大具体内容的探索之中,更是取得了一定的成绩,越来越多关于这一部分的探索与思考呈现在我们的眼前。

1. 未来学习空间设计

未来学习空间设计就是在原有的空间基础之上,通过对于现有空间的改造、升级、联系、创造,通过加入新型的科技手段、技术设备,使其可以满足对于未来人才的培养需求。

未来空间在形式上分为物质空间、活动空间、心理空间三大类别,其中物质空间主要是进行学习资源的处理,而活动空间、心理空间主要是满足人际互动。根据其具体的功能体现与性质特征的不同,又分为教学空间、阅览空间、科研空间、共享空间、交往空间、自习空间、展览空间、办公空间、影音空间、会议空间、礼堂空间等具体的空间。未来学习空间即建立在传统空间的基础之上,有着一些传统空间的特性,但却不是简单地在传统空间上进行"添砖加瓦",而是确确实实地超出了传统空间设计,是以互助、合作、共享、提高作为主要功能体现的,可以满足个性化、多样化需求的全新的空间。

未来学习空间的设计仍然延续了传统空间中的以人为主体的特性,但是作为主体的核心却已然发生了转变。在传统的学习空间之中,核心是教师,所以大家在传统教育中随处可见讲台立于整个空间的核心位置,四面的空间都可以看作讲台空间的辐射。但是在未来的学习空间之中,核心却是学习者,而且相较于传统学习空间的另一大优势就是,未来教育的空间壁垒被打破,所以新的学习空间不再是一个个以讲台为核心的封闭的"格子",而是一个以学习者为核心的、可自由移动的圆形辐射区域。在未来学习空间之中,每一处的环境都与学习过程密不可分,真正地做到"走到哪,学到哪"。

在空间设计上,未来学习空间保持着动静分区、色彩分区、功能分区等具体的特点,在具体的建设之中,也要注意开放化、互动化、创造性、灵活性(指可自由组构)、智能化、信息化、个性化、多样化、场景模拟化、文化展示与传承等具体的特性的设计。此外,未来的学生培养肯定会跳脱学校这一单一个体,逐渐成为整个社会的共同的责任与义务,所以在建设未来学习空间的时候应当给予其高度的可扩展性,以保证学校这一主体与其他社区、群体进行联动的空间。

2. 未来学习方式变革

2020年12月18日,教育部学校规划建设发展中心主任陈锋在"2020未来学校生态大会"上表示,随着现代数字科技和人工智能的发展,工业化时代学校形态依托于传统三维空间正在发生改变。其中,学习方式的变革一定是未来教育、未来学校的核心。

未来学习方式的变革主要体现在以下几个方面：

（1）由一元到多元。

所谓的从一元到多元，首先就是指学习的方式不应当再继续全部采用线下的方式。QQ授课、学习通授课、微课授课给了我们更多的思考，未来的学习方式，应当从传统的纯线下模式逐渐向线下+线上的组合模式转变。其次，对于学习的内容也应当做出相应的扩充。未来需要的人才要拥有更强的分析问题、解决问题的能力，所以就传统教育内容而言，应当从一元向多元转变，从原本的知识学习，逐渐转向想象力拓展、创造力提升。这就使得学习的方式从之前的统一化转向之后的个性化、多元化。

（2）由固定空间到环境授学。

传统教育的一个很明显的特征就是我们在前面所提到的"格子空间"教学，教师是这场教学里面的核心。而要做好教育改革，培养未来需要的精英式人才，就应该改变这种情况。改革的方向就是，打破"格子空间"，从传统的书本教学转向环境教学。通过建设一个个拥有一定的特点、符合某些主题的环境来让学生身处其中，做到知识的传授以及技能的培养。例如，可以打造植物演示园，通过建设绿色的、有生命的模拟环境让学生切身去了解关于植物的知识。此外，这些环境还可以与现在的新兴科技进行结合，例如，在植物园中可以搭建植物历史进化板块，通过VR、AR等技术设备，结合3D建模、动画制作等技术，让学生去了解植物的进化历史。采用这种模式还可以让学生产生浓厚的学习兴趣。此外，通过打造游戏环境，增加受教育者的互动体验、实践认知，对于未来的教育发展，特别是对于学习方式的探索也将会产生一定的价值。

3. 未来教育课程再造

未来的知识不会再是单一的、泾渭分明的学科知识，就目前的表现而言，越来越多的知识与学科开始出现融合，跨界教育、知识融合也成为未来时代的鲜明特征。在对于未来课程的探索中，不仅需要重新审视现有的知识层次、课堂架构，还应当结合时代特点主动挖掘新的形式。在教育课程再造方面，在线教育的发展给了人们更多的思考。

课程是学校教育活动的主要载体，改变教育的现状，要从课程走向以学校为本、以教师为本、以学生为本开始。学校才是课程生长的地方，让课程更适应学生的发展、更焕发教师的个性。课程整合及课程校本化是必要和必然的选择，这需要更多的思考与实践，具体到课程目标、课程内容、课程评价、课程师资等逐一探索。

谈起近些年的课程再造的探索，在线教育的发展实现了促进教育教学创新、促进优质教育资源共享、推动教育组织变革、重塑教育流程、打造未来教育，从而实现了以教育信息化带动教育现代化的基本战略；对未来课堂表现形式的拓展，未来课堂内容的探索等方面也起到了一定的促进作用。

在课程设置方面，未来教育的课程体系不是简单的传统课程+科技手段这么简单。在未来的课程体系之中，将会越来越重视学习主体的作用，课程选择的增加、学科界限的模糊、实践项目的介入、个性化学习的展开、模拟环境的搭建，都将更好地引导学生走进大自然、走进历史、走进社会、走进生活，走上一条创新成才之路。

在关于未来到底需要什么样课程的探索之中，确定了"学生所需就是发展之重"的课程探索理念，将社会、企业、其他国家或地区的课程资源转化为学校的好课程、好资源。而且这样的探索理念已然开始实施，深圳按照"儿童立场、生活眼光、故事表达"的课程标准，构建课程供应新机制，通过从学校中遴选好课程，以及委托社会开发好课程，将好的课程资源引入学校,丰富可供学生选择的课程库。

4. 未来学校组织创新

人们在探索研究中发现,对于建设未来学校而言,学校组织应不拘泥于年级和班级的传统组织管理框架,采用更加扁平化的组织架构。此外,还应当增加学生、家长、企业等角色在整套组织架构中的权力比重,从而加强不同学生群体、不同角色身份之间的连接。除此之外,对于未来学校的组织架构的革新而言,还应当借助现代以及未来技术的运用,譬如利用大数据技术提供精准管理服务,构建完整、高效、简洁的成系统的组织架构。

未来学校的变革是一场结构性变革,这场变革是一种从内到外、从理念到表现形式、从学校主体到整个社会的透彻的改革。通过学习空间、学习方式、课程架构、组织结构四个方面,将空间、技术、理念和课程与学校这一主体进行连接融合,采用个性化、情景化的表现形式对受教育群体进行培养,从而塑造出一群个性化的、有着专业能力以及一系列非认知技能的优秀的未来人才。就目前而言,未来教育这一命题的探讨仍然在继续,人们思维的转变、学校管理体制的改变、社会共同教育的打造、学习方式的彻底革新、未来课程的构建等问题仍然摆在大家的面前。但是这种变革是必然的,也是必须的。中国虽然在这一领域里面已经取得了很好的成绩,但是就整个祖国的腾飞以及未来的世界竞争而言,目前所做的这些还远远不够。在未来,我们应当立足中国未来学校联盟,加强与一线学校的紧密合作,充分发挥示范校的引领创新作用,定期开展多种形式的研讨与交流活动,提升未来学校创建的综合应用效益,力争打造一批理念先进、特色鲜明、质量领先的未来学校。

未来教育大计,任重而道远,而这一伟大的任务需要我们现在就去集合更多的、更广泛的专业领域的人才一起来实现。而对于如何落实未来学校的实际建设,我们仍然需要根据具体的实际案例进行探索,从而获取相应的思考以及启示。

1.4 未来学校现状的思考与启示

1.4.1 未来学校的探索实例

自2013年中国教育科学院正式启动了"中国未来学校创新计划"以来,在中国先后有20多个地区成立了试验区,就未来教育的形式与表现进行探索。中国国家层面对此非常重视,继2016年发布《中国未来学校白皮书》之后,中国教育科学研究院未来学校实验室于2018年11月发布《中国未来学校2.0:概念框架》,对"学校""学习""课堂""学习路径"等核心概念进行了全面的审视。截至目前,中国已经有超过1 000所学校开始趋向于未来教育的改革,这些都表明,未来学校已经不仅仅是一个只存在于大家的概念之中的、虚无缥缈的概念化的事物了,它正在通过不断的探索与实践,缓缓地向我们走来。而在这1 000多家未来学校的探索之中,人大附中西山学校和台北市南湖小学两所学校对于未来教育的实践探索表现突出,带给了我们很多的思考与启示。这两所学校在中国的未来学校探索中,拥有很强的代表性,可以直观地向我们折射未来学校在中国的发展情况以及尚存在的一些问题。

1. 人大附中西山学校

人大附中西山学校迈出了我国对于未来学校实践层面探索的第一步。2009年,人大附中西山学校成为中国第一所未来学校,学校以"幸福的、不一样的、未来学校"作为学校的愿景,秉承"尊重个性,挖掘潜力,一切为了学生的发展,一切为了祖国的腾飞,一切为了人类的进步"的办学思想和"全面发展,突出特长,创新精神,高尚品德"的人才培养目标,走在了未来教育创新的前列。人大附中西山学校主体由教学楼、实验楼、综合楼和宿舍楼围合组成,设有教学教室、图书馆、电子阅览室、实验室、劳技实验教室、科技活动室、艺术活动中心和体育活动中心等。同时,学校目前是一所完善的数字化校园,校园网无线覆盖学校各个角落。在人大附中西山学校,学生不仅可以充分接触例如茶艺、书法、围棋等传统文化,还可以充分接触未来科技,机器人教室、创客空间、3D打印室都可以让学生更好地接触和理解未来科技,从而培养他们的兴趣点,实现智能通信终端带给教育的便利。人大附中西山学校更是以21世纪学习框架作为基础,将培养学生生活及职业技能、学习与创新能力、信息媒体和技术技能三大方面作为培养目标,从而培养21世纪所需的人才。其尊重学生的兴趣与需求,并以此作为培养的核心与教育的基础。学校最有特点的设计就是功能分区,根据楼层的不同,其教育表现的核心也不同。走进教学楼,可以发现,每一层有不同的主题,每一层阶梯都有一句话,或是诗句,或是名言,甚至是学生们对学校的评价。学生从初三开始实现分层教学,根据学生不同需求分班,充分做到兴趣点教学、需求教学、个性化教学。学校全部实现网络选课,学生可以在网上进行选修课的选择,从而培养他们的自我觉察与自我管理等非认知能力。除此之外,人大附中西山学校还开创了中国环境教学的实践——空中花园。花园里有各种花卉,还有一些树木,如山楂树,学生们可以在这里上生物课,也可以在课余时间在这里休息。对于人大附中西山学校的建设,其创始校长舒大军在第四届中国教育创新年会上曾这样说:"我八年前创办的时候就坚信应该是一个以技术驱动的学校,现在也在证明技术能够帮助教育实现变革,实现颠覆。技术的潜力如果能得到正确的发挥,它能帮助人向内探索,延伸自我体验、自我探索与自我表达的方式。"在人大附中西山学校,人工智能+教育形式的普及,也给学校的建设、学生的学习带来了很大的便利,从空间、学习方式、课程内容等方面体现了人工智能的作用,让人们看到了互联网与教育融合的可能性。

人大附中西山学校除了与中国本地的企业、协会进行沟通交流,从而增强自己的核心竞争力之外,在近些年的发展之中,也致力于与世界其他国家和地区展开多层次的沟通合作。至今为止,学校与美国、英国、新加坡、比利时、澳大利亚等32个国家的未来教育的项目之间建立了良好的合作关系,常常在寒暑假期间开展学生交换互访活动。为了完善自己的未来教育、增加自己的未来人才培养核心力量,人大附中西山学校还与全世界范围内的10多所未来学校展开了合作,共同建立了"国际教育合作联盟",共享优质的教育经验与教学资源。

人大附中西山学校虽然没有完全突破传统教育时间、空间的限制,但是,以学生为核心,发展实践教学,学生个性化发展,使用科技技术以及设备,发展新型科技教学、环境教学的步伐正在大步向前迈进。经过11年的打磨与成长,人大附中西山学校仍在以日新月异的表现向更加完善的未来学校前进着。

2. 台北市南湖小学

台北市南湖小学建成于1994年,坐落于台湾台北市内湖区,学校以健康、前瞻、尊重为办学远景与期望。该校以创新的文化、民主的校风,受到家长以及教育行业从业者的欢迎。2000年,全面信息计算机化以及电子书包等教学媒材的相继引进,不但改变了传统的教学历程,更创发了新的学习模式,开启了一波新的教育风潮。近些年,台北南湖小学在未来教育的探索方面收效颇丰。在 2010 年,为了打造一个不限于课堂、随处可发生且弹性可变的学习场所,台北市南湖小学开展了"未来教室"计划,旨在构造一间可以提供"合作探索、情景体验及网络社群学习"的"未来教室",培养学生们成为"能合作、发挥创意"的学习者。

台北市南湖小学的"未来教室"包括学生计算机及桌椅 6 套、教学主控计算机 4 部、液晶显示屏(LCD)6 面,多媒体制作计算机、摄像机等共计 4 部,相关多媒体影音投放设备 1 组。该未来教室的建立将科技教育、情景教学落实在实践之中,这里既是一个以技术设备为基础的科技探索的空间,也是一个可以满足教师与学生之间沟通讨论的互动式空间。教师们可以在这里进行多屏幕触控引导式教学,丰富学生们的学习体验,增加他们的学习兴趣,也可以发挥其演播摄影的技术效用,利用演播、摄像设备,将这里的教学场景进行实况转播或者教学素材录制,满足实时教学以及录播教学等多种教学形式的需求,同时也打破了传统教育的空间以及时间的限制,做到自由学习。而学生们在"未来教室"也可以获得多种需求的满足。在这个空间之内,先进的技术设备可以为学生们带来超过学校地域的其他地区的、先进的、内容更为丰富多样的知识,让他们可以"知己所想,学己所喜",进行个性化学习;也可以进行模拟系统的模拟,让他们拥有实践教学、智能教学、情景教学的机会。此外,实时互动系统、在线共同编辑系统、电子白板教学系统、无线电广播系统等软件的安装,可以让他们在互动、合作等环境下进行远距视讯学习。"未来教室"在中国的未来教育的探索上有着很重要的意义:①引领了"未来教室"的建设风潮,为未来教室的建设提供了可视化的探索经验,并在探索中不断摸索科技技术与教育结合的方式方法,找出需要改善以及需要提升的方面;②培育了种子教师,让他们在乐于使用未来教室的同时,也将未来教室的使用经验分享出去,有利于未来教师的技能培养与提升;③让学生们体验了实践教学、智能教学、情景教学,对于教学质量的提升以及学生们的个性化教育和学习方式的改革做出了探索;④开阔了学生们的视野,加速了与世界其他国家与地区的未来教育机构的联系,促进了优秀资源与经验的共享;⑤为远程教学、录课教学等新的教学形式提供了一个展示的平台;⑥实践了"学校建筑的每一个空间、角落,都应该是一个可述说教育故事的空间"的教学愿景,并促进建立了第一所数字天文馆。

台北市南湖小学的"未来教室"的构建让人们从中看到了很多可供发展以及探索的方面,譬如实践教学、智能教学、情景教学,譬如远程教学、录课教学的方式的革新式出现。但是,"未来教室"并不是未来教育,台北市南湖小学校长萧福生在接受《中国信息技术教育》采访时曾经表示:"科技并非是最终目标,最终目标应是创造最好的学习环境。"除此之外,关于环境、空间、文化、课程、组织等方面的革新还需要更多的人以及项目来进行探索。

1.4.2 未来学校探索中的技术逻辑与人文关怀

在未来学校的探索中,人大附中西山学校和台北市南湖小学两所学校对于未来教育的实践探索可以在很大程度上作为样板来呈现现有的实践探索,目前有 1 000 多所学校在探索未来学校,这两所学校有着所有学校的共同优点,但是也有着目前这些学校所共有的缺点。这就是在未来学校的构建的探索之中,太过于注重其技术逻辑,而对于人文关怀的重视程度却远远不够。

未来学校的建设是一项极其繁杂、浩瀚、庞大的工程,集人类历史发展的所有成果于一身,会对政策教育、学前教育、小学教育、中学教育、高等教育以及职前教育、职后教育、职中教育产生深远影响,而且也会给技术发展的整体走向带来深刻的影响。

1. 技术逻辑

未来学校建设的技术逻辑就是指未来学校在建设的过程之中所需要面对、使用、借鉴的一切有关科技技术层面的逻辑展现。未来学校的建设过程中的技术逻辑,具有多方面的要求。总体来讲,一方面,它必须遵循技术本身的逻辑规律;另一方面,新科技革命当中的技术逻辑,又呼唤着人文精神的主动介入。无论是在科技技术的运用上,还是在未来环境的打造上,抑或是在教学方式的改进上,技术逻辑都具有举足轻重的地位。

(1)未来学校的技术逻辑的负面趋向。

未来学校的技术逻辑,目前已经出现了负面走向的趋势。其一是技术决定论占据了绝对上风,这种错误的逻辑将技术发展作为社会发展的根本动力。中国教育学会第八届理事会顾问朱永新教授就曾经提到"在未来,以新型技术为核心的学习中心会完全替代学校",在2018年成都市陶行知研究会第二届学术年会中,有"继续加大硬件技术的建设来打破目前未来学校建设所面临的瓶颈"的说辞,使得技术发展在社会发展,特别是未来教育行业的发展之中开始扮演一个越来越重要的角色,而发展技术、引进技术也成为发展的核心与最基本的方式。在这种逻辑之下,技术成为了凌驾于人类发展之上的一种决定力量,即技术力量决定了人类的发展。在学校建设中不乏见到这样的例子:大数据技术泄露了学生及其家长的信息;人工智能复杂的操作流程,让学生及家长无所适从。其二是人际关系正在被人机关系所取代。如未来学校的建设中的一些技术手段及装置忽略了人与人之间的关系,稀释了教学内容的把关人约束,教学内容及其周边辅助内容参差不齐,让学生对于世界、情感、历史的认识出现了偏差,也让错误的人机关系取代了正确的人际关系。对此种种必须用正确的技术逻辑予以坚决抵制。

(2)未来学校正确技术逻辑探讨。

未来学校建设的正确逻辑应该是以"大智移云"为主的先进技术为学生的德、志、体、美、劳全面发展提供技术支持。正确的人机关系与正确的人际关系相得益彰,技术力量成为协助学生全面发展的辅助力量。换言之,先进的媒介技术手段及其装置,是学生全面发展、健康发展的促进力量,而非绝对力量。就像哲学家、教育学家怀特海在《教育的目的》中提到的:"教育的目的在于促进和引导学生的自我发展,所有的教育都应该以人为本,将学生永远放在第一位。"我国的教育学家刘道玉先生信服康德的"人是目的,而非工具"的哲思,始终以人为本,为教育核心,所有的教学工作与方式手段都应是为学生成才而服务的。在这种正确逻辑框架之内,学生的理论知识、实践经验,情感认知以及社会交往,都是在先进技术手段及其装置协助下正常获得的。学生能够正确利用各种先进媒介手段去获取知识,正确交往。以劳动教育为例,学生能够正确利用VR技术去参与一些危险的工程场景,学会基本的正确的劳动技能。在此过程中,VR仅仅是一种技术中介,它所扮演的角色应该是让学生在不知不觉间去掌握技术,在危机的场景当中去掌握基本的工程知识、工程技能,能够使他在相同相似的场景中正确处理、载入防灾知识。正反两种技术逻辑的本质区别,在于技术在学生综合成长的过程中所扮演的角色、所发挥的作用、所体现的功能,这既取决于未来学校的建设者,也取决于未来学校的管理者和教师,同时也取决于家长及学生本人。就像浙江杭州二中白马湖学校小学部校长郑巍巍提出的基于儿童可能性召唤的育人方程式:$m+n=\infty$。即课程内容包括基础性课程+拓展性课程;课时安排包括常规课时+长短课+微课+联课;师资队伍涵盖教师+学生+家长+社会人士。对此教育主管部门、学校、技术公司、学生及其家长应有正确的技术逻辑,齐心协力,众志成城,为未来学校的建设及其正确技术逻辑的运用,发挥自己应有的作用。

2. 未来学校的人文秩序

在未来学校建设的技术逻辑正反纷争中,尽管目前错误的技术逻辑一度困扰着国内的建设实践,但是真理越辩越明,正确的技术逻辑必然会占据上风,指导建设实践走向正确的方向。未来学校正确的技术逻辑,实际上暗含着对人文精神的尊重、对人文关怀的强调、对人文关爱的忠诚。北京师范大学中国教育政策研究院执行院长、教授张志勇就曾经提到:"未来学校应该是更加人文的学校,教育越走向未来越应该重视教育的人文属性,要更加重视立德树人,教书育人,重视尊重和成就每一个独特的个体。"在正确的技术逻辑中,有关人文的形式和内容总是互为因果,相互扶持。未来学校建设,实际上就是技术与人文的交流、媒介与教育的融合、理性与感性的交织。一定程度上讲,未来学校建设的技术逻辑,就是对于人文精神的彰显。

从建设的实践来讲,未来学校是从人文精神、人文素养、人文关爱、人文关怀等方面的实现来进行理性探索、系统分析。对此可以以人文秩序这个概念来进行概括归纳。人文秩序逻辑是指按照技术本身逻辑,结合学生的身心发展特点、认知层次接触范围,对培养人文素养所规划的秩序层级。从实践角度上讲,人文秩序的建构可以按照以下三个维度展开:

(1)认识发展维度——从遵循环境育人、技术育人到遵循知识育人、情感育人。

以学生的身心发展特点作为基础,以学生的身心成长规律作为方向,系统地进行人文秩序的建构。例如,当代的学生群体对于运动的物体或者有感情的事物有着浓厚的兴趣,在正确的未来学校的技术逻辑的建设中,我们就应该从以他们的兴趣点作为根本塑造智慧环境方面入手。譬如通过塑造智慧教师、智慧运动场,还有智慧食堂等智慧环境,让学生去体会未来教师、未来运动场、未来食堂。通过这种智慧环境的搭建,将我们的课堂内容、德智体美劳综合成长的知识等穿插其中,从而达到环境育人的目的。

随后,我们就进入知识育人的阶段,将人文秩序的建构通过知识的接受、理解与发散的过程进行表现。首先,我们应该将人文秩序内化到我们课堂内外的知识上面去,让学生接受。然后,再通过先进的媒体技术手段,将之前所获取的知识进行理解与发散,外化到情感关系上。而情感关系的本质就是一种社会交往关系,所以它的最终外化表现就会落实到情感行为上。

在这样的一个过程中,我们首先通过学生的身心发展特点、学生的身心成长规律构建了环境,再让学生在环境之中接收与理解知识,最终再外化到情感层面上,达到从环境育人、技术育人到知识育人、情感育人的转变。

(2)身心发展维度——从关注技术到关注心理。

从身心发展维度来看,我们应该做到从身心两个维度同时进行,从关注技术到关注心理。首先,让学生掌握相关技术的媒介,以及先进媒介技术或者教学工具或者教学手段的一些使用方法。从学生角度来讲,学习手段、学习工具的使用,是关注他们的一个开始。其次,再进一步通过先进的媒介技术手段去正确引导他们的身体发展和心理发展。

(3)接触范围维度——从学校教育到家庭教育到社会教育。

从接触范围维度来看,我们应该做到将教育从单纯的学校教育过渡到家庭教育,最后拓展到社会教育。通过未来学校正确的技术逻辑,利用先进的媒介技术手段及其装置,推动学生将从未来学校学到的知识内化于己身,然后外化到对家庭、对社会的关系中去。引导他们将学科的知识外化到家庭的教育、社会的教育中。

跟家庭教育融合之后,再与社会教育进行融合。学生在社会中懂得如何与他人相处,在社会交往关系当中就会获得一些正向感悟、经验。而这些正向的感悟、经验又可以对学校教育产生一定的促进作用。这个过程中,先进的媒介技术实际上是可以发挥极大的作用的,而这也是正确的逻辑关系的构建。

1.4.3 未来学校现状的启示

对于未来学校的创建,现在仍然有着不同的观点。一方观点认为,未来学校就是以基础的技术逻辑的实现为主,目前很多的教育机构与组织奉行唯技术论,将未来学校简单定义为就是引进先进的技术,继而全部灌输给学生。这种唯技术论的构建逻辑忽略了作为教育之根本的人在其中的作用,而这种情况也致使现在的未来教育陷入一个错误的逻辑循环之中,学校一味地引进技术设备,但是却没有考虑学生们的接受程度,最终导致教育效果不明显,然后以为是目前的技术引进仍然欠缺,继续进行技术层面的构建。另一方认为,应当以人文教育贯穿教育始终,而没有必要去进行技术层面的构建。这就导致未来学校的改革仅仅维持在一个简单的说辞的层面,而对于学校学习的本质——培养学生们德智体美劳等方面的能力,却得不到有效的改善,致使学生进入社会之中还需要重新学习适应,而这显而易见是不能够满足未来世界的人才竞争需求的。所以我们认为,未来教育不能够将技术逻辑与人文关怀两个部分区别开来,应当将它们联系起来,进行共同教育,从而形成以技术逻辑作为骨架,以人文关怀作为血肉的未来教育体系。对于未来学校的建设,我们认为可以从以下四个方面出发,有效实施。

1. 从过度重视技术转向技术为辅,人文教育为主

从工业化时代至今,教育的工具性越发明显。而互联网时代的到来不但没有给这种情况带来好转,反而加剧了这种情况。以至于如今形成了更好的教育就是单纯地将学校里面的教学设施进行新兴化的谬论,导致学校、教师、学生都成为了新兴技术的"奴隶"。在未来学校的建设中,我们应当思考如何改变这种现状,将我们的视野核心重新拉回到"人"这个主体上来,让技术服务于人,服务于学校教育,而不是让人和学校教育服务于技术,从而回到技术为辅,人文教育为主的正轨上来。

2. 从单一的教育维度转向多元的教育维度

在未来学校的建设之中,我们还需要特别注意的一个方面就是教育维度的多元化。学生不会永远处于同一个维度之中,他们在不同的场所扮演着不同的角色,这就使得他们需要去处理多维度、多层次的关系。此外,学校毕竟只是他们人生旅途中的一段,他们早晚要到更加多元的社会中去,而我们的学校教育应当教授给他们的是可以让他们更好地去面对未来、享受未来的知识体系。这就要求我们不能只以单一的学校教育作为知识传授体系,我们应当结合现在的新型技术,通过让他们将知识内化于心,再外化于家庭与社会,从而构建一个正向的、多元的教育维度的循环。

3. 从关注技术教育转向关注心灵教育

在未来学校的教育之中,我们最应该注意的就是对于学生的外在与内在的教育的结合。在此处,外在教育的表现就是指学生的技术教育的表现,在以人为本的大框架之下,我们对于他们的学习成果的考查绝对不能够局限于技术教育的外化表现,我们更应该关注的是他们的心灵教育,也就是所谓的内在教育。因为,如果一个学生的技术教育不合格我们还可以采用勤学或者其他维度共同教育进行补救,而如果学生的心灵教育不合格,那就会带来无穷的隐患。人不仅仅是作为知识的载体和容器,更是鲜活的人,拥有自己独特的感情,我们应该通过知识和情感的多途径教育,以形成社会主义核心价值观和核心素养的培养。从而让他们的心灵可以得到更好的教育,最终实现内在与外在同步健康发展。

4. 从学校单体教育转向社会共同教育

对于现有的教育而言,大家往往存在着一个非常大的误区:教育就是教育工作者自身的工作和责任,所有的教育工作都应该由教育组织、教育机构以及教育工作者承担。就目前的情况来看,这种认知显然是十分荒谬的。所以在未来的教育工作的开展中,我们要跳出这个误区,使得教育工作从学校单体教育转向社会共同教育形式。

所谓的社会共同教育,简而言之就是社会中每一个职业、个体、组织、领域都应该在维持自己身份的同时,肩负着教育的责任与义务。社会共同教育最直观的表现就是我们在上文中所提到的建立学校—学生—家长—社会—学校的循环式一体式教育。此点类同于新加坡"智慧国2015计划"所提出的建设社会-企业-人民模型(P-P-P)。循环式一体式教育模式强调所有的角色在各司其职的同时加上彼此之间的协同作用。在整个模型的构造中,学校担任教育的整合与具体实施的任务,也是教育最大的构建者与实施者。在学校之中,聚焦最为直接的基础设施的改革构建与施行。教育空间的改造、学习方式的变革、教育课程的搭建、教育的组织重构四个具体的内容的实施与落实,也是以学校层面作为基础。技术逻辑的构建与人文关怀的实施的融合,让学生在这里接受最为根本的、基础的、核心的教育。在循环式一体式教育模式中,学生的作用有着翻天覆地的变化。相较于传统的教育模式而言,学生在此时不再仅仅具有教育接受者这一单一的属性。学生在作为教育接受者的同时,也变成了知识的创建者与传播者,学生在学校区域内进行着教育的接收与分享,然后将自己所学习到的知识以及能力再扩散到其他的领域之中。此外学生也在扮演知识的实践者与体验者,起到与其他的领域之间相联系的载体的作用。在该模型中,家长不仅担负着拓展教育新环境的责任,将教育最直接地带出学校,让学生在学校之外的空间接触各种类型的知识,还可以拓展受教育群体学习所需的各种模拟环境。在该模型中,社会是最后一个角色,但是其发挥的作用同样巨大,该模型的宗旨确定的就是情景教育、社会教育,社会这一层次不仅是社会教育的主体,更是情景教育中情景的发现者,同时也是情景教育的最终目的。社会给教育提供各种有待解决的问题,并且从各种场景之中简化出问题的根本,再由学校层面将各种问题进行情景化表现,并且引导学生们发现其中问题根本,继而引导他们去解决问题,从而培养学生们发现问题、解决问题的能力。而学生最终所掌握的各种能力,也将投入社会层面。建立学校—学生—家长—社会—学校的循环式一体式教育,能够快速地使社会中各个角色联动起来,将教育从之前的单体教育转化为社会共同教育,丰富教育的内容,增加教育的表现形式,将教育连贯成一个整体。

对于未来学校的新形态的探索与定义,目前已经形成了一套成体系的、立体的探索成果。但是就未来学校里面的具体内容建设应当怎样落实,以及未来学校的培养核心应当如何确定以及施行,都需要我们拿出更多的精力去细致地探索与发掘。而进行这些内容的探讨的前提,就是我们应当对未来学校有着更深层次的认知与思考。未来学校拥有着哪些特征?未来学校于传统教育而言有着哪些革新?未来学校的培养核心如何确定?具体的实践途径究竟怎样落实?一个个问题都亟待我们解决。此外,虽然我们确定了未来学校建设过程之中必不可少的两个环节就是对于技术逻辑的构建以及人文关怀的实施，但是关于未来学校的建设过程应当如何去平衡技术逻辑以及人文关怀的比重也需要我们进行更多的思考与实践。

第二章 未来学校的特征与革新

2.1 未来学校的特征

我们在思考未来学校的样子时,也可以从上文提到的技术逻辑以及人文关怀两个层面进行。与传统学校相比较而言,人们一定会对未来学校的学习空间、教学方式等充满期待。新时期人才培养要求的改变,使得教育内容与学习方式必须做出改变。世界经济论坛认为,希望儿童成为未来经济的贡献者以及未来社会负责任的、积极的公民,教育系统必须培养儿童四项关键技能:全球公民技能、创新和创造力技能、技术技能、人际交往技能。为此,各学校不得不转变人才培养方式,整合各领域、各环节、各方面的教学资源和师资力量,将四项关键技能、21世纪核心素质、德智体美劳等非认知性能力的培养融入可实施的课程大纲中,确保学习始终面向未来。未来学校建设是一项复杂的系统工程,需要利用合作学习、混合式学习、深度学习等转变学习方式,使得学习空间、学习方式、课程体系、教育技术和组织管理协同创新,构建交互、高效的现代化课程。随着实践的不断深入,未来学校显现出一系列新的特征,其体现可以总结为两个方面——技术逻辑与人文关怀(图2-1)。

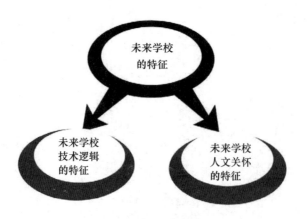

图 2-1 未来学校的特征

所谓技术逻辑是一种应用逻辑,未来学校的技术逻辑是指为了满足教学需求,在学习互动的过程中将技术系统应用于实践,以改善教学方式与环境,提高教学质量与效率。未来学校的技术逻辑主要体现在学习空间与学习方式上,其主要满足教师、学生物质生活上的学习需求。所谓人文关怀指的是未来学校要充分给予学生主体的尊重,关心学生的情感心理诉求,同时建立平等的师生沟通方法;体现"以人为本,和谐发展"的办学理念,实现学生的自由而全面的发展。未来学校人文情怀主要体现在课程体系与组织体系上,其主要满足精神文化层面的需求。在下文中,我们将从未来学校的技术逻辑与人文关怀两个方面,详细描述未来学校的特征。

2.1.1 未来学校技术逻辑的特征

未来学校建设是目前教育与新科技革命相结合推行的一次技术运动,其建设蕴藏着新科技革命的固有的技术逻辑,让科技赋能教育,重新定义学校的边界与学习方式。未来学校建设过程中的技术逻辑具有多方面的要求,主要体现在学习空间与学习方式上,具有以下特征。

1. 未来学校学习空间的特征

随着社会不断发展,素质教育"以人为本"的理念深入人心。未来学校的学习空间这一概念也不断被探讨。那么学习空间究竟是什么？未来学校的学习空间与传统校园的学习空间相比又有什么独特之处呢？

学习空间广义上是指用于学习的场所。但是学习的场所不是固定的。学习空间在进行分类时一般分为物理空间和虚拟空间。学习空间的最终目标是促进学习者的学习。学习空间类型多样,按照不同的使用功能,学校的学习空间可以分为教学空间、阅览空间、科研空间、自习空间等主要学习空间。但长期以来,我们对于学习空间的理解都限于一个特定的教学区域,限于一个物理空间中。随着互联网的发展,学习空间不仅仅包括物理学习空间,也包括虚拟学习空间,两者都能让学生聚在一起,或是探索,或是协作,或是讨论。世界经济论坛关于"未来学校"的新定义提到,未来学校不仅包含传统学校的学习,还包含课外计划和其他任何发生学习的地方。如今,从教学课堂到草坪,任何的校园空间,包括教室、实验室、自习室、宿舍,甚至虚拟的社区等等,都属于学习空间的范畴。

学习空间是由课程和学习方式决定的,学校建筑与学习空间的设计与学校培养人的目标与方式也是直接相关的。随着时代的发展和社会的变迁,互联网和信息技术快速发展,教育理念也不断更新发展。研究表明,教育正在进入 3.0 时代,教育的含义、学校课程、学习方式、学校的建筑与空间、教师的作用都有了新的特征。学校建筑与学习空间作为学校教育的重要载体,其设计理念和空间的呈现形式也必将随之而改变。近年来未来学习空间问题也受到越来越多人的关注。

未来学习空间问题一直吸引着世界各地的教育部门、企业、公共部门展开讨论研究。2006 年,美国高等教育信息化协会(EDUCAUSE)推出了 Learning Space 软件,系统介绍学习空间。该书指出不同的学习空间塑造不同的教学行为和不同的学习行为,学习空间和学习活动关系密切,特定的学习空间会激发和促进特定的学习活动。2016 年,美国高等教育信息化协会发布《地平线报告》,提出:对教学空间的重新设计是中期趋势。两者关注角度不同,前者从系统软件角度出发,后者从物理硬件角度出发,但都体现了一种对未来教育的探索,那就是"促进创造、支持动态指导、鼓励学生之间的讨论和合作"。2021 年,中国教育科学研究院国际与比较教育研究所所长、未来学校实验室主任王素提到,学习空间是由课程和学习方式决定的,未来的学习空间必须变得更加灵活多样,满足多样化的学习需求,适应学生各类实践活动的需求。

我们认为新的学校建筑与学习空间应该具有如下特征(图 2 - 2):

(1)营造更加良好的智慧教育学习环境。

①更具人性化。以学生为中心的教育理念已经被广泛接受,但是这种理念却并未切实体现在学校建筑设计之中。学校不仅仅是传授知识、帮助学生掌握知识的地方,更重要的是它是学生成长的地方,是一个育人场所。因此每一个学生的兴趣、需求都应被珍视,以学

生为中心的学习空间设计要体现出对学生的人本关怀,要更加人性化,要以方便学生学习、交流、游戏、生活为出发点,以学生的视角思考问题,而不是以成人的视角思考问题。

图2-2 未来学校学习空间的特征

未来学校的办学条件将得到进一步改善,巩固基本均衡,稳步推进优质均衡。综合考虑空间利用效率,例如设计自由布局的教室和走廊,把对空间的支配权更多地还给学生,激发他们的主动性。将教学装备与课堂教学进行有机融合,将课程与教育装备融为一体,与常规学校的国家基础课程互为补充,将学习和探索延伸到更深更广的领域,成为学生的"加长课程"。未来学校将着力打造适合学生的学校,只有适合学生的学校才是高质量的、有活力的好学校。

②更具智能化与信息化。未来学校的学习空间将是虚实相融的混合学习空间,不仅包括物理空间,还包括网络虚拟空间,将更具智能化与信息化。2017年,国家《普通高中信息技术课程标准》提到:自电子计算机问世以来,信息技术沿着以计算机为核心,到以互联网为核心,再到以数据为核心的发展脉络,推动了社会信息化、智能化的建设与发展,催生出现实空间与虚拟空间并存的信息社会,并逐步构建出智慧社会。"互联网+"技术的加持、网络虚拟学习空间的产生,实际上是为了扩宽学习范畴,开辟更广大的学习空间,为教师与学生建构一所具有智能化与信息化的无边界校园空间。

未来学校是一个一体化的学习平台,是将课程学习、教学活动、教学资源、组织管理、社区等融合为一体的"互联网+教育"大平台,是学校所有教学与活动的主要载体,区别于如今零散的、不系统的学校智慧教育平台。在网络技术的支持下,未来学校可以弥补学校占地空间、教育空间、教育资源的不足,学习既可以在教室,可以在网络平台,也可以在社区、科技馆和企业进行,学生甚至可以去不同城市游学;学习的时间不再局限于课表,而是根据自己的实际情况安排自己的学习进度,可以选择回放上课内容、在线多次刷题复习、与教师实时交流。作为一个开放的组织系统,未来学校可以利用信息技术挖掘外部社会一切有利的教育资源,与社区、家庭形成良性互动,构建开放多元的办学格局。而未来教育中的学校层面则主要是为学生们的发展提供适宜的学习环境、成长过程中的优秀教师以及具有特色的校本课程三方面的支持。

③更具场景模拟化。未来学校与传统学校相比将更具场景模拟性。所谓场景模拟是指按照实际的工作流程,通过对真实场景的模拟,在教学过程中将实际工作中的各个环节再现出来,实现项目式教学的达成。未来学校创新设计学生模拟体验的系列化活动场景流

程,开辟教育的新途径,达到浸润式学习目的。

例如,现如今学校的应急决策演练与危机管理情景模拟教学常常会模拟火灾、地震等突发事件。但因其危险系数高,在演习中通常只是模拟设定的场景,让学生统一进行演练。在未来学校中可以充分利用沉浸式AR、VR技术,重点突出突发事件的交互性、动态性和逼真性,学生通过体验式教学掌握突发事件的应急方式。或是在生物课上,如今只能通过纸质图书和2D视频进行了解、学习,学习过程中知识抽象、晦涩。在未来学校里可以利用AR技术,通过3D模型在一个故事情景中将植物生长过程、动物习性、人体器官的运作等进行生物教学全息AR展示。

④更加绿色环保。绿色生态、智慧科技是未来建筑的发展方向,绿色校园建设也是教育发展的必然。学校在绿色发展中承担多重使命,绿色校园也是绿色建筑的成熟转型。在2017生态文明试验区贵阳国际研讨会上,教育部学校规划建设发展中心主任陈锋提出,"十三五"期间以及今后一个时期,学校建设的战略主题是建设绿色、智慧和面向未来的新校园。"学校绿色发展"理念以合同能源管理、合同节水管理、P-P-P等方式,稳步推进实践,将绿色发展理念融入学校办学过程,融入人才培养环节,融入校园建设与管理。

绿色发展对教育系统有着多重意义:第一,学生人数多、规模大,2020年,教育部发布《2019年全国教育事业发展统计公报》,公报显示,全国中小学生数量已经达到了2.4亿的规模,在学校推行绿色教育将起到示范性作用,效果好。第二,对广大学生特别是青少年学生进行绿色教育,是国家绿色发展战略非常重要的一环,绿水青山就是金山银山。推动建设绿色、智慧和面向未来的新校园,培养绿色创新人才,满足产业领域和社会建设领域绿色发展的人才需求。第三,大力推进绿色校园建设及相关活动的开展对于推动校园的绿色转型、促进城市的绿色转型意义深远。

(2)更好地结合学校、学生学习特点,促进学生学习与发展。

①更具个性化。未来学校学习空间的个性化体现在学校的"个性化"教学与尊重学生"个性化"发展方面。学校发展趋势是逐渐趋于特色化,而学校的特色化办学必然导致学校学习空间的个性化。每个学生的禀赋和潜能是不一样的,学习方式也有所不同,为此不同学生的学习进度是有所差异的。在未来学校的空间打造中改变原本的学习空间概念,构建既传承地方文化、反映学校历史,又适合学生学习的个性化空间,在传承经典、寻求文化滋养的基础上挖掘学生的潜能,帮助他们发现自己的价值,体会学习的快乐。

未来学校的学习空间即是依托网络实现现实与虚拟学习空间的结合,但未来学校也不会完全架空现实,脱离本土,忽略人文关怀只重视技术逻辑。所谓"一方水土养一方人",一个学校的建立、发展都将受到当地文化的熏陶和影响。各地域风貌、风俗习惯这些丰富的文化资源都为学校办学理念、校训、育人目标提供了参考。例如,盘州市淤泥乡中学地处彝族聚居区,其区域文化特征十分鲜明,个性化十足。淤泥乡中学以彝族文化中最具代表性的元素"火把节""山歌"和学校"艺术"特色课程为切入点,提出"火把点燃梦想,艺术成就人生"主题,并将"燃梦教育"凝练为特色教育,帮助学生唤醒和点燃对未来的期望,使每一个人都能够找到自己的梦想,并通过系统的、持续的梦想管理策略使其具备实现梦想的必备品格和关键能力。

而未来学校又将怎样尊重学生的"个性化"呢?如今通过互联网技术,未来学校使实现个性化教育成为可能。线下的学校,将综合考虑入口形象、动静分区、色彩分区、功能分区、校园空间秩序、教学分区等要素,同时要配合多中心、复合化、教育与交往并重的教育资源模式,通过丰富的庭院和架空空间串联整个校园,联动教学、行政、餐饮、运动等。在线上的虚拟学校,学生可以根据自己的兴趣爱好,选择自己感兴趣的学习项目和内容,进一步挖掘自己的潜能,激发优势学习力。

②更具多样性。未来学校的学习空间将更具多样化、灵活化。未来学校的课程特征具有基础性、选择性、个性化、综合化的特点,学生不仅学习知识,更重要的是可以实现全面发展。随着课程特征的改变、教育投入的加大和学校建筑的革新,学习空间将越来越情境化。因此学校建筑的学习空间设计必须要满足各类情境化、多样化的学习方式的需求。满足多样化学习方式需求应具有如下特征:

a. 学习空间形式多样化。与传统学校相比,未来学校的学习空间将更加多样,将满足21世纪的多种学习方式。21世纪学校物理空间必须要支持多种学习方式指的是:独立学习、同侪互学、团队合作、教师一对一教学、讲座、项目式学习、远程教学、学生展示、研讨式学习、讲故事、基于艺术的学习、社会/情绪/精神的学习、基于设计的学习、游戏化学习等。可以看出,学校所需要的学习空间可分为三种:学科教室、学习场馆、交互空间。学科教室与传统学校的教室相似,但将更凸显学科元素,体现学科特点。学习场馆可以是在校园内,也可以是在校园外;学生可以选择在校内的图书馆,也可选择在校外的科技馆、文化宫参观学习。交互空间则是构建校内的公共空间,如团体学习室、活动室、休息讨论区、自由讨论区等,既是学习又是交流沟通的空间。由此可见,未来学校要满足集体授课、小组讨论、个性化学习、展示、表演、游戏、动手做、种植养殖、运动等学习需求,其中既包括了正式学习,也包括了非正式学习;既包括线下学习,也包括线上学习。"教育过程是一种交往",学习空间不仅仅要促进课程学习,还要促进人际交往和互动。因此学习空间的设计必须是多样化的,也需要打破原有的工业化时代的线性设计。

b. 构建学习社区。随着课程变革的不断推进,教室作为教学的主战场,传统单一的课堂也将向学习社区转变。学习社区是指由几个教室(空间)加上一个公共空间而构成。学习社区将改变原本课堂的时空系统,重构学习空间。学习社区可以有不同的构成方式:

不同班级构成学习社区。这种模式适用于小学阶段。小学生需要归属感和认同感,这样的布局有利于学生之间的交流和构成学习共同体。这种不同班级构成学习社区可分为两种情况,一是同年级不同班级的学习社区,另外一种是不同年级的学习社区。同龄学生构建的学生社区因年龄相似,学生更容易结交兴趣相似的朋友;再则所学进度相似,更易查漏补缺,知道自己知识的掌握情况如何。混龄学生构建的学习社区,例如让高年级学生对低年级学生一对一辅导课程学习或是教低龄学生做广播体操等,互相分享、共同学习。

按照学科群构成学习社区,这种模式更适合中学。中学特别是高中,学生课程的选择性增强,同类学科群的学习空间在一起,便于整合资源。例如美术课、音乐课等实践性互动性较强的课程采用大班的形式两节连上,既保障课程的连续性,又给予学生沟通互动、认识新朋友的机会。对于学校有些空间可以按照功能划分学习社区,同一节课也可能由于学习方式不同或者所用资源不同在不同的教学区域间流动。

c. 空间灵活、开放、功能复合。未来学校学习方式多样化,未来学校空间的边界将越来越淡化,这便导致学习空间需求的多样化。因学校总的建筑面积是有限的,如何实现有限空间的多样化,就需要空间之间的开放、灵活组合,可以随着教学需求而改变空间的大小。例如教室之间采用可移动隔断,教室与走廊之间采用可移动隔断。这样可以根据需要扩展改变学习空间。

在同一间教室中也要采用可以灵活移动的装备,根据不同的学习场景,可以随时变换桌椅的摆放方式,以适应集体授课、小组讨论、考试、展示汇报等不同的学习方式。教师可以根据授课需要在教室的任意点讲课,形成无边界的学习。

教室的功能复合,就是为满足学习方式多样、需要更多的功能教室,但学校空间有限而设置的。比如小学的全科教室可以在同一空间完成集体授课、小组讨论、活动教学、表演、阅读、查阅资料、自主学习等多样功能,这样可以减少功能教室的数量。因此这样的学习空间面积虽然比传统教室的面积要大一些,但是学校的总面积却不一定扩大。中学可以把普通教室与学科实验室合并为未来学科教室,以满足走班选课的需求。

2. 未来学校学习方式的特征

在未来学校中,"教"与"学"的关系将面临重构,学习方式变革将成为未来学校发展的关键。传统学习方式建立在班级授课制的基础之上,班级授课这种集体教学极大地提高了教学效率,满足了工业时代大机器生产对有一定知识文化基础的劳动力的需求,提供了重要的人力资源,培养了大量的符合特定标准的产业工人。这种集体教学的班级授课制强调标准、同步、统一,以"教"为主,一定程度上脱离了个体的"学"。

随着互联网与大数据技术的飞速发展,人类社会全面迈入信息时代,信息技术也在教育事业的各个方面得到了一定程度的应用,对中国的学校教育教学方式与管理方式都产生了深远的影响,传统的人才培养目标已经不再适用。2016年9月,《中国学生发展核心素养》总体框架发布,明确了学生应具备的、能够适应终身发展和社会发展需要的必备品格和关键能力,分为文化基础、自主发展、社会参与三个维度,包括人文底蕴、科学精神、学会学习、健康生活、责任担当、实践创新等六大素养。重新思考人才培养目标,建立面向未来的核心素养,已经从根本上动摇了传统学习方式的根基。在信息技术的助力下,学习时间与空间上的选择更多、弹性更大,学习表现的评估更为立体精准,学生的学习需求更加多样化,个性化特征也更加鲜明。

例如,慕课(Massive Open Online Courses,MOOC)的出现,使得传统教育也逐步向"云课堂"倾斜。慕课是MOOC的音译词。2012年,美国的顶尖大学陆续设立网络学习平台,公开免费线上教学课程,Coursera、Udacity、edX三大课程提供商的兴起,给更多学生提供了系统学习的可能,也促进了全球知识的传播与普及。现在的慕课平台包括视频教学、课后习题与讨论、生生互评作业、师生互动答疑、在线考试、在线学习状态管理、在线成绩评定等内容。改变了传统教学中教学内容单向传播的方式,MOOC的学习方式增加了学生与学生、学生与教师之间的互动,使学习内容多向传递,提高了学生的学习质量,增加了学习乐趣。

未来的学习方式将根据现有的技术不断革新更迭,实现教与学的转换与联结。未来学校中学习空间、课程体系、组织关系将为学习方式的变革做好基础工作,利用新的学习方式,打破固定的课时安排,跨越学科与学科之间的界限,围绕学生的真实生活重建课程体系,形成个性化的学习支持体系,使得学习方式的变革更加完善。

我们认为未来学校的学习方式将具有如下特征:

(1)由线下授课变为线下、线上相结合,授课方式由一元到多元。

《新一代人工智能发展规划》指出:"利用智能技术加快推动人才培养模式、教学方法改革,构建包含智能学习、交互式学习的新型教育体系。开展智能校园建设,推动人工智能在教学、管理、资源建设等全流程应用。"提到智慧学习很多人会理解为利用人工智能、大数据、物联网等新兴技术进行学习,但智慧学习并非仅仅是"技术"概念,智慧和学习两者之间密不可分。智慧学习的本义是学习促进人的智慧发展,智慧学习的过程即是追寻智慧的过程,追寻自然之真理和人性之解放。换言之,智慧学习是一种借助并运用人工智能手段,以充分利用脑机智为核心,在人机互联的环境中,通过大数据驱动解决复杂情境中疑难问题的、面向未来社会的学习方式。

在未来学校中,学习将不再单单基于线下教学和教师的主观经验,更是基于丰富的客观数据。目前,已经有学校开始尝试使用学习分析技术改进教学,针对学生发言、教师发言、师生对话等信息,分析课堂讨论模式和师生互动风格,以可视化图表形式呈现分析结果,帮助教师进行教学反思和改善课堂教学实践。未来,基于大数据的学习分析技术将成为推动教育深层变革的主动力。教师可以利用新的技术手段测量学生的认知特点和学习特征,评估学生的优势潜能和最佳学习方式,设计个性化的学习推送方案,探索不同技术条件下的差异化教学策略,因材施教、因能施教,促进信息技术与教育教学的深度融合,帮助学生实现全面而有个性的发展。

(2)授学人员由单一学校角色变为整个社会群体。

在上文学习空间中提到,未来的学习空间既包括物理学习空间,又包括虚拟的网络空间。学习空间的重构不仅使得学习资源得到了扩充,更打破了时空阻隔,促进了课堂内外的动态流动沟通。在未来学校中,正式学习和非正式学习将更加融合。

余胜泉教授在《没有围墙的"未来学校"》一文中提出了这样的观点:未来的教育课程是具有可选择性的,教育服务可以来自自己所在的学校,也可以来自学校以外的社会服务。余胜泉教授将"未来学校"形容为"没有围墙的学校",未来的学校是无边界的,教育即生活,生活即教育。未来学校不是培养"书呆子"或是"考试的机器",而是培养善于自我寻求知识者,培养有信仰有品德的高素质应用型人才。未来学校的教师不再是以往单纯的师者形象,他可能是学习者、研究者、手艺匠人,甚至可能是艺术家、科学家。学习不仅仅发生于教师与学生、学生与学生之间。

(3)由浅层学习变成深度学习,由知识学习变成想象力、创造力拓展。

所谓深度学习,可以说为"理解性学习"。它并不是对原有教与学的颠覆,而是改进,促进学习方式由"浅层"变为"深层"。与深度学习相对的便是浅层学习,简单而言,如果学生是"为了应付考试而被动地学习",所应用的认知水平主要是记忆、背诵,将学习内容与应用情境、与学生的前知识相隔离,那么学生就是处在浅层学习状态。若学生是在阅读的基础上进行思考,通过概括、关联、迁移与应用的方式学以致用,那么学生就是在进行深度学习。深度学习也不完全是理解性学习,理解只是深度学习的开始,学生只有在理解的基础上结合自己的知识体系,将学科知识进行整合与评价,才能对所学知识进行正确应用。

基于深度学习的内涵与认知,互联网信息技术在学习方式上对深度学习产生了重要影响,能够让学生在"深度学习"中唤醒沉睡的课堂,还课堂给学生、让学生的思考翱翔于知识的海洋。

未来学校在关于教与学的重构和优化中,将变革传统教学理念,整合课程资源,优化教学结构,创新学习方式,通过主题式教学设计,面向真实问题重组教学内容,采用主动的、探究式的、理解性的学习方式,培养学生应对复杂情境和解决真实问题的能力,重构学生知识体系,彻底打破"一言堂"现象。倡导教师采用任务驱动的方式,明晰每堂课的认知目标,引领学生在学习中进行深层次的信息加工,让学生在对话和互动中建构和转化知识,能够利用所学知识解决真实问题,从而实现有效的知识迁移和对知识的深度理解,培养学生高阶思维。在这个过程中,学生掌握学科的核心知识,理解学习过程,把握学科核心思想与方法,形成积极的内在学习动机,成为优秀的学习者。并且未来学校还将提供智能评价反馈,诊断学生学习行为与知识掌握情况。

(4)主体地位的转变,学生由被动学习变为主动学习。

集体施教存在一定问题,那么是否要取消班级授课制?其实也不尽然。以"学"为中心的学习方式并非抛弃"教",而是改变"教"的方式,其关键在于如何促使学生主动学习。现如今的教学模式,教师在课堂中作为主体,扮演着"主角"的角色,想要激发学生主动学习,则需要把课堂还给学生,让教师充当学生的"配角"。在未来学校中,将注重培育、引导和激发学生内心的学习需要,在最大程度上提高学生学习的趣味性、多样性和时效性,促使他们逐渐学会主动学习,引发学生独立思考。

未来学校将倡导和鼓励跨年级合作学习,高年级学生在向低年级学生传授知识的过程中,自身知识得到进一步强化。通过这种学习,学生能够很好地锻炼人际交往、表达交流、团队合作等多种能力。倡导项目式学习,鼓励跨学科教学,让学生基于项目任务,使用多学科知识解决问题,更好地实现书本知识向实践能力的转化。积极开展游戏化学习,让学生在玩中学,充分利用游戏的趣味性、挑战性、激励性的特点,激发学生的学习兴趣和内在学习动机,保持学生的学习热情,使学习变得快乐、充满趣味、富有生机,让学生在积极体验中学习知识,并养成能力。

2.1.2 未来学校人文关怀的特征

未来学校的建设过程,一方面它必须遵循技术本身的逻辑规律,另一方面,新科技革命当中的技术逻辑又呼唤着人文精神的主动介入。如何按照以人为本、以学生为主体的要求,将人文关怀引进未来学校,多方面、多层次地关爱学生,调动学生的学习积极性,进一步激发学生的活力,促进学生全面发展,是一个需要重点研究的问题。未来学校的人文关怀特征体现在课程体系与组织体系上(图2-3)。

图2-3 未来学校人文关怀的特征

1. 未来学校课程体系的特征

课程体系是指在一个教育价值理念的指导下,将课程各个构成要素(如目标要素、内容要素、过程要素)加以排列组合,使各个要素在动态过程中统一指向课程体系目标实现的系统。2015年,联合国教科文组织发布报告《反思教育:向"全球共同利益"的理念转变?》指出,"学习的模式在过去20年里发生了巨大的变化,知识来源改变了,我们与知识之间的交流互动方式也改变了。然而正规教育系统变化缓慢,目前的状态与其过去200多年间的情况依然非常相似"还是为了满足一个多世纪之前的生产需求而设计的"。知识自古以来就不是一成不变的,而是随着时代的发展不断被赋予历史性的意义。因此人们对知识的总体认识也将随着社会的变化而改变。社会在不断进步,但教育却难以进一步满足学生的学习需求。那么如何改变现状,扭转传统教育模式? 关键在课程改革。

世界各国都把课程体系改革作为撬动教育变革的支点,试图通过课程改革来培养学生的跨学科素养,进而提升人才培养质量。与此同时,我国的基础教育课程改革也在向纵深推进,旨在通过改革来重建课程文化、知识体系和教学模式,以全面提升教育质量,加快创新型人才培养步伐。

课程体系作为实现培养目标的载体,是保障和提高教育质量的关键,改革势在必行。未来课程体系将弥补传统教学课程体系中的不足,结合学生需求,选择独具特色的课程组织模式,搭建交叉融合的课程形式类型,完善课程设置,形成完整有序的课程架构体系,注重提高学生的自主探索能力及创新能力,为学生营造良好的学习环境,完善各类教学设施。综合来看,未来学校的课程应具备三大特征,即契合、融合和联合(图2-4)。

图2-4 课程体系三大特征

(1)契合特征。

"契合"主要包括三个层面的含义:

一是未来学校的课程要有完整的系统的整体规划,要契合学生,充分考虑学生年龄阶段特点、个体认知、性格、情绪等,满足学生个性化发展需要。让学校成为学生成长的精神家园、让学校开展更富生命力与创造力的课程,这些课程是让每个学生成长更加不同,让每个学生人格更完善、人性更完美、人生更完满的课程,是基于时代需要、更好地培养21世纪核心素养的课程。

二是未来学校的课程要契合区情和校情,结合本校的教学进度与资源特色,进行能力培养,充分进行校本化,彰显地方文化特色和学校价值主张。我国的基础教育课程改革和国际流行的STEAM课程(创客教育),一个重要特征就是强调课程内容的生活化和情境化。只有立足于当地的实际情况,才能深度挖掘和利用地方及学校的人文历史和文化资源,深度挖掘和利用地方及学校的经济社会和政治资源,去除糟粕,取其精华,使之成为学校课程的一部分,课程才能具有生活性、实践性、体验性。例如,可以利用AR、VR三维数据漫游的形式,展现当地的特色景区与学校历史发展,让课程回归自然、回归生活、回归实践。

三是未来学校的课程要契合未来社会对人才培养的需要,培养未来社会各行各业所需要的人才。未来学校的课程不仅仅要考虑当下,着眼于如今人才培养目标,如:国际组织及世界各国所提出的21世纪核心技能培养目标、中国学生发展核心素养框架,更要将目光放长远,着眼于未来,基于学生未来生活需要、提高学生未来生活本领和生存技能。学校课程教育教给学生的不仅仅是答题技巧,使其获得迈入下一阶段的录取通知书,更是成长所必需的技能、学习习惯与学习能力,是迈向成功的钥匙。

(2)融合特征。

"融合"主要包括两大方面：

一是未来学校的课程要实现与信息技术的深度高质融合。未来学校的课程强调信息技术应用于教育，服务于学科，其出发点首先应当是学科，而不是技术。未来学校的课程要以信息技术为载体，以先进的教育理念为指导，实现课程实施方式的转变、课程实施模式的重构、课程实施效率的提高、教师信息素养的提升、学生自主学习能力的加强。信息技术丰富了课程内容，让课程的表现形式由耳口相传成了融合文字、动画、音频、视频、虚拟实验等系统化、可选择化的知识图谱。课程与信息技术的深度高质融合，人工智能、区块链技术相继引入教学产品中，也极大地推动了线上线下协作学习形式的展开，给教育赋能。

二是未来学校的课程要实现学科之间的融合，使知识由分裂、封闭、单一，走向整合、开放、多元。课程从来都不是封闭的、静止的、僵化的，而是开放的、动态的、生动的。学科的"交叉"和"融合"，是为了突破壁垒，培养综合型人才。学科融合应改变单纯以学科逻辑组织课程内容的做法，强调以学习者的经验、个体生活和核心素养为基础，打破学科的固有界限，以真实问题为核心进行课程重组，重点开展"综合课程""主题课程""STEAM 课程(创客教育)"等方面的探索。学科之间的融合，不是对原有学科的简单删减，更不是"多学科乱烩"。学科之间的融合，需要全面梳理国家课程、地方课程、校本课程中重复交叉的内容，采取删减、融合、增补、重组等方式，增强课程实施的综合性，灵活开展大小课、长短课、阶段性课等课时安排，积极探索跨学科协同教学。学科融合不仅是课程内容的整合，而且是不同学科的师资整合。但我们必须强调，分科课程与融合课程是一种相关而非对立的关系，它们都应占有一定的比重，彼此配合将更加协调，充分发挥各自的育人功能，使不同学科教学既有自身具体的教学目标又尽量服务于统一的教育目的。

(3)联合特征。

"联合"主要包括两大方面：

一是未来学校的课程要实现校内校外课程资源的联合。知识不是静态的实在，知识更具有流动性、情境性、社会性的特点。因此未来学校的课程提供者，不仅是学校和教师，也可能是家长、社区、社会企事业机构。家长的智力、社区的活动、社会企事业机构所开展的业务，发挥各自优势，实现创新要素汇聚。未来学校的课程实施场所，不局限于校内空间，还可以走向大自然、走向社区、走向社会。以信息技术为手段，让学生自主学习、合作学习、探索学习，使学习空间得到更大程度的延展，更好地体现"泛在"课程的理念，使学习无处不在、随时发生。

二是未来学校的课程要实现知识与生活、知识和社会实践的联合。未来学校的课程如果全部采用网络授课的形式，脱离现实会存在虚幻色彩，导致学生难以集中注意力、目标不明确、学习效率低等现象出现，因此与生活、知识和社会实践的联合不可或缺。未来学校的课程要转变过分注重知识学习、轻视实践体验的状况，增加学生动手实践和体验感悟的机会，使学生与自然、与社会、与个体生活密切联系，让理论与实践相结合。要注重以学生的社会生活经验为中心，站在学生的视角去设置课程，使得学生用完整的视角去发现和解决问题、体验和感受生活，培养学生的自主探索能力、实践能力、创新能力与终身学习的意识和能力，引导学生在实践中运用知识，让他们更好地认识世界，更好地适应未来社会。

2. 未来学校组织体系的特征

学校组织是旨在达成教育目标的社会单位，含目标、结构、教学及行政措施三部分。传统学校组织主要是科层制的,话语权掌握在学校和专家手中。在智慧教育背景下,这种科层制,自上而下分层管理的组织形态便凸显出了它的弊端——教学方式死板并狭溢,常常会造成一言堂现象的出现,容易忽视教育情境和教育者、学习者个体的特点。为达到未来学校中更具活力与创造力的目的,需要学校、教师、学生、家长、社会相互配合。这并不是学校内部要素的简单相加,其具有系统性、整合性。校长、行政部门、教师、家长、学生和社会都将在教育决策中扮演不同的角色,从而实现1+1>2,使得学校组织管理由原本的整齐划一性、封闭性向网络化、智能化、扁平化、综合化转变(图2-5)。

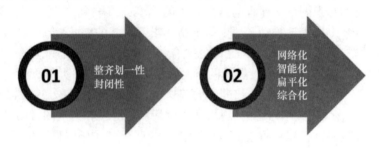

图2-5 未来学校组织管理体系趋势

(1)学校组织管理网络化。

在信息社会,网络化的触角早延伸到生活的每一个角落,而且已经非常深刻地影响到了教育的发展。虚拟课程教学可以安排校内教师,集中录制与实体课堂相对应的精品网络课程,还可以邀请校外知名企业家和专家教授录制专题微视频,开展微慕课教学,着力构建线下与线上有机融合的课程组织模式。网络的快速发展,让教师与学生、教师与家长、学生与学生、学生与家长的联系都更加紧密,网络化最大的优点便是便捷,可以快速传播信息,提高了效率。

(2)学校组织管理智能化。

这是网络化基础之上,信息化过程中的一种高级形态。它综合运用云计算、物联网、移动互联、大数据、智能感知、商业智能、知识管理、社交网络等新兴信息技术,对学校组织、人、事、物等相关信息进行全覆盖管理,全面感知校园物理环境,智能识别师生群体的学习、工作情景和个体的特征,将学校物理空间和数字空间有机衔接起来,为师生建立智能开放的教育教学环境和便利舒适的生活环境,改变师生与学校资源、环境的交互方式,实现以人为本的个性化创新服务。在教学活动中,未来教室将是体现智慧型的一个重要载体,它将彻底颠覆学生、家长对传统教室的理解。学校依然是教育体系的主干部分,在教室中授课的方式也不会改变。教师可以借助智能化的阅卷与分析系统,给学生、家长快速、个性化的反馈。互联网技术让教师与家长的距离在不断拉近。从前,家长需要到学校与教师面对面了解情况,或是在电话里沟通,这样的沟通方式效率并不高。现在,通过网络学习平台大数据分析,教师可以将学生的平时表现、上课效率制成可视化的图表一键分享给家长,更为直观智能。

(3)学校组织管理扁平化。

学校是一个复杂的有机系统,由不同的组织系统构成,性质不同的组织系统有各自的利益诉求,可能会互相重叠、冲突,或对彼此产生不同程度的影响。传统的学校组织机构存在重叠、多头管理、信息不畅通的现象。

随着网络技术的广泛使用,工作效率提高,使得行政人员富余,迫切需要学校对岗位进行重新设计,打破现有的制度平衡,将学校人力资源与组织目标协调起来。随着信息技术及学校内部计算机互联网络的采用,信息的传递、扩散不再是一种垂直层级的方式,而演变为一种网络互联模式。其中,信息传递具有快捷、方便、网络交互的特点,决策层、执行层和一线的教师将共同掌握教学与管理中的各种信息。以往学校中大量的中间管理层,其重心会下移,这使得学校组织构架由纵向垂直模式转向多向交叉的互联模式,并呈现出一种崭新的扁平化趋势。在这种趋势下,原有结构的复杂性转化为组织成员的知识、技能、需求、愿景和文化的复杂性,知识管理应时而生,网络化管理不断深入,把学校建设成学习型组织的目标势不可挡。在这个过程中,学校的专业化分工的界限也将被打破,行政部门之间的职能会变得模糊。

(4)学校组织管理综合化。

以学校与家庭、社区"三位一体"的合作模式为重要体现,未来学校将冲破传统学校围墙,让教育逐渐从学校延伸至家庭、社区和社会,使得学校组织更加综合化。传统教育意义上的学校、家庭、社区与人工智能辅助学习场景、公园、博物馆场景,数字图书馆结合,形成广泛的连接,形成体系。未来学校的教育资源不仅仅限于教科书、网络资源,而是整合协调利用该区域的综合性资源。例如,从授课组织模式来说,未来学校要突破传统的班级授课教学模式,加大案例教学、实践平台教学、虚拟教学的比重。学生可以自主选择自己感兴趣的实践教学,而这些实践案例教学可以聘请社会上专业人士,如知名科学家、创业成功者、音乐家、画家等优秀人才,担任课程授课或指导教师,共同探讨课程案例,讲述他们的学习经历与经验。

未来学校建设是一项复杂的系统工程,涵盖学习空间、学习方式、课程体系、教育技术和组织管理等多个方面。可以从技术逻辑与人文关怀两个方面来描述未来学校的特征。技术逻辑包括学习空间与学习方式;人文关怀包括课程体系与组织体系。未来学校的学习空间具有:营造更加良好的智慧教育学习环境;更好结合学校、学生学习特点,促进学生学习与发展的特征。学习方式具有:由线下授课变为线下、线上相结合,授课方式由一元到多元;授学人员由单一学校变为整个社会;由浅层学习变成深度学习;由知识学习变成想象力、创造力拓展;主体地位的转变,学生由被动学习变为主动学习的特征。课程体系具有:契合、融合、联合的特征。组织体系具有:网络化、智能化、扁平化、综合化的特征。未来学校的技术逻辑与人文关怀并不是割裂开来的、脱节的,相反,未来学校是先进的现代技术和人文关怀结合的地方。正确人文关怀会因为技术的无限可能将学校变成一个充满人文关怀、体现个性差异、满足不同需求的地方。

2.2 未来学校的革新

基于未来学校研究与实验计划的理念与方针,众多学校共绘学校发展未来路线图,那么未来学校与传统学校相比有何革新之处呢?"未来路线图"在落地实施过程中,从技术逻辑与人文关怀两条路线(图2-6)构建了未来学校,其中,技术逻辑包含学习空间与学习方式;人文关怀包含课程体系与组织体系。未来学校从技术逻辑与人文关怀,建立高维时空的知识数据世界,打造新场景、新课程、新学习、新技术、新流程为一体的"五新"学校,打造以人为本、师生相互理解、相互尊重的理性平和、健康向上的学校,为学生带来一个更美好的将来。

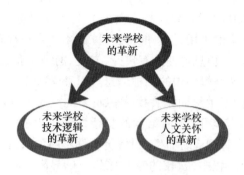

图 2-6 未来学校的革新路线

2.2.1 未来学校技术逻辑的革新

未来学校是教育学、认知科学、技术和社会的混合体,伴随着大数据、人工智能、区块链、云计算等技术的日趋成熟,新技术既可以作为教育内容,如 AR、VR、H5 的制作,促使学校培养数智化人才;也可以是传统教育的加速器,提高教学效率、减轻教师工作量,促进教师角色转变;还能嵌入学习系统,通过视觉、听觉、触觉全方位沉浸式体验,使自适应学习得以发生,实现因材施教、学习思维的进阶。新学习系统下学习空间与学习方式上将会有巨大的改变。

1. 未来学校学习空间的革新

5G、物联网、人工智能、云计算、数据中心等基础技术日趋成熟,使得未来学校的学习场景面临重构。学习场景重构就不得不提到 OMO 教育模式。OMO 教育模式,即 Online Merge Offline,由创新工场创始人兼首席执行官李开复提出。OMO 教育模式是一种依靠技术进行线上线下深度融合的模式,可以看作是 O2O(Online To Office)的 2.0 进阶版本。精锐教育副总裁焦典曾在公开演讲中表示:"OMO 的核心出发点是挖掘数据,追踪学生学习的全路径。教育机构做 OMO,可以从教研、产研和服务几个体系去攻克。未来 OMO 的发展趋势是个性化教育。"在新技术赋能下,未来的学校维度场景将突破传统学校基于三维空间设定的结构、模式、课程和教学方式,构建高维学习空间,通过四个向度的变革,组合变化构建灵活的学习场景,支持灵巧学习方式并推动现有教学方式的变革,实现教育从低维向高维的跃迁。四个向度的变革分别为:

人工智能 - 教师 - 学习者三维模型;数字空间与实体空间融合,数字学习空间在人工智能、互联网平台、虚拟现实技术、5G、云计算、大数据和区块链等技术的支持下实现;依托数字技术实现实体空间远程对接,包括教室 - 教室、学校 - 家庭、学校 - 其他教育场景(校外教育机构、实践教育基地、自然教育基地、博物馆、图书馆等);实体学习空间内部的功能多样化和灵活组织形成的场景。高维、开放、集成化的学习场景重构体系如下:

(1)服务灵活多变的新学习方式。

人工智能 - 教师 - 学习者三维模型智慧系统的建立,以人工智能技术来赋能教育。教师可以借助人工智能围绕学生学习特点构建高效、个性、一体化的学习辅助体系,帮助学生将学习方式由被动学习转变为具有自主性、互动性、创新性特征的学习;开展小组"多对多"的互动学习,鼓励学生分工合作学习,独立思考知识点、共同解决疑难问题;充分利用多维学习场景,突破传统学校静止、封闭、低维时空的学习场景,帮助学习者进行自主性、生成性学习;构筑灵活的学习空间,克服时空限制,随时随地开展各种新的学习方式,对知识进行自我建构学习。

(2)数字空间与实体空间融合。

加快数字空间与实体空间融合,传统学习空间在人工智能、互联网平台、虚拟现实技术、5G、云计算、大数据和区块链等技术下实现数字孪生。连接现实世界的实体空间,并从学校延伸至家庭、社区和社会,将其转变为实现数字学习新空间。将学习时空无限延展,为教师实体教学提供学生状态信息。响应变化,优化线上、线下教学。基于多维学习空间的平台、学科和功能的集成,构建虚实融合场景、远程学习场景、虚拟现实场景和人工智能辅助场景等多样化的技术场景。使虚拟仿真空间逼近实体的物理空间,达到知识再现、仿真感知、深度学习和创新实践的目的。数字孪生模型是一个"不断生长、不断丰富"的过程,以此决定了虚拟仿真空间相较于实体空间更新周期短、更新难度小,数字空间与实体空间融合将更适应未来快节奏的社会发展。传统的学校、家庭、社区与人工智能辅助学习场景、剧场场景、博物馆场景,数字图书馆或数字阅读场景和实践场景结合,它们之间通过广泛的连接形成体系。学习生态系统中,全体教育人与民众共建、共享、共治,每一个人既是贡献者,也是享受者,共同构建全社会协同育人的新学习环境。

(3)拓展学习宽度,开展无边界化学习。

充分利用"翻转课堂""慕课"等形式,建设微课资源平台,依托互联网技术实现实体空间远程对接,包括教室-教室,学校-家庭,学校-其他教育场景(校外教育机构、实践教育基地、自然教育基地、博物馆、图书馆等),将其搬进"虚拟校园",构建高维学习空间。通过环境创设和文化营造,打通课内外、校内外之间的学习壁垒,连接学校和世界,拓展学习宽度,实现室联网,打造适应学习者个性化需求的开放空间,让环境有温度,让学习有张力,帮助学生更好地学习。

(4)支撑学习者核心素养落地的测量评价。

学习场景的建构是学习者和教师互动分享数字化成果和分享思维过程的空间基础。在新学习场景下更便于采集学习互动过程中行为和结果的数据,建立第一方、第二方、第三方同时发挥作用的多主体专业评价,运用区块链技术进行存储,通过人工智能辅助的学情大数据分析,对学习者核心素养达成水平进行动态性、全程性监测。实现知识评价向素养评价的转变、结果导向评价向过程导向评价的转变。

学习场景重构是数智时代学习者核心素养塑造的孵化器,以新一代学习空间为主要载体,运用新技术手段,打破资源连接障碍,对空间进行集成,构建中心-网络式无边界学校,锻造学习者科学思维、数字化思维、逻辑思维与技术运用能力;通过打破边界,融合生态,让课程资源由课堂内延伸到课堂外,由校内延伸到校外,引导学习者深入学习情景,最大化满足学生个性化需求;通过对知识体系的探究实践,提高学习者自我管理、感知认知的能力;通过过程进行测评,多要素、长链条、全方位,科学地衡量学习者创新意识、问题探究能力,促进学习者多维发展,为培养德智体美劳全面发展的社会主义建设者和接班人,培养具备国家认同感和具备全球使命与责任感的数智人才奠定基础。

未来的教育将从竞争走向共生,学校的边界日益拓展,家庭、社区、企业、工厂、政府机构、自然界和博物馆等都将成为独特的教育场景,依托数字技术实现实体空间远程对接,学校-其他教育场景(校外教育机构、实践教育基地、自然教育基地、博物馆、图书馆等)建立泛在互联。这些来自真实世界的力量会不断滋养学习者的成长,促进学习者自我系统与社会系统的连接,激荡共生,良性互动。学校要主动与外部世界积极连接,主动承担学生的培养方案设计、课程整合、资源管理、系统性知识传授等,开展学校-其他教育场景协作学习,相互影响、感染、渗透和启发,从而生成集体智慧,共同解决同一类问题。

2. 未来学校学习方式的革新

HTH（High Tech High School）高中校长 Rob Riordan 曾提出:"在漫长的学校生涯里,我们从来没有给予孩子们自己做决策的机会,更没有培养他们自己做决策和独立解决问题的能力;却期待他们一毕业,到了工作场合以后接手大项目,解决大问题。"从这个角度而言,学习方式变革的重要性不言而喻。未来学校发挥人工智能、互联网平台、虚拟现实技术、5G、云计算、大数据和区块链等的技术优势,为学生提供深度学习体验,实现学习方式的融合与革新。积极探索O2O教学模式,搭建数字云平台,融合运用传统与现代技术手段,实现线上线下相结合与教育和知识资源共享最大化。打破学科边界,融合教育生态,丰富并创新知识、课程和信息网络拓扑结构,创新人才培养方式。大力推行启发式、情景式、项目式和问题解决式等教学方式,倡导走班制、选课制、跨学科和跨学段等教学组织模式,探索跨学科综合性主题教学,开展研究型、项目化、合作式学习,驱动和激励学习者自主学习。未来学校学习方式的革新将从学生与教师两个方面来体现。

（1）学习方式的行为主体——学生层面。

学习方式的本质是学生所做出的有意识的、具有选择性的行动策略和学习方法的综合。故学习方式的行为主体不是教师而是学生。不好的学习方式大概有以下几点:缺乏主动性,学习没有计划;拖延,不合理规划学习与休息的时间;不愿花时间去分析知识的条理,没有形成知识架构,将知识点死记硬背;听课效率低,容易走神;找不到学习的突破口,不会抓住难点与重点;不能理论联系实践。

未来学校将利用人工智能、互联网平台、虚拟现实技术、5G、云计算、大数据和区块链等技术的支持实现数字空间与实体空间的融合,切实转变学生学习观念,创新学习模式。大力提倡反思性与合作性教学,注重批判理解,在教学过程中促进各种形式的质疑、交流、对话与合作,进而促进深度学习,不断强化学习者的自主性、学习方式的互动性和学习过程的创新性。

让网络教学资源与国家课程和地方课程深度融合,让教师的主要任务由传授知识转变为增强课程资源开发能力、引导学生自主学习。由教师完全主导的课堂向师生共同引导课堂的方向发展,让学习者、教师、学校和其他教育参与者都成为课程创新的主体,规范课程研发创新流程,形成特色鲜明的校本化课程体系,不断完善自下而上的课程创新机制和流程。积极探索信息技术背景下的教研模式改革,形成在育人方向和课程目标引领下的备、教、学、评、研一体化的教学格局。

（2）教育工作的协调者——校长、教师层面。

虽然学习方式的行为主体,学习方式革新的重点在于学生,但是学习方式的改变与教师的教学方法的改善也有着密切的关系。转变学生不理想的学习方式,学校校长与教师应坚持"技术赋能教育",不仅要了解新媒体技术的发展趋势,还应该掌握一定的信息技术管理应用技能。

校长还应积极探索学校购买教育服务的有效服务,扩大优质教育资源供给,心中要有概念与全局,要让新技术为教育变革赋能。积极学习和探索以区块链技术为基础,融合大数据、人工智能等新一代信息技术的未来教育链,将自己应用新技术的经验提高到理论的高度,以此来指导教师的教育教学工作。

教师应聚焦学科教学新方式,了解教育 3.0 时代学习者的发展需求,掌握该学科素养培育的相关知识,利用网络媒体、社交软件等进行组织、管理和实施。学会建立符合信息多媒体时代的学科教学新流程机制,从核心素养发展视域诊断、分析日常教学中的关键问题,引导学生通过灵活的教学方式多方互动,沟通分享,形成学生自主探究、同辈学习、团队合作的良好氛围。

未来学校基于"人工智能 – 教师 – 学习者"三维结构的高维学习空间,将强化教师信息素养的培养,突破年龄壁垒,提高教师对数智教育的理解和认识,做好不同年龄阶段教师的培训计划,逐层逐级发展教师运用新技术与学科进行有效整合的数智教育能力,推动教师信息化教学能力稳步提升。

以校长培育和骨干教师培训为抓手,为校长和教师提供系统、多元的自迭代的一站式学习时空。注重培养校长和教师先进教育理念的引领作用,深化因新技术在新场景的应用而带来的学习方式变革,并建立教学管理工作中的新流程,致力于培养符合数智时代教育发展要求与未来学校建设发展需要的校长与教师队伍。校长与教师发展的最终目的是以实现驱动和激励"学生学习者"自主学习与发展为核心。其助力教师的教学设计与教学行为的改变,吸引学生学习兴趣,帮助学生养成良好学习习惯与学习方式,提高学习效率。

2.2.2 未来学校人文关怀的特征

人文关怀是学校价值观建设的重要组成部分,是内部管理不可或缺的关键因素。教育的本质是育人,学校是教书育人的地方。技术逻辑使得学校环境得以改变,人文关怀则帮助学生养成良好的生活习惯、学习习惯、行为习惯、创新的思维、优秀的道德品质和人文素养,这将影响学生的一生。学校领域的人文关怀体现在课程体系与组织体系上。

1. 未来学校课程体系的革新

课程和教学创新以教育 3.0 时代学习者发展为中心,基于教学改革、融合信息技术的新型教与学模式以及高维时空数据知识架构,构建新课程体系、新课程机制和新教学模式。如今各地、各校都就课程和教学创新不断探索。例如,2021 年 2 月 23 日,陕西省教育厅印发的《陕西省义务教育学校课程与教学管理指南》指出:中小学使用电子产品开展教学时长原则上不超过教学总时长的 30%;小学一、二年级不布置书面家庭作业,不得直接或变相要求学生家长代为评改作业;小学一、二年级每学期校内统一考试不得超过 1 次;等等。在开齐、开足、开好国家规定课程,落实义务教育课程标准的基础上,围绕课程内容创新、教师教学流程创新、测量评价创新这三个方向构建未来学校课程和教学创新体系。未来学校在课程和教学创新上应建立开放的课程供应链体系,及全面、个性、融合和关联互动的教学方式,强化面向教学变革的教育系统、平台、工具和服务的发展,加速推进常态化、大规模实践意义上的课程和教学变革与创新。

(1)课程内容创新。

加强"五育"并举,构建促进学习者德智体美劳全面发展的课程体系。加强课程内容与教育 3.0 时代发展需求、21 世纪核心素养的联系,强调课程内容的实效性、必要性、趣味性、可选择性,同时注意课程内容的生活化和人文化。有机统筹整合校内外各种课程资源,科学、合理借助大数据平台,发挥新技术的优势,将学习者触点式的需求和教育服务一一对接。结合互联网无边界学习特点和办学优势,增强教学设计的整体性、系统性、有效性,使学习更便捷、更个性化。培养学习者的学习自主性和个体责任感,唤醒其学习兴趣。打破"唯分数"和"一考定终身"的定式思维,注重促进学生创新和实践能力的发展。

(2)教师教学流程创新。

日本学习共同体发起人佐藤学教授曾说过:"没有哪一个学校的课程可以靠一次演讲改变。教师需要打开教室的大门,建立开放的氛围与文化。"教师是学生的表率,自身的思想修养、知识水平、业务能力将直接影响学生的学习水平与人格培养。因此,教师应秉持"学无止境,教无止境"的信念,和学生共同成长,提高自身科研创新能力。教师应了解掌握教科研基本方法,能依据具体问题,引入新知,辅助讲解,制定科学且行之有效的研究策略;选择合适的研修工具,开展深度研修,懂得如何重构课程供应链知识体系,激发学生学习动力,致力于解决未来学校教育教学中各类问题;基于共同体积累丰富的案例和课程,与其他教师互相学习、互相提高,协同教研,创新教学流程和模式。

(3)测量评价创新。

"由传统的经验主义过渡到数据主义",未来学校将依靠人工智能——大数据和区块链等新技术构建的高维时空数据知识架构,对教育教学工作进行测量评价。未来学校应基于新课程、新学习和时空场景,在充分考虑学生的个体特征、兴趣偏好等个体差异的基础上,对学生进行阶段性的综合素质评价;制定覆盖全学段的数字化测量评价体系与机制,搜集学生的学习、科研、交往和日常行为等大数据,实现对学生学习成效、学习障碍、价值倾向、心理状况等各方面情况的评价和可视化呈现;根据技术支撑与实证支持,建立全过程、全方位、全要素的人才培养质量反馈监测体系,构建开放共享的教育体系,充分发挥测评的个性化教育功能。

课程和教学创新以课程和教学创新中心为核心引擎,基于灵巧学习及高维的赋能场,不断推动课程供给侧结构性改革。旨在创新教学方式、变革学习方式、优化作业设计、解决教学问题、指导家庭教育等;注重对学习者辩证思维、批判性思维、系统性思维和设计思维等多样化思维的培养,并培养和强化学习者劳动习惯。教、学、测、评、练、管等全业务环节日益互联网化发展,加速了教育教学系统互联网环境下的解构和重构进程,通过多元化、生成性的课程目标、课程内容与课程实施方案,提升学习者发现问题、解决问题、试错反思、更新迭代等实践创新素养,培养合作共赢及跨文化沟通与协同意识。

2. 未来学校组织体系的革新

学校回归社区,教育才能植根于生活。学校与家庭、社区共育是"未来路线图"实验学校学习生态融合的重要体现,着重构建学校教育、家庭教育和社区教育"三位一体"的教育模式。学校是学生学习的主要场所,90%的教学工作在学校完成。未来学校将打破学校边界,让教育从校内向校处延伸拓展,除了学校以外,家庭和社区也将参与进来。故未来学校组织体系革新包括学校组织创新和学校与社区、家庭的开放融合。

(1)学校组织结构创新。

校长与教师都是教育工作者,故学校组织结构创新主要包括这两个方面。未来教育以核心素养为育人目标,在教学理念、教学目标、教学方式、专业素养、教学评估等方面,校长和教师都在不断学习。校长和教师是未来学校发展的协调者,需要衔接学科目标与总体目标,统整学科本质和育人价值;校长和教师更是需要不断自我发展的学习者,教育3.0时代的总体目标要求校长和教师具备在新场景下能运用新技术,具有符合新时代教育的开阔的思维模式,研发新课程、支持新学习的业务能力。学校管理是一项极其复杂的工程,校长应建立健全符合学校实际情况的管理制度体系,为促进学校教育教学的创新发展奠定基础。校长和教师只有不断学习、思考、总结、提升,才能扮演好在教学中相应的角色,从而真正发挥未来学校的优势,让学生得到更全面的发展。

①校长发展方面。

a. 未来教育理念革新。坚持"立德树人"的根本任务。《陶行知:校长是一个学校的灵魂》一文将一校之长的教育思想的领导作用放在了首位,而将校长的行政领导作用放在其次。因此,校长应站在21世纪核心素养培养的角度,重新审视学校教育教学工作中的学科课程与育人价值,在坚持正确办学方向的基础上借鉴国内外最前沿的教育理念,取其精华,去其糟粕。校长应更加深刻地认识国家基础教育改革发展大局和未来学校发展的新要求、新气象和新模式,突破传递固定知识的局限,培养更加审慎的判断力与创新性思维,为学校改革发展奠定良好的理念基础。只有教育理念革新,未来学校的教育教学工作才能创新。

b. 学校科学规划与建设。坚持"育人为本",从数智时代教育未来发展方向与学校教学活动的现实需求出发,明确学校发展定位与目标。学校科学规划与建设应充分利用新技术手段,基于新课程、新学习要求,科学规划、合理布局校园空间,从教学区、学生生活区、体育运动区三大功能区的形态、功能、类型等方面构建集成智慧系统的新学习场景。把握未来学校规划设计原则、实施路径和资源工具,引领学校特色内涵式发展,打造现代化、可增长变化、可持续化发展的未来校园。古语云:"亲其师,信其道;尊其师,奉其教;敬其师,效其行。"师风校风建设尤其重要,教育部等部门发文指出:将师德师风作为教师招聘引进、职称评审、岗位聘用、导师遴选、评优奖励、聘期考核、项目申报等的首要要求和第一标准。从校长层面出发,在教师的招聘引进工作中将师德规范与过往经历纳入考核标准,将师德师风作为必修内容纳入新教师岗前培训和在职教师培训中去,强化教师思想政治素质考察,督促教师以身作则、立德垂范,推动师德师风建设常态化、长效化,培养一批高素质的教师队伍。

c. 面向未来的管理能力。坚持"以人为本",具备宏观顶层设计能力与全局意识。完善优化学校内部治理,管理规范化、人本化,明确划分行政事务与专业事务的边界,建立健全合理的规章制度。规划以学习者为中心的育人文化环境,协调内外资源,引进优质教学资源,定期组织教师分期分批赴教育先进地区、学校参观学习,聘请专家学者来校指导等,从而引导教师发展成长,打造优良的教师团队。组建专业素质过硬、具备管理才能的管理队伍,根据岗位的不同要求合理配置人才,深化管理层队伍建设,提高组织管理能力与变革能力,积极应对教育3.0时代教育变革新挑战。完善考核机制与激励机制,根据学校实际情况调整考核方式、考核内容、考核重点,依据考核结果给予相应的奖励与惩罚,创造公平竞争、能者上庸者下的局面。

②教师发展方面。

a. 恪守师德,发挥教师教书育人作用。德高为师,身正为范。教师要以"立德树人""三全育人"作为教学信念,为党育人,为国育才,培养社会主义合格建设者和可靠接班人。树人重在树德,立德贵在立心,要时刻牢记自己的职责,以身作则,发挥榜样作用,帮助学生系好人生的第一粒扣子。教师应多方式、多途径涵养师德,胜任"立德树人"的光荣使命。教师只有自己具备优秀的品德修养、高尚的情操,才能在潜移默化中提高学生的自身素质和政治修养,增强学生的自信心和历史使命感。

b. 学习先进教育理念。2008年修订的《中小学教师职业道德规范》指出：教师应终身学习。崇尚科学精神，树立终身学习理念，拓宽知识视野，更新知识结构。潜心钻研业务，勇于探索创新，不断提高专业素养和教育教学水平。故教师应了解未来教育的发展趋势，掌握高维智能教育时空和数智时代学习者新学习模式与新教育观念，既是教师的权力，也是教师的义务。注重新场景下的教学改革创新，克服重科研轻教学、重教书轻育人等观点，促进教师将学到的先进理论知识应用到自己的教学中，提升自己的教学质量。

每一个学生都是家庭的希望、祖国的未来，树人重在树德，只有校长与教师品行端正、教学水平过硬才能实现对学生的正确引导，实现正心正德、正视挫折等身心发展方面的培养，夯实学生学习者文化基础，比如文化传承、文化反思、文化践行、文化审美，致力于培养出心理健康，具有强烈国家认同感，理解尊重国际情况，有人文情怀和责任担当的学习者。

c. 学校与社区、家庭的开放融合。学校与家庭、社区三者紧密联系、互相渗透、互相促进、协调一致，共同提升育人环境，拓展学习者活动对象，建立协同治理的学习生态创新机制，构建统一的教育生态网络。学校与家庭、社区共育"三位一体"的教育格局，拓宽了教育时空，包括以下四个方面的内容。

（a）家庭学校建设。家庭教育需与学校教育紧密配合，学校在理论和实践层面指导家长，为家庭提供教育服务。在教育模式、标准和动力方面达成共识有利于教育共同体的建立，家长需掌握教育相关的基本理念与方式方法，在家庭环境中承担起学习者第一任教师的责任。学校根据家长家庭教育水平在线综合测评报告进行诊断与定制指导服务，建立家庭教育指导课程体系，提供课程、教材等学习资源，并进行教材数字化转化和云课程开发。基于教学内容，推出线上与线下相结合的平台集成服务。建立家校培训体系，包含家庭教育"成长型"家长培训与家庭教育指导者培训，定期以讲座授课等方式开展培训学习。以定期举办学生大会、家长大会、交流分享活动等家庭教育品牌活动，进行家校共育成果的交流与展示。帮助家长更好地教育孩子，做孩子的引导者。同时，加强家长学校、家庭教育指导服务站点建设，为家长提供各种现实和网络的家庭教育指导服务，进而打造家校共育环境。注重家校沟通，促进教师角色转变，发挥教师在与家长沟通方面的效用，把个性化的学习者数字画像内容转变成服务家庭、学习者成长与发展的基础和方向，实现通过影响家庭进而培养学习者。

（b）社区、学校协同育人。建立社区安全管理平台与服务支撑模式，安全平台记录从学习者出校门到进社区学习中心、家门等相关信息，并同步发送给教师、家长及社区管理人员，保障学生上学放学安全，让家长与教师都放心。同时，家庭和社区拥有丰富的教育资源，学校、社区在实践活动层面紧密配合，通过这些隐形的课程和服务对家庭提供支持，弥补家庭教育内容、场景和功能的不足，在课后帮助学生解决疑难问题。也让学习者体验、关注社区活动，从现象中发现问题、了解社会需求。校园接入社区志愿者网络信息，学生可在社会实践管理系统上完成项目申报、组建团队、线上培训、线上评审、立项公示、实践活动、总结评优等环节，提高工作效率，提升学生开展社会实践工作体验感，同时也为教师做好备份数据信息及保管等管理工作带来便利。建立学习者社会实践管理系统能使学校与社区共同管理、审核，便于整合学校与社会资源，有序有效安全地组织开展好学生社会实践活动。实践活动信息在管理平台系统实时更新，与校园活动形成主题同步与互补，并在每学期评定时对优秀志愿者加以鼓励，进行等级评价。促进学习者自我系统与社会系统的连接，提升社会适应能力的同时也使人才资源流动进学校、社区，通过问题云、线上线下协作学习形成解决问题的合力,实现学习与创造一体化,使得学习更加日常化、具体化、生活化与系统化。

（c）社区对家庭教育的支撑。家庭教育不可避免要依托社区,环境和氛围对家庭教育引导有深远影响。针对学习者校外安全问题,尤其是在学习者托管、学习实践活动等方面做好社区内学习者安全保障,同时协同社区组织多样化实践教育活动,弥补家庭教育内容、场景和功能的不足。目前社区家庭教育指导工作正在不断推进。例如,2020年初,江苏省妇联启动实施"三全"社区家庭教育支持行动试点工作,以"孵化一批基地、培育一支队伍、开发一套课程、打造一批示范点"为目标,推动社区建立完善家庭档案,打造特色系统课程,提升工作队伍专业素养,整合区域资源,形成联动工作机制,营造"推门可见、社区可感、家家参与"的生活化家庭教育氛围。

（d）三位一体,信息共享,实现自适应学习。基于物联网、大数据和区块链技术的分析与管理平台,建立学校、家庭、社区信息共享平台。促进家庭、学校与社区三者之间交流互通,实现教育信息同步,在数据解读和充分沟通的基础上达成一致的教育目标,进而构建解决之道,形成以学习者为中心的全方位自适应学习。区别于如今的家校QQ群、微信群,信息共享平台将建立的平台将整合学校与学校、学校与家庭、学校与社区、家庭与社区、社区与社区的信息,这个平台将更加便捷。在这个平台上,学校、家庭、社区,能够做到信息实时、准确共享,三个主体既是独立的又是联合的,三者优势互补。学校整合信息,在与家庭、社区充分协同的基础上为学生提供个性化课程服务和发展规划,实现因材施教,个性化教学。

未来学校的创新可从技术逻辑与人文关怀两个方面进行划分。其中技术逻辑包括学校空间与学习方式的创新。学习空间包括四个方面：人工智能－教师－学习者三维模型；数字空间与实体空间融合；依托数字技术实现实体空间远程对接；实体学习空间内部的功能多样化和灵活组织形成的场景。学习方式可从学习方式的行为主体、教学工作的协调者——学生与教师层面进行阐述。人文关怀的创新包括课程体系创新与组织体系创新。课程体系围绕课程内容创新、教师教学流程创新、测量评价创新三个方面进行。组织体系创新可分为学校组织结构和学校与社区、家庭的开放融合。

第三章 未来学校的发展方向与实践途径

在上文中,我们着重探讨了关于未来学校的具体的特征以及革新之处,对于未来学校的一些基础设施以及相对应的举措都有了一定的了解。但是我们还有一个非常重要但是又极易被大家所忽略的内容没有进行讨论,那就是我们的未来学校到底应该培育怎样的人。这也是我们积极探索未来学校的前提以及核心,是我们探索未来学校的发展方向与实践途径的基石。所以我们现在就带着这样一个问题对未来学校的发展方向以及实践途径进行探索。我们认为解决这一问题,首先需要明白一个至关重要的概念性前提——未来学校的教育核心是什么。就未来学校建设的战略性目的以及意义而言,这个问题的答案显而易见,那就是人。那么我们应该培养什么样的人?解决了这一问题就解决了未来学校的发展方向问题。而如何培养这样的人就是我们对于未来学校的实践途径的探索。

3.1 未来学校的培养核心

未来学校的培养核心就是培养具有德智体美劳五种优秀品德,兼具发现问题、解决问题、判断力、决断力等非认知性技能的未来人才。在未来人才培养核心的探索方面,目前主要流行的是"T"型人才培养方案。林崇德先生2001年在《北京师范大学学报》(哲学社会科学版)上发表了《融东西方教育模式,培养"T"型人才》一文,提出了构建未来人才的"T"型人才培养模式(图3-1)。"横"包括知识面宽、创造力、适应性、独立性和实践能力,"竖"包括逻辑思维、知识深度、理解水平、统一规范和集体主义。谭镜星先生2005年在《高等教育研究》上发表了《论高职T型人才培养模式的构建》一文,提出高职教育T型能力目标,如图3-2所示。T型的"横",包括合作管理能力、职业道德与心理素质、继续学习能力等核心能力、身体素质、表达交流能力等,职业教育特别强调那一"横"。而T型的"竖",包括首次就业能力、转岗能力和创新创业能力。对于两位先生所提出和发展的T型人才培养方案,教育学家陈罡先生认为:"T型能力是未来人才非常重要的能力标准,或者能力模型。T型中的'横'更多的可能是西方教育中要追求的教育目标,而'竖'可能更像传统东方教育所追求的教育目的。林崇德认为,要强调教育中'横'与'竖'的融合。"这种教育中"横"与"竖"的融合正是将他们的专业能力与非认知性技能进行结合的一种表现。但是我们认为这并不是我们所探索的未来人才培养的最终形式,而只是其中的一个支撑层级。

未来人才培养的核心目标是培养拥有着德智体美劳等优秀品格能力,并且拥有着一定专业技能的未来人才。培养拥有德智体美劳等优秀品格与一定专业性的未来人才,我们需要从全面发展他们的德智体美劳、非认知性能力、专业性能力、学习兴趣与潜能等四个方面来进行。

3.1.1 德智体美劳的全面发展

德智体美劳是对人的素质定位的基本准则,也是人类社会教育的趋向目标,所以人类社会的教育离不开德智体美劳这个根本。目前对于德智体美劳的教育也分为德育、智育、

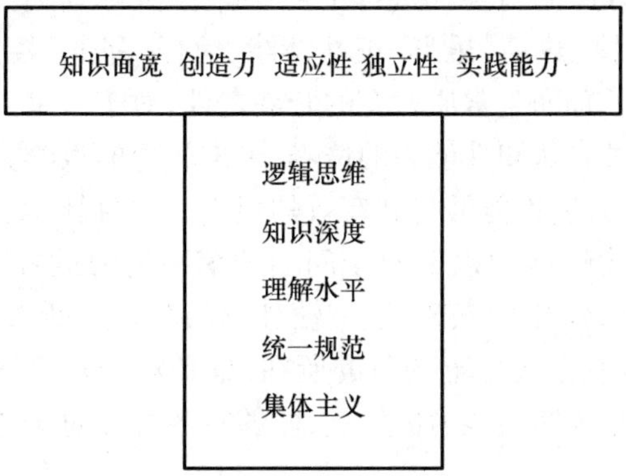

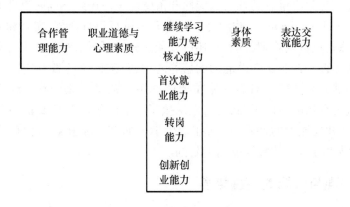

图 3-1 "T型"人才培养模型

图 3-2 高职教育 T 型能力目标图

体育、美育、劳育五个具体的方面。德育是培养学生正确的人生观、价值观,培养学生具有良好的道德品质和正确的政治观念,培养学生形成正确的思想方法的教育。智育是授予学生系统的科学文化知识、技能,发展他们的智力和与学习有关的非智力因素的教育。体育是授予学生健康的知识、技能,发展他们的体力,增强他们的体质,培养他们的意志力的教育。美育是培养学生的审美观,发展他们鉴赏美、创造美的能力,培养他们的高尚情操和文明素质的教育。劳育是培养学生劳动观念和劳动技能的教育。培养学生们拥有正确的德智体美劳观念,有利于学生群体塑造正确的人生观、价值观,也是学生身心全面发展的核心与基础。学生只有拥有了良好的道德品质和正确的政治观念,有着正确的思想方向,并且有着高尚情操和文明素质,才会在未来成长为能够为国家发展贡献自己全部精力的、有利于社会发展的个体。除此之外,学生们还应该拥有健康的体魄以及一定的劳动观念和劳动技能,这两点是他们未来发展生存的基础。全面发展以德智体美劳作为核心的素质教育,是培养未来人才的重中之重。

3.1.2 非认知性能力的培养

非认知性能力是 21 世纪人才的核心能力,是世界各国培育学生核心素养的重要内容,也是我国基础教育亟待深化的重大课题,同样也有助于素质教育的开展。非认知性能力的培养主要包括以下几个方面的内容:情感、社会适应性、人际沟通交往能力等,具体的表现:有条理性、事业心强、审慎、热情、乐群、正性情绪、信任、利他、共情力、观察力、判断力等。非认知性能力的培养除了有助于素质教育的开展之外,对于未来人才的情景化教育也有着至关重要的作用。通过对非认知性能力的培养,未来教育的教学方式的变革能够得到有效的表现,未来学校的课程再造也能够得到有效的促进。项目教学、情景教学的开展,将极大促进学生们对于问题的发现能力以及对于问题的解决能力的提升。此外,在进行项目教学、情景教学的过程之中,学生的条理性、审慎性、观察力、判断力、正性情绪都能够得到有效的发展,而这些正是学习方式变革的目的所在,也是对于教育课程之中所需要探索与发掘的具体的实现。进行非认知性能力的发展,能够在各方面对于未来教育的改革进行有效的、积极的拓展。

对于非认知性能力的培养,已有的研究发现,在儿童早期进行非认知性能力和认知性能力培养最有效。著名 High Scope 项目对美国非裔学龄前儿童进行干预,经过多年随访,发现可以显著提高儿童成年后的社会适应性和情感能力。High Scope 项目干预中的一个重要部分就是"Plan – Do – Review",也就是让这些孩子进行每日计划、实施和回顾。这样的循环,可以有效锻炼儿童自我管理的能力,还可以通过建立反馈,增强对计划实施的内心推动力并不断地自我完善。在非认知性能力的培养之中,打破传统的教育空间壁垒以及从传统的单体教育改为社会共同教育有着非常重要的作用与意义。社会共同教育不仅可以在孩子学前阶段就进行有效的前期干预,更可以从孩子小的时候就开始塑造各种有利于孩子提升认识、增强非认知性能力的环境,继而在学生学习期间不断开展虚拟环境教育以及项目教育,实现增强学生群体非认知性能力的目的。

3.1.3 学习兴趣与潜能的挖掘培养

学习兴趣与潜能的挖掘培养是在未来教育中应当关注的发展方向。我们一直在讨论未来学校的教育核心到底是什么,也在思考身为教育核心的人我们需要去做什么。我们讨论了关于素质教育的改进,非认知性能力的发展,对学生进行适当的、适量的心理干预,但是我们之前所讨论的都是针对学生整体的教育,对于每一个学生个人所需要做的事情还未进行有效的讨论。那么如何去发掘教育每一个学生个体呢?在目前的研究发展之中,我们有了一个明确的方向,那就是进行个性化教育。那么该如何开展个性化教育呢?我们首先要挖掘与培养学生的学习兴趣及个体潜能,从而有效地开展各种教育的改革,更好地服务与培养学生,明确发展方向和发展形式与内容。发掘与培养学生的学习兴趣及个体潜能成为一切个性化教育的前提与基础。

对于学习兴趣以及个体潜能的发掘与培养,需要从学习环境以及学习方式入手。正如我们前面所提及的那样,未来的教育将不再是以一个个班级作为改革的整体,大家也不需要待在固定的教室去学习一样的内容,未来教育将采取学习中心的形式,让学生自主选择自己所喜欢的学习中心,此处的学习中心也不是需要进行单个选择的,而是可以与其他的学习中心自由组合的,这样,既保持了对于学生学习兴趣的培养,又能够让学生接触其他方面的知识,尽量做到全方面发展。譬如,一个学生对音乐感兴趣,那么他可以进入与音乐相关的学习中心学习自己所感兴趣的知识。而音乐学习中心可以与国学或者体育学习中心进行组构,从而补充学生们的德育以及体育方面的知识。而且学生在选择了音乐学习中心的同时,如果对于劳动实践也有着一定的兴趣,那么也可以同时在实践学习中心进行相关知识的学习,从而深度挖掘自己的兴趣与爱好,做到"所学皆爱,所爱皆学"。

而对于潜能的发掘则是建立在项目教育与情景教育之中,通过在学习期间项目教育、情景教育的开展,让学生们去发现问题、发现解决问题的方法,从而对他们的潜能进行一定程度的挖掘,并进行潜能的引导与发展,再将更多的项目、虚拟场景引入,最大程度地挖掘与培养学生的潜能。

3.1.4 专业性能力的培养

专业性能力的培养是指培养未来人才以一种辩证性态度、系统性眼光、结构性视角、过程性维度、互动性方式去解释问题、分析问题,与服务对象沟通合作并促使其看清问题、形成新的意识和能力,同时也不忽略与其相关的结构性宏观因素。专业性能力既包括职业或者领域的专业技术,也包括专业态度。专业技术并不仅是指工作中必要的技能,而是要不断学习,从基础知识开始积累,亲身实践,不断关注自己专业领域的新知识,经过持续的训练,能够把自己学到的知识提供给别人,从而形成价值。而专业的态度是指尽自己的最大努力解决问题的心态。我们这里之所以提及专业性能力的培养,是因为随着项目教育以及情景教育的不断植入,学生的学习兴趣以及潜能都已经得到了有效的挖掘与发展,在这种情况之下,未来教育也将从之前的全面教育开始逐渐转向专业化教育,这也是对于学习兴趣以及潜能挖掘与发展的最终目的,也是对于未来教育的主体——人的重要的核心培养。进行专业化能力的培养,不仅能够明确对于学习兴趣以及潜能挖掘的作用和意义,还能够积极地承接学生从学校向社会过渡,也是塑造具有竞争力的未来人才的最终实现。

进行专业化能力的培养,首先应该积极落实有关学习兴趣以及潜能挖掘与发展部分的工作,引导学生,让他们自主选择自己的专业领域。随后将模拟情景教育、项目教育与学生所选择的专业领域进行适配,将学生所需要的专业技能、专业态度化整为零,安排在平时的项目开展与实习之中。

3.2 未来学校的实践路径

未来学校的实践途径是以技术层面、人文关怀以及社会共同教育作为构建基石,通过打造资源共享、技术革新、场景构造、教学改革、环境教育、项目教育、模拟教育、个性化教育、管理革新、重塑教育流程、构建可以自由组构的学习中心、增加教育者与被教育者之间的教育互动等具体的手段来进行素质能力、非认知性能力以及专业性能力的培养,从而打造具有德智体美劳等优秀品格,并且拥有着一定专业技能的未来人才。以上所说的具体的实践方式并不是独立存在的,它们是相辅相成的、可以自由组构的一个个共同构成未来教育的部件。而其中大部分内容我们之前已经进行了一定的阐述,所以在这里我们就不再加以赘述,而是主要就两个内容进行详细的论述。一个是增加教育者与被教育者之间的教育互动,另一个是构建可以自由组构的学习中心。

3.2.1 增加教育者与被教育者之间的教育互动

我们在前文中曾经提到,在未来学校之中,一个人在其中担任的不再是一个单独的角色,一个人可能是教育信息的发布者,同时也可能是信息的传输者和接收者。这种情况的出现告诉我们,在未来教育者与被教育者之间界限也会被打破。任何一个人都可以在未来学校接受教育,而最终的目标是实现自身的进步,换成双人视角,就表现为实现共同进步。

如何实现共同进步,其方法就是增加两者之间的教育互动。在目前的教育体系之中,很多学校注意到了实现共同进步的重要性,所以打破了原本的教师权威,开设评教活动,对教师的课前准备、课中表现、课后辅导进行一定的点评,从而督促教师进步。只是目前的教育互动仍然是在传统教育的框架之内,不能够有效实施教育互动,其主要的表现就在于无法调动学生的积极性。

在未来学校的教育中,增加教育联动也是一个重中之重的工作。学生也将积极地参与到教育互动中,实现教育者与被教育者之间的共同成长。实现未来教育的联动,首先,需要从未来学校的组织层次的革新出发,积极推动学生的自我管理机制的形成,通过建立学生自查会、学生会、社团组织、兴趣组织、学习小组委员会等主要形式来增强学生们自我管理的意愿,与教师进行积极沟通,从学生自身的角度去看待和分析有可能出现的问题,让学生的需求得到满足。其次,建立与教师之间进行教育联动的机构,让学生们走进教师的日常观察、课堂内容考核中,并积极设立具有一定权威的意见机构、反馈机构,让学校可以更加直接、客观地获知教师与学生在课堂上的状态,并可以根据已有的问题进行预防式的改进。再次,可以将出现的问题进行模拟化课堂展示,让学生观看存在问题情况的重演,观察、分析存在的问题,在提出解决办法的同时让他们树立自己的权利意识。最后,需要尽快加强组织管理的云上平台化。推行云上管理不仅可以有效地将各种数据进行数据模型分析、归类,实行统一化管理,对于提升效率、保证准确率、避免主观化去看待问题都有着一定的成效。在云上平台的建设上,需要保留一定的空间去进行意见的交流、意见的采集与回馈,这也是在平台上进行教育联动的一个主要的地点。此外,该云上平台最好能够打破现有的校园区域内网结构的空间壁垒,其内部访问的权限也应当适时向外界开放,如一些引进教学项目的项目成员、学生家长、各领域专家等等都应该可以随时进入并且拥有一定的使用权限,从而推进社会共同教育方案的实施。

3.2.2 构建可以自由组构的学习中心

关于构建可以自由组构的学习中心,早在2016年由中国教育科学研究院、未来学校实验室联合编撰的《中国未来学校白皮书》中就提出了具体的实施意见。他们将未来的学习空间分为八个学习空间,分别是未来学习中心、未来创新中心、未来艺术中心、国学启慧中心、生活实践中心、社会践行中心、未来体能中心、情绪行为中心。这些未来中心各自都拥有着自己的特点,其各部分的主要职责也比较鲜明。

具体的创想的情况如下:

1. 未来学习中心

小学未来学习中心是为适应未来小学课程学科与综合相结合,适应项目式学习、游戏化学习、沉浸式学习、体验式学习等方式的需求而设计的。共有四种类型。第一,小学低段方案,要考虑到幼小衔接课程与学习方式。第二,小学中段方案,以做中学为主要学习方式。第三,小学高段方案,要考虑与初中相衔接的学习方式。第四,数字化全科教室方案。因为学校目前不可能每个教室都做成数字化方案,因此可以单独设立一个教室,作为全校开展数字化学习的示范,同时也可以作为教师培训基地。

2. 未来创新中心

重点培养学生的科学探索和创新能力,可以与学科实验室配合使用,也可以取代学科实验室。在这里,不仅有科学探究室和科学实验室,还有培养学生们接触新兴技术的 VR 展示,以及启发他们共同创新的创客空间与音乐创编中心,通过与情景模拟中心的结合,可以更加全面具体地培养学生们的实践创新能力。

3. 未来艺术中心

艺术中心的主要功能是培养学生核心素养中的艺术审美能力和艺术表达能力,由多个空间构成,包括以下多个方面的内容展示:

音乐厅:学校和社区的大型会议和表演。

舞蹈教室:学校和社区的舞蹈课、戏剧课。

影视制作:培养数字化时代的媒体素养。学生电视台,微课、微电影制作。

美术创意:中国传统文化中的剪纸、陶艺、木刻、皮影戏等课程都可以在这里开设。可以形成中国传统文化创意课程群。

4. 国学启慧中心

国学启慧中心是学校开展传统文化教育的重要载体。可以开设中国经典文化知识理论研究与传统技艺实践操作体验的相关课程。启慧国学多年来致力于青少年国学教育,有完整的课程体系。启慧国学课程体系设计目标:传承经典、蒙以养正、果行育德。国学课主要讲儒家、易家、道家、兵家、法家、史家、黄帝内经、人物志等,并将这些内容与现代企业经营管理完美结合,既能提升个人精神境界,也能学到经营管理之道;提供了一个合适的交流平台。

5. 生活实践中心

生活实践中心主要培养学生生活能力以及实践能力。对于技能和能力培养最有效的方式是开展体验性学习、项目式学习。设立生活体验中心就是让学生在真实的世界中通过真实的任务来学习,培养学生解决问题的综合能力。生活体验中心可以有不同的空间,每个空间都能衍生出特色课程。

6. 社会践行中心

未来学校的理念之一是学校与社区的结合,学生要在真实的世界中学习。读万卷书,行万里路。社会践行中心为学生提供开放式课堂,让学生在研学旅行中学习,在社会实践中学习,同时要对未来的职业有清楚的认识,能够根据个人的潜能和特点来规划职业生涯,正确地选择课程。

7. 未来体能中心

身体素质是学生发展中最重要的部分之一。学校除了运动场馆对学生开放之外,在数字化时代还可以利用新技术增加一些数字化的有趣的运动方式,例如体感游戏、VR 运动等。同时增加学生的体能监测功能。

8. 情绪行为中心

"情商"是一个人重要的生存能力,是一种发掘情感潜能、运用情感影响生活各个层面和人生未来的关键品质因素。而这些品质需要通过相应的课程与活动来养成。目前,学校大都设有心理健康中心,主要功能是对学校师生进行心理健康知识传播与教育,并及时对存在心理问题的个体或群体进行有效的心理干预与治疗,以保障师生正常的心理状态,更好地完成授课与学习活动。设立情绪行为中心的目的是通过情绪行为课程让学生和教师能够正确地认识自己的情绪并学会管理情绪,形成积极的心理品质,将来成为一个心理健康、能够幸福生活的人。

虽然《中国未来学校白皮书》对未来的各学习中心进行了一定的畅想,但是其中仍然存在着一定的问题:首先就是此类学习中心皆是作为未来教育的辅助来展开的,而并非我们之前所提及的那样,作为兴趣教育的主体。在《中国未来学校白皮书》所提出的畅想中,各个学习中心只是作为拓展传统教育内容或者增加传统教育表现形式的工具而存在的,并不是一个可以有效规划,并替代传统教室模式的新型的学习单位。为了维持学生的整体教育水平与综合素质,在这种机制之下,学生仍然需要大量的书本教育作为主体,这一点稍微有点远离我们的兴趣教学、项目教育的初衷;其次,该模式下的未来中心,并没有适当地考虑各学习中心的组构性。每一个学习中心都不应是独立于其他学习中心而孤立存在的,应是可以根据学生的教育需求而进行自由组构的。这样既保证了学生的兴趣教育,又能够让学生接触到全面的知识体系,也可以通过将传统教育中的语数外等知识化整为零,放置在不同的学习中心之中,结合学习中心的组构,做到共同教育。构建可以自由组构的学习中心,重点就在于组构二字,没有组构的学习中心,只能是单纯的兴趣中心,不能够很好地实施未来的专业化人才的培养计划。此外,就学生层面而言,兴趣中心的作用较为浅显,只能作为一个缓解学习疲劳的愉乐场所,并不能够有效地挖掘他们的兴趣以及潜能。最后就是,这种模式之下的各种学习中心,并不能根据学生的切实需求来进行有效的调整,学生需要被迫接受进入一个或多个学习中心去进行统一化的"传统"学习,统一的课本,统一的进度,固定的教学地点,一切都是在一个新的场所之中继续着传统教学的开展,对于个性化学习、兴趣式学习而言,不仅不能够得到有效的促进,还会失去教育改革的意义。而如何搭建未来学校的学习中心,也必须从以上三个方面切入,从而促进正确的学习中心的建设。

"自由组构"的核心正是我们所提及的在对学生的学习兴趣以及潜能进行挖掘和正确的引导之后,引入项目教学、环境教学。通过具体项目的引进,分析所需要涉及的学习中心,继而将学习中心进行一定程度的组构,在内容上、形式上尽量做到统一,从而促进学习中心之间的互融性和契合性,让学生们在解决项目的过程之中接触了解其他学习中心的学习内容,在传授知识的同时也激发学生对于其他领域的兴趣。做到"自由组构"是建设学习中心的最为直接的、具有一定意义的根本,是进行项目教学的实体表现。

对于未来学校的实践路径,笔者认为应当紧紧抓住未来学校的培养核心,并以此作为一切行动的核心与准则,通过资源共享、技术革新、场景构造、教学改革、环境教育、项目教育、模拟教育、个性化教育、管理革新、重塑教育流程、构建可以自由组构的学习中心、增加教育者与被教育者之间的教育互动等具体的手段来切实推进。在未来学校的实践路径选择中,还应当紧密结合研究现状,掌握技术逻辑以及人文关怀的关系,以此作为发展方向,从而进行未来学校的具体构建。

3.3 未来学校的具体构建

正如上文所提到的那般,未来学校的具体构建是在明确了未来学校的培养核心以及确定了发展方向后,再对实践路径进行细化的一个完整的过程。在此过程中,我们需要将实践路径中的各部分内容进行细化,并且结合技术逻辑以及人文关怀的平衡,拿出可以具体施行的确实方案。

未来学校的具体构建需要从多个方面入手,首先需要做的就是平台支撑,"未来路线图"实验学校就曾经提到以未来学校研究院为实施主体,联动其他研究院、高校、科研机构、行业企业等为其提供全方位的支撑建设模型。该模型表现为金字塔结构(图3-3):各类教育科技企业和行业组织作为根基;各师范类高校以及中国儿童中心联合中国建筑标准设计研究院、中国疾病预防控制中心妇幼保健中心等组织机构作为第二层,为未来学校的实施提供全面的保障工作;儿童研究院、脑科学研究院、礼仪研究院等作为第三层,对儿童的行为模式、引导模式、教育模式进行一定的研究与促进;未来教育科技创新基地、投资管理平台作为第四层,为未来学校的建设提供一定的科技以及资金的支持;以未来学校研究院作为顶层,作为未来学校的实施主体与核心。该模式在主体上对于各种机构以及组织的职责进行了统筹安排,为未来学校的建设提供了最为详细的平台支撑。

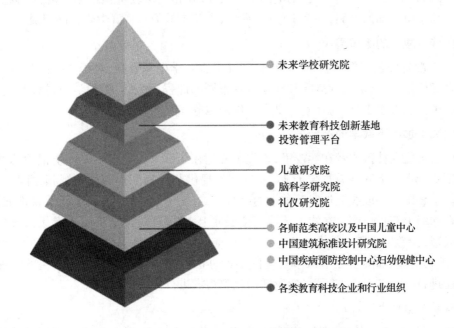

图3-3 "未来路线图"实验学校平台支撑模型

未来学校建设的具体内容方面,仍然需要一定的思索。我们认为,对于具体的构建应当从培养学生的德智体美劳素质、非认知性能力、专业性能力出发,具体的实现内容包括学习中心化、虚拟云教育、项目实践场景教育、空间设计、组织创新、课程再造六个方面。

3.3.1 学习中心化

在学习中心化的框架下,最明显的几个特征分别是:不再以传统的班级作为教育单位、打破了传统教育中随处可见的统一化,兴趣式、项目式的学习方式打破了传统教育关于时间、空间中存在的壁垒。在这种模式下,家校社合作共育成了基本的教育模式,学校、家庭、社区各有职能,共同推进关于学生全面发展的工作。在这种模式下,学校是教育活动的组织机构,家庭是学生的课余学校和亲子乐园,社区是学生的第二课堂和实践基地。这将是一个理想的立体化大教育状态。学习回归生活,把学习融入生活。以生活作为学习的平台,以项目式、情景式教育作为手段,从而激发学生们的各方面技能的拓展。学习活动是围绕学生展开的,个性化、定制化将会成为未来学习的主要形式,每个学生都有自己制订的学习计划、节奏和定制的学习内容。

未来学习中心形式同样不再固定,可以是如上文我们所提及的最为基本的线下的中心搭建,也可以是网络型的。这些学习中心的构建者也不尽相同,有转型过来的学校,有重构、转型的各种培训机构、社会机构,有专门建设的关于教育培养的新型教育机构或者组织。这些机构或者组织也拥有不同的类型,有艺术类型的,有职业技能类型的,也有科学类型的,每个类型的培训中心都有各自的教学特点和教学大纲与课程,但都符合未来教育的核心诉求以及主要特征,并且都将具有根据实时需求进行一定修改的可修改特性。

1. 打破传统教育的班级制

学习中心没有固定的教室,每个房间都需要提前预约,每个学生都有属于自己的课程表、学习内容和时间安排,学生先在网络上学习课程,并和代课教师预约面授时间,教室就是线下教师和学生互动的空间,一个班级由一个或者几个教师和一群学生共同组成。

2. 打破传统教育的组织层次

学习中心没有校长室领导机构,只有管理部门服务学生和教师,对于学生的学习时间组队提供合理建议,根据学生的潜能和兴趣选择不同的课程,记录学生的学习过程和结果,帮助教师合理使用教学工具,为师生提供全方位的服务和支持。

3. 开展线上加线下教学的组合模式

学习中心可能在社区或者在学校里,课程主要是在线网络教学与线下环境模拟两种教学的组合模式。在线上网络教学层面上,学校网站提供与课程配套的教学视频,并与教师面对面的教学相结合形成线上加线下教学的组合模式,上课时,学生可以在线上谈论交流,教师可以在网络上布置作业。在线下环境模拟层面上,教师通过建立项目或者场景虚拟化进行环境模拟,让学生化身为其中的角色,并从扮演的角色角度出发,对其中出现的问题进行分析、总结,并在教师的引导下探索解决问题的办法。教师在此过程中对学生的学习兴趣以及潜能进行挖掘与引导,并且将专业知识化整为零进行传授。

4. 没有统一教材

没有统一教材,教材是国家教育部门确定的基本课程标准,是经过评定部门筛选的优秀教材,教师在众多审定的教材中选出适合自己和学生的教材。未来学习中心的教材更具多元性、挑战性,允许学生选择适合自己的教材。

5. 以兴趣作为主导的项目式学习

未来的学习都将是以兴趣作为主导的项目式学习(图3-4)。在学习中心,所有的学习都不再是为了学习而学习,而是为了想学习而学习。这一点正是我们之前描述未来学校的培养核心所提到的进行学习兴趣以及自身潜力的发掘。学生在挖掘自己的学习兴趣以及自身潜力后,迅速地对现实生活之中的具实的场景、项目进行模拟化、情景化,让学生在这里提升自身的能力,并且了解自己为何所学,如何去学,学有何用,最终培养非认知性能力以及获得丰富的、感兴趣的行业内的专业性知识,继而得到全面发展。

图3-4 项目式学习小组

3.3.2 虚拟云教育

就教育目前的发展而言,教学的形式早已不再局限于传统的线下实体教育,而是呈现出一种线下教育与虚拟云教育并行的教育模式。虚拟云教育并不是近些年的新生产物,在现代社会,网络本身就是一个虚拟的校园。在信息化、数据化、虚拟化的校园教育之中,充分共享的数字资源已经成为包括校园在内的整个社会学习共同体的共有知识财富。多媒体、超媒体、人工智能以及数据库在内的信息技术和计算机网络,全新的智能化教学系统和教学环境应运而生,对人类的学习具有促进作用。先后出现的"虚拟教室""VR教学""体感教学""虚拟智慧组织管理""数字化图书馆"以及"虚拟计算机"等,使校园的教学科研资源与社会知识资源实现了高度的整合,校园成了完全开放的、超越时空的网络平台和知识中枢。

虚拟体验逐渐在学校教育中扮演主要的角色,青少年在网络活动中充当了主体,据不完全统计,网络资源的共享者90%以上的是14~26周岁的青少年。但是机遇同样伴随着威胁,在这个开放平等的网络平台上,知识内容五花八门、良莠不齐。有的知识可以有效促进人类文明的建设,有的知识对于青少年的成长有着毁灭性的危害。所以,学校教育的组织者应该引导青少年正确有效地利用网络,在网上正确地学习,获取健康的知识,这是当前学校教育面临的一个新的严峻的课题。但是解决这一课题也并不是无法可循,要对青少年进行正确的引导,培养其正确地制造、传播、接受健康的知识,学校教育可以从以下几个方面出发,开展、推进智慧教育,并将其作为开展智慧教育、虚拟教育的核心与前提。

(1)努力净化网络,从根本上杜绝不健康的信息在网上传播,创建安全、健康的"信息公路"。

对于青少年的虚拟生存来说,健康的网络环境就是很好的教育。首先,学校应该在校园网上设置一些安全的界线,安装一些具有过滤功能的软件;其次,政府应加强对网络的管理,引导青少年自觉抵制不健康的网络文化;最后,网络文化工作者应该多创造优秀的网络文化,用健康的网络文化占据广阔的网络市场。

(2)努力培养青少年自主、积极的人生态度,帮助他们形成健康的人格。

教师应及时引导青少年进行正确的情绪发泄或者是情绪的升华,提高青少年的心理受挫能力,努力发掘他们的闪光点,多用鼓励和信任的方式培养他们的性格,尽力让他们感到人生的乐趣,形成良好的性格,更多地体验到自己人生丰富的价值。

(3)加强师资培训,促使教师学习现代化的计算机知识,掌握正确而且有效的上网知识。

我们常说,要想给学生一杯水,教师首先要有一桶水。因此,若想在现代信息社会中做个称职的教师,引导学生正确地对待网络,教师必须学习计算机知识,提高自己的网络文化知识水平从而正确地指导学生利用好网络资源,在虚拟体验中保证身心健康发展。同时,教师自己也能获得发展,完善自我,形成创新、全球化的教学思维方式。

(4)恰当利用网络虚拟体验,充分发挥虚拟体验的优势,弥补现实体验的一些不足和缺陷。

在虚拟的世界里,个性解放和思想独立使人变得年轻,充满朝气和活力,让自己的心理状态保持在平和的水平上,创造力得到很好的发展。因此,我们应该尽力完善虚拟体验的形式,加强对它的规范化设计开发,发掘它的优势,避开它的缺陷,让它更好地为人类服务,使它自身不断地得到完善和发展。

(5)丰富学生的现实体验,使虚拟体验和现实体验和谐互补。

虚拟体验的丰富性、多样性耗去了学生绝大部分精力。所以我们只有丰富学生现实体验的形式和种类,尽最大可能实现现实体验和虚拟体验的和谐发展,才能使学生的身心得到健康发展。

(6)教师应该和家长建立必要的和经常性的联系,确保学生的活动信息能及时有效地相互反馈。

学生的生长发育和许多因素紧密联系在一起,学生的成长就是一个生物体不断社会化的过程,家长和学校的力量联合起来能够更好地给学生设计出适合他们的发展模式,让学生能在丰富的虚拟体验中掌握好自己的标准,充分地利用网络资源的优势,使学生得到健康的知识,形成良好的人格。

3.3.3 项目实践场景教育

项目实践场景教育(图3-5)是可持续发展教育的基础以及最重要的体现。可持续发展教育指的是以可持续发展价值观为核心,以跨学科、多领域、全方位的形式,帮助受教育者形成可持续发展所需要的知识、技能、价值观以及生活方式,进而促进环境、经济、社会、文化的可持续发展的教育。

图3-5 项目实践场景教育

中小学生是解决环境和可持续发展问题过程中积极的利益相关者和参与者。可持续发展教育最终目的并不仅仅是让中小学生学习关于环境的知识，它还旨在影响中小学生的行为，更重要的是赋予他们更积极的信念，践行可持续发展教育的核心价值观。有研究者指出，可持续发展教育旨在培养学习者以下能力：想象力、批判性思维和反思能力、系统思维能力、建立合作关系能力、参与决策能力。

项目式学习是一种以中小学生为中心的探究形式，即中小学生通过一段时间内对真实的、引人入胜的、复杂的问题进行探究，从中获得关键知识和技能。

根据项目式学习的"黄金标准"，对中小学生而言，项目式学习意味着：

①探究有挑战性的问题——问题可以是具体的（如垃圾如何分类、如何进行基础的生活能力的培养），也可以是抽象的（如没有水人类生活会发生什么改变、人类的进化是怎样的一个过程）。

②展开持续性的探究——学习过程持续、循环式上升。

③强调真实性——探究的问题应当是真实存在且符合中小学生兴趣的，项目对中小学生及他人产生真实的影响。

④凸显发言权及选择权——项目式学习不是完成任务，而是激发中小学生主动学习的意识。

⑤注重对项目进程中各环节的反思。

⑥中小学生、教师、家长、校外专家等需要参与其中，不断评论和修正项目进程和成果。

⑦项目成果需要进行公开展示，以促进合作，扩大影响力。

我们发现，综合项目式学习的"黄金标准"与可持续发展教育强调的能力特征，二者在关键原则上保持高度一致性，因此，项目式学习是实践可持续发展教育的核心教学法。

国际学前教育界对此也达成了共识，如韩国、澳大利亚、瑞典等发达国家，均采用项目式学习的形式来推进可持续发展教育。在开展项目式学习的过程中，教师需要把握项目式学习的"黄金标准"，致力于培养中小学生可持续发展的关键能力。

3.3.4　空间设计

未来教育需要创新，多样化、小型化、个性化、精准化、智能化的学校育人目标和数字化教学方式，更利于激发学生的好奇心和创造力，很大程度上能增强学生的学习体验。学校的智慧图书馆作为教育理念的基石，是创新型学生成长空间搭建的首要地点。

基于全育理念，学校可从以下三个方面推进未来学习空间的建设：

（1）营造沉浸式和以人为本的智慧物理学习空间。

从学生的阅读习惯、心理等特点出发，通过对室内空间划分，图书馆文化、灯光、色彩、家具陈设等趣味性的形态组合与变换，构建"移步移景"的阅览区形态，打造集感知体验与探索创造于一体的沉浸式阅读空间。

（2）构建教师指导下的伙伴式学习、模拟场景下的浸入式学习模式。

未来学校学生成长空间应以学习者为中心，注重空间的多重性，提供学生自主思考、小组讨论、实验探索、实践体验以及休闲的无边界学习空间。在进行空间设计时，设立多处适合小组讨论的学习空间，让师生零距离进行学术交流，可进行分享式学习、合作式学习、游戏化学习、个性化学习等多种方式学习。

(3)构建开放互动式亲子空间,掀起全民学习浪潮。

在开放式亲子学习空间里,设置好玩有趣的学习课程,投放丰富充足的教育材料,学生可以在父母的陪伴下有选择性地开展喜欢的活动,增强学生与父母共同学习的意识,满足学生随时学习的需求,以及好奇心、求知欲、探索心;通过教师们的语言鼓励和行动支持,学生可以坚定自己的选择,培养主动性,深层次地鼓励儿童个性化发展。

3.3.5 组织创新

学校适应新时代要求的核心是组织与人的变革,目标是如何使组织与人始终充满活力和创造力。由于科技的革命,智能时代的到来,学校面临着急速的变化,要抓住机会,就必须完成组织成长和组织能力的转型。大致的方向是,从科层制向生态化转型:去中介化,压缩中间层,形成平台化管理;去边界化,要跨界,要形成生态;去程序化,强调个体力量,强调自主,强调创新;去威权化,大家都是合作伙伴,都是价值创造者。

1. 网络化结构

将组织内部的管理关系从单一的垂直关系转变为有更多利益相关者加入的网状关系,建立一个全新的、授权赋能的管控体系。每个教师、每个学生周围都是一张网,网络越密集,说明个体被需要的场景越多。

2. 平台化管理

把分散的职能集合起来,通过平台化管理提升组织的整体的、系统的能力和资源配置能力。要靠学校独特的文化,把具有共同价值观的人才吸引到平台上,帮助人才拓展能力的广度和深度,建立纯粹、透明、坚韧、持久的价值契约和心理契约。

3. 生态型组织

整个组织、人才机制、人与人之间的连接方式发生变化,组织内部各单元、组织与外部环境之间形成共生共荣的关系——开放、赋能、共创的关系,实现生态性的发展。

4. 扁平化组织

信息技术及学校内部计算机互联网络的采用,使得信息的传递、扩散不再是一种垂直层级的方式,而演变为一种网络互联模式。在其中,信息传递具有快捷、方便、网络交互的特点,决策层、执行层和一线的教师将共同掌握教学与管理中的各种信息。这使得学校组织构架由纵向垂直模式转向多向交叉的互联模式,并呈现了一种崭新的扁平化趋势。在这种趋势下,原有结构的复杂性转化为组织成员的知识、技能、需求、愿景和文化的复杂性,知识管理应时而生,网络化管理不断深入,把学校建设成学习型组织的目标将势不可挡。在这个过程中,学校的专业化分工界限也将被打破,行政部门之间的职能会变得模糊,学科之间的融合将更加紧密,严格的专业、学科分工将不能再适应人才培养的要求。

以科学发展观为统领,确立以教学为中心,以教育质量为抓手,深化教育改革,创新体制机制。扁平化通过减少管理层次,压缩职能机构,裁减管理人员,使组织最大可能将决策权延伸至最远的底层,从而提高管理效率,建立起紧凑而富有弹性的新型团体组织结构。未来学校应按照精简、效能的原则,抢抓发展机遇,创新发展思路,突破管理瓶颈,破解发展难题,创新体制机制,扩大系部的自主权,把一定的资源分配权、机构设置权以及一定的人事权等适度下放,实现权力中心的适当下移与分散。从而提高基层员工的积极性和创造性,增强适应市场的能力和自主需求发展的动力。

以体制创新为抓手,突破体制弊端,重新焕发未来学校的体制优势,实现高效管理。扁平化管理是针对传统组织结构"金字塔"式层级管理体制而言的,是指通过减少管理层次、压缩职能部门和机构,使决策层和操作层之间的中间管理层级尽可能减少,以便决策权快速延至管理最前线,从而为提高信息传递和工作效率建立起富有弹性的新型管理模式。当管理层次减少而管理幅度增加时,"金字塔"式的组织形式就被"压缩"成"扁平状"的组织形式,它摒弃了传统的"金字塔"式的管理模式的诸多难以解决的问题和矛盾,是当今快速应对市场变化的管理高效的新型管理模式。

3.3.6 课程再造

1. 跨越边界,整体育人

经过多年探索,学校课程建设已从三级课程开齐、开足,发展到整体构建学校课程和整体推进阶段,很多学校都能够自觉地将学校课程建设与学校办学特色、总体培养目标进行整合,将其纳入学校发展规划或加以制度化建设。

学习形态也不仅仅局限在传统课堂,而是扩展到学校学习的方方面面。课程不但涉及对国家课程、地方课程和校本课程的理解与实施,学期学习的认识与改造,课堂文化的认识与创建等内容,也体现着国家课程、地方课程和校本课程之间的联系,突出地域创新和学校特色。

2. 丰富生态,多样育人

学校课程由国家课程、地方课程和校本课程构成,同时整合了学科课程、综合实践活动课程、生命、生态、安全、项目学习、兴趣发展等内容。我们需要将德育活动、春秋游甚至寒暑假的研学旅行(图3-6)、社区志愿者活动等纳入未来课程的整体规划。此外,拓展延伸课程和社团选修课程又对学校课程进行了有益补充,这就使得未来学校的课程体系愈加丰富,完全能满足学生多元发展的时代需求。课程将弥漫于校园内,拓展至周边社区,覆盖到学生所有成长发展的时空。

图3-6 研学旅行

3. 个性学习,特色育人

学校课程在本质上是为了满足学生学习和发展需要而存在的,是否能够为学生提供个性化学习是学校课程是否成功的判断标准。那么到底什么是个性化呢?如果由教师来主导学生的个性化,那就不叫真正的个性化。只有真正将选择权还给学生,这样一位学生的成长过程才能叫作个性化学习。例如现在流行的翻转课堂理念,由学生在课前或课外观看教师的视频讲解,自主学习,教师不再占用课堂时间来讲授知识,课堂变成了教师学生之间和学生与学生之间互动的场所,包括答疑解惑、合作探究、完成学业等,从而达到更好的教育效果。

未来学校的具体建设其实就是内容与观念上的双重建设,内容的建设主要体现在我们之前所说的未来学习空间设计、未来学习方式变革、未来教育课程再造、未来学校组织创新四大方面,就是结合现有实际以及技术逻辑进行的一次技术方法的革新。而在观念上的革新则主要体现在树立未来的教育核心——以人为本,并在此基础上确立的培养具有德智体美劳五种优秀的品德,同时又兼具发现问题、解决问题、判断力、决断力等非认知性技能的专业性未来人才的主要目标,并且结合人文关怀实现未来社会共同教育的理念革命。未来已来,未来学校的探索与建设也正在逐步落实。我们正处于一个变革的时代,也处于一个与未来同行的时代,未来人才的培养是需要我们刻不容缓地探索落实的事务,也是我们向未来生长的一条重要考验。尽管目前我们仍然没有完全揭开未来学校、未来教育的面纱,但是随着我们的不断实践与探索,一切的神秘都将走到阳光之下,而我们也会借助时代的雨露,努力向着未来生长。

在未来的合作竞争体系之中,我们应当如何保持自身的可持续发展的核心竞争力?为了获得答案,我们探索了世界多个国家和地区在近20年间的发展。其中,我们不难发现,对于这个问题,多个国家给出了一致的答案,那就是发展自己未来的人才储备,获取更多的全面化、专业性人才。而如何去保证自己的人才发展与储备,从世界诸多国家与地域对于未来的教育的政策我们不难窥出一二。未来的世界就是关于人才的竞争,而人才的竞争就是教育的竞争。而什么是未来学校?未来学校又是什么样子的?对于未来学校的探索现在进行到了哪一步?未来学校应当如何积极地探索以及实践?在上篇中,我们一一进行了解答。

什么是未来学校?未来学校就是在数据化、智能化的时代之下,以新型技术中的智能科技以及相关的技术逻辑和具体的技术的实体作为基础,以《中国教育现代化2035》确定的核心任务作为依据,以人文关怀作为拓展的核心与主要的理念,从未来学校的四大基本特征出发,打造多元化、数字化、智能化、情景化、人文化、跨界组构化的,以学生发展作为核心的未来教育中心。未来学校既不是凭空产生的,也不是完全照搬照抄传统教育的教育革新。未来学校不是一个无组织化、无形态化的学习地点,也不是一个类似于传统教育中的固定班级、固定情景、固定群体的学习地点。未来学校不是一个只注重技术逻辑,着力于进行设备的革新以及技术的改进的科技区域,它是以学生为主要核心,形成的以人文关怀为主,以技术逻辑为辅的充满着人文情怀的地点。未来学校不是由某一个单独属性而构成的简单的教育空间,而是经过国内外无数的领域专家将自己领域和学校"有机"结合而形成的继续执行教育职能的全新的教育主体。

未来学校是什么样子的?未来学校是在技术逻辑体系之下的学习空间和学习方式与在人文关怀体系之下的课程体系构建和组织体系搭建进行有机的结合,从而形成的以技术逻辑作为实现基础,以人文关怀作为构建核心的以人为本的教育主体;是有着人性化、智能化与信息化、场景模拟化、绿色环保、个性化、多样性等特征的新型学习空间;结合"教"与"学"的关系的重构,由线下授课变为线下、线上相结合,授课方式由一元到多元,教学人员由单一学校变为整个社会,由浅层学习变成深度学习,由知识学习变成想象力、创造力拓展;主体地位转变,学生由被动学习变为主动学习;结合拥有着契合、融合和联合三大特征的课程体系再造以及具有网络化、智能化、扁平化、综合化等特征的未来组织体系而形成的一个以培养具有德智体美劳五种优秀的品德,同时又兼具发现问题、解决问题、判断、决断等非认知性技能的专业性的未来人才作为目标的社会整体性学校。

对于未来学校的探索并不是一帆风顺的,之前我们也曾陷入错误的技术逻辑体系之中,认为所谓的建设未来学校就是将更多的新技术一股脑地融入到学校体系之中。经过实践论证最终确定了以技术逻辑为基础,以人文关怀为核心的未来学校建设理念。在此理论体系之下,对于未来学校,我们提出了从过度重视技术转向技术为辅、人文教育为主,从单一的教育维度转向多元的教育维度,从关注技术教育转向关注心灵教育,从学校单体教育转向社会共同教育的未来学校建设路径。

要对未来学校进行探索与实践,首先要确定未来学校的培养核心,即以人作为培养核心。随后我们又面临一个问题,那就是我们应该培养什么样的人?在社会探索中我们看到了以培养"T"型人才为核心的"T"型人才培养方案。从林崇德先生2001年在《北京师范大学学报》上发表《融东西方教育模式,培养"T型"人才》一文,提出构建未来人才的"T"型人才培养方案,到谭镜星先生2005年在《高等教育研究》上发表《论高职T型人才培养模式的构建》一文,都在呼吁大家关注非认知性能力与专业性能力共同培养的重要性。我们知道了非认知性能力与专业性能力对于未来人才的培养来说同样刻不容缓,于是我们提出了以培养具有德智体美劳五种优秀品德,同时又兼具发现问题、解决问题、判断、决断等非认知性能力的专业性的未来人才的培养方向。确定了培养核心,我们随后对需要培养的具化内容进行了概述,从德智体美劳的发展、非认知性能力的培养、专业性能力的培养、学习兴趣与潜能的挖掘培养四个方面展开。再随后我们就未来学校的实践途径以及未来学校的具体构建进行了阐述,并对资源共享、技术革新、场景构造、教学改革、环境教育、项目教育、模拟教育、个性化教育、管理革新、重塑教育流程、构建可以自由组构的学习中心、增加教育者与被教育者之间的教育互动等具体的手段进行论述。从而对未来学校的发展方向与实践途径进行了详细的解读。

通过对于以上问题的解答以及对于整个上篇的内容进行总结,可以知道,我们一直在探索的问题其实只有两个:一个是什么是未来学校,一个是怎样建设未来学校。对于什么是未来学校,从未来学校的研究现状来看,大家其实已经有了很直接的概念,但是对于如何建设未来学校这一问题,我们仍然需要不断探索与实践。虽然目前对于如何建设未来学校这一问题仍然没有一个统一的答案,但是我们发现,就算人们对于未来学校的探索方式不同,但是都逃不过两个维度以及四个方面。这两个维度也正是我们一直提及的技术逻辑以及人文关怀。而四个方面则是指未来学习空间设计、未来学习方式变革、未来教育课程再造、未来学校组织创新。而这四个方面也并非是相互独立的,其两两之间可以相互融合,从而形成新的表现方式,但是万变不离其宗,究其根本还是对于这四个方面的研究。此外,由于每个人的认知与看法都不尽相同,因此对于这四个方面的说法也表现不一。例如,对于学习空间的探索与我们所认知的对于环境体系的搭建相通;对于组织的创新与学校组织体系搭建的内容相同;对于教育课程再造以及学习方式的变革相同于学校课程体系的搭建。这四个方面进行结合则是我们目前所说的对于文化体系的构建。所以一个学校的文化体系的搭建往往可以综合性地体现整所学校的综合教育发展水准。当然,其中又有一定的不同,文化体系虽然在四个方面皆有涉及,文化体系的构建却可以看成是四个方面的根基建设,故而文化体系的构建对于一个学校而言至关重要,也是一所学校进行"软件"建设的必经之路。

　　未来学校的探索仍然需要大量的事实案例作为扩充,以让未来学校可以更加立体地立身于我们面前。所以在本书的后篇,我们着重以在未来学校建设上做出了一定成绩,并且可以被看作未来学校建设蓝本的湖南省常德市武陵区第一小学作为案例进行论述。通过考察其"同未来相识"文化体系、"和美好同行"组织体系、"向未来生长"课程体系以及"让美好相遇"环境体系的搭建去探索未来学校建设的四大方面的内容。并以常德情怀、文化系统框架搭建、校本内容设计、学校组织管理智能化、协同化、自管化、智慧教育、创造+课程体系搭建、七大中心与特色教师的搭建、环境设计等具体的内容对四个方面的内容进行的具体搭建作为案例,探索两大维度之下的四大方面的具体落实。

下篇：向未来生长

为了对未来学校的具体建设进行实践性探究，我们将从上篇中提及的两个维度以及四个方面出发，确定我们所探寻的内容，两个维度即技术逻辑以及人文关怀两个维度，四个方面是指未来学习空间设计、未来学习方式变革、未来教育课程再造、未来学校组织创新等内容的具体探索。此后，我们将以实践中比较优秀、比较符合未来学校特征的建设实例——湖南省常德市武陵区第一小学(以下简称武陵区第一小学)作为具体案例，介绍该学校对于上述研究内容的具体探索。

湖南省常德市武陵区第一小学规划用地面积约33 800平方米，总建筑面积为41 564平方米，有新建教学楼、多功能综合馆、综合楼、地下停车场、运动场、篮球场、排球场等教育教学设施，总投资1.2亿元，建成后可容36个班额，学生1 620人。湖南省常德市武陵区第一小学是专门针对未来教育而创建的一所未来学校，是一所课程、空间、学习方式打通的"未来学校"，根植传统，立足现在，拥抱未来。这所学校以"让美好相遇"为核心表达，秉承"自在创造，自由生长"的办学理念，践行"知行合一、发现世界"的育人目标；培养"未来学生"，立足立德树人；开发"美创课程"，关注核心素养；发展STEAM教育，培养创新思维能力。学校信息化设备投入5 000多万元，拥有智慧书法教室、木工坊等35间特色教室以及其他29间功能室，是一所智慧体系校园。

湖南省常德市武陵区第一小学在思考及探索未来学校的特征、创新、内容等之后，构建了"同未来相识"文化体系、"和美好同行"组织体系、"向未来生长"课程体系以及"让美好相遇"环境体系，分别对未来学校建设中的未来学习空间、未来学习方式、未来教育课程、未来学校组织等内容进行了具实的探索。在业内也取得了很多的认同以及荣誉，并先后被评为"全国青少年校园足球特色学校""湖南省教育信息化创新试点学校""湖南省创客教育示范学校"等。湖南省常德市武陵区第一小学是集目前为止所有关于未来学习理念体系为一体的实践创新，也是现在乃至未来对未来学校进行探索的最佳案例。

在下篇，我们将从理论实践、内容创新、思考创造几个方面展开对于湖南省常德市武陵区第一小学的实地走访，并从中找寻切实可行的未来学校建设的方案，为加快未来学校建设全国化、未来人才储备普及化贡献力量。也会对于湖南省常德市武陵区第一小学所构建的"同未来相识"文化体系、"和美好同行"组织体系、"向未来生长"课程体系以及"让美好相遇"环境体系中具体的内容以及实施进行具体的效果预测与评估，就"同未来相识"文化体系中的文化建设理念、文化建设解读、校本课程设计，"和美好同行"组织体系中的云上管理平台、家长协管平台、学生自管平台的建设与构造、七大中心与特色教室的构建，"向未来生长"课程体系中的智慧教育和创造+课程的搭建，"让美好相遇"环境体系中的视觉语言、技术逻辑下的环境体系打造、完整的学生培养环境系统的构建等内容进行切实的考察。通过剖析湖南省常德市武陵区第一小学这一真实案例，发现目前的欠缺部分并提出相应的解决建议，让未来学校的建设变得更加系统化、体系化。

第四章 同行未来的文化体系构建

学校文化是学校的生命与灵魂,是学校整体发展的命脉,是学校社会形象的根本,它对学校发展具有价值引导、观念整合、情感激励、规范调节等作用,因此,只有站在学校文化建设的高度才能驾驭学校的战略发展。而只有学校的发展战略都因文化的浸润和引领而提档升级,一座城市的教育才会更加欣欣向荣。

面对教育改革的滚滚浪潮,面对优质教育的不绝呼声,面对教育发展规范化、国际化的世界背景,全面参与社会竞争已经成为各个学校必须面对的现实。在资金、生源、师资等竞争日趋激烈的情况下,学校的生存和发展同样也要遵循优胜劣汰的市场经济法则。面对严峻的现实,学校只有在竞争的洗礼和磨炼中不断提高核心竞争能力,培育和发展自身的核心竞争优势,才能够在形形色色的竞争中稳操胜券,获得支撑学校可持续发展的能力。在以"文化"为关键词的时代里,对教育行政领导和学校管理者来说,重视并开展学校文化建设,无疑是在从事一项顺应历史潮流的事业。因此,进入21世纪以来,"学校文化"便成了教育领域最炙手可热的词语之一,学校文化建设在全国各地风起云涌且渐入佳境,文化建设的经验介绍和论文论著铺天盖地,典型学校和代表人物层出不穷。可以说,学校文化建设是教育界继素质教育和新课改之后掀起的"第三次浪潮"。

一般而言,学校核心竞争力由教育生产力、学校文化力和教育经营力构成,其中学校文化及其所产生的力量正是学校核心竞争力的基础。一方面,学校核心竞争力的独特性就在于其深厚的文化底蕴、鲜明的品牌个性和特色的教育模式,而这正是学校文化力的核心内容和重心所在。另一方面,则是因为教育的本质就在于"文化育人",即将人类社会的物质文明、精神文明成果,通过显性与隐性的教育途径,再通过师生的积淀、内化,作用于受教育者的身体、生理、心理和精神的各个层面,使其获得未来成长和发展以及推动社会进步所需要的素养。而文化育人的关键则在于学校自身的文化建设和形成。学校在长期的办学实践中,经过自身努力、外部影响、历史积淀而逐步形成自身的学校文化,这种学校文化主要凝聚在学校所拥有的理念、制度、管理、行为、校风、教风、学风等深厚底蕴之中,能够促进一种良好的教育氛围和综合力量的形成。

在这样的时代背景之下,常德市武陵区第一小学校领导积极探索新的思路,寻求适合学校实际的路子,最终做出了构建学校文化,提升学校品位,打造学校品牌的重大战略决策。

4.1 文化系统框架搭设构想

文化体系建设是指在对过去、现在及未来三个阶段的调查、梳理的基础上,进行综合布局及系统分析,前瞻性地提出组织文化理念体系。如今,任何一个企业或者组织为了加强自身的组织凝聚力,明确组织目标,增加组织活力,都会进行文化体系的建设工作。而正如上篇结言中所说到的那般,对于一个学校的建设而言,文化体系系统的构建更是尤其重要,因为一个学校的文化体系的构建往往能够在整体层面上反映一所学校目标、宗旨、理念等一系列的思想,更具有影响力。创新学校文化体系一方面体现了学校文化体系对创新的作用,另一方面体现了如何营造有利于创新的氛围。人类的创新活动表明,学校文化体系对创新具有重要作用。就学校文化体系对于创新的作用而言,学校文化体系是一个自变量,学校文化体系氛围直接影响到创新的程度。创新学校文化体系建设必须以人为本,同时也必须与创新的特征直接相关。创新的本质是根据特定的理想和前景重新创造世界,创造关于世界的新知识。

那么如何构建学校文化体系?首先,学校在进行文化体系建设前,应先做好文化标准体系的建设。这一步是学校文化真正落到实处的基础保障,能够使学校文化在日常工作等具体事务上得到彰显,避免其沦为只是"喊口号"或流于形式。文化标准体系建设主要包括以下两个方面。

1. 制度层面的建设

制度层面的建设包括师生标准工作规范、工作程序等的建设。在制度的制定上,首先要做到尽可能地细化、可操作性强。以教师标准工作规范为例,一套好的教师标准工作规范应该细化到每一个操作步骤,达到让教师能够清楚明确地知道教学的效果如何,从而使得每一位教师都可以"有据可循",有条不紊地完成工作。而此点也同样适用于学校内的其他组织成员,例如,学校食堂在制定员工标准工作规范时,在清扫这项工作上,就非常详细地规定了清扫内容、清扫时间、清扫工具以及清扫顺序。员工需要参照这些具体的规定严格执行。

其次,制度应该不断改进和更新。在制度的实施过程中,可能会发现其不合理、不科学的地方。如果不加以调整,则会不利于工作效率和工作质量的提升,也会引来师生的抱怨和不满,不利于学校文化体系的建设。因此,制度需要在大量的教学实践过程中,结合师生的反馈,顺应情况变化,不断改进和更新。

最后,还需要建立有效的评估机制、监管机制,这有利于师生的自我审查和快速成长,还为奖罚提供了具体依据。

2. 对外形象与标识的建设

对外形象与标识的建设也是学校文化建设的重要环节,它指一个组织留给别人的印象或被贴上的标签。对外形象与标识的建设其实是建立在制度层面建设和组织理念建设的基础之上的。这就需要建设一整套的 VI 视觉识别系统来进行补充。

学校文化建设应进行组织体系的搭建,也就是文化体系内在运行职责的建设。学校组织内部不同层面和体系的教师员工对组织文化的搭建发挥着不同的作用。例如教师主要的作用就是知识的传授,而学校后勤人员的作用主要就是保证后勤所需,提供尽心尽责的服务。

具体来讲,学校文化作为学校的软实力,起到的是内在驱动的作用。它需要为学校战略目标的实现、留住核心人才、培养优秀人才等方面提供支撑。因此,学校层面在缔造学校文化时,需要结合这些方面来考虑如何制定出符合自身行业特点、战略需求的学校文化。此外,学校文化并不是一成不变的,也会因时因势而变。学校高层管理者要能够结合具体的实际情况适时调整或重塑学校文化,并要在学校文化改革的过程中充当核心角色,成为推动学校文化改革的风向标和榜样力量。学校高层管理者缔造好学校文化后,把接力棒传到学校中层管理者手中。学校中层管理者需要在工作中不断向下宣传学校文化、解释学校文化的内涵,从而使师生真正把学校文化和实际工作与学习结合起来,加深对学校文化的理解和认同。此外,学校中层管理者还可以引导师生养成符合学校文化的好习惯,把学校文化落实到习惯上,使其真正落地和内化,成为"自然而然"的、无意识的东西。最终,学校文化被大量的基层工作者在各种基础性工作上践行。学校体系的搭建就是明确各个层面人员的责任,各尽其责,这样,学校文化建设才能事半功倍。

为了塑造武陵区第一小学的文化体系,加强学校文化层面的建设,增强学生以及教师的心理归属感,提升学校整体凝聚力,武陵区第一小学从办学理念、办学目标、办学愿景、办学宗旨、育人目标以及一训三风(即校训、校风、教风、学风)等九个方面对自己的文化体系进行塑建,并结合环境构造以及理念认同形成了自己"与美好相遇,向未来生长"的主题文化体系。

"与美好相遇,向未来生长"有着四个方面的表现内容:一是美好的童年与美好的未来相遇;二是美好的品格与美好的生活相遇;三是美好的资源与美好的课程相遇;四是美好的学生与美好的教师相遇。武陵区第一小学将自己的环境定位为:未来教育理念、启美多元设计、创意园区、知识校园,结合文化主题的四个方面的内容,确定了自己尊重天赋、激发潜能、鼓励创新、主动自发、自由包容、尝错用心、多元资源、创新课程、践知合一、以美为旗、与美共遇等教学特色,并确定了以自在创造、自由生长作为办学理念,以办一所未来学校,与美好同行为办学宗旨。武陵区第一小学以拓展视野,走向开放国际,多元培育,遇见美好未来作为办学目标,从国际化、开放化、未来化、多元化四个方面开展办学。以让学生遇见未来,让未来感谢现在作为办学愿景,以培养具有家国情怀、德美并重的未来人才作为育人目标。而未来人才的主要表现就是在与美好相遇、向未来生长框架之下的五能少年。五能分别是:修性立行的德能、笃学精思的学能、体健艺精的搏能、展现自我的美能、实践创造的创能。在一训三风的建设方面,武陵区第一小学同样进行了精心的思考,最终结合学校的殷勤期盼以及对美好未来的展望,确定了修德立美、精思创新的校训,各善其能、共塑齐能的校风,启心创美、与美同行的教风以及精思进取、识践并行的学风。

在文化体系的建设上,武陵区第一小学结合当地以及自身的历史、环境构造以及理念认同等相关的因素,构建了一整套完整的文化体系。该文化体系的建设不仅使得武陵区第一小学的文化内涵得到有效的扩充,对于发展组织凝聚力,明确组织的发展目标与规划等其他方面,在未来也将发挥出至关重要的积极作用。

4.2 文化系统框架解释

武陵区第一小学文化体系的成功建设并不是偶然,也不是简单的率性而为。每一个条目都饱含了常德文化——善卷文化、水文化、红色文化以及学校历史文化,或者是对于学生的殷勤期望,或者是组织的发展目标,每一条都是深思熟虑的结果。

4.2.1 办学理念

办学理念又叫办学思想,是校长基于"办怎么样的学校"和"怎样办好学校"的深层次思考的结晶,是一定的教育思想、管理思想与学校实际的有机结合。从某种意义上说,办学理念就是学校生存理由、生存动力、生存期望的有机构成。

通过对教育政策的研究,结合中华传统文化的核心组成部分,湘楚文化的源头之一,又称和谐文化的善卷文化,同时融入教育3.0的时代特征,武陵区第一小学创新提出"让每个孩子都实现和谐发展"的办学理念。并以此作为学校的灵魂,对内形成凝聚力和内向力,对外形成核心竞争力,从而建立自己的特色和品牌。

"自在创造,自由生长"是武陵区第一小学对学生最美好的祝愿。武陵区第一小学认为当今社会需要的不只是有渊博的知识和扎实的专业技能的人才,社会更需要的是具有敏捷思维、创新能力的人才,这就需要学校在教育的阶段让学生"自在创造,自由生长",让学生主动地、自由地创造和成长。

"自在创造,自由生长"体现了武陵区第一小学强烈的教育使命感和责任感。武陵区第一小学努力提升自身的教育教学水平,以让学生提前接受未来教育,让学生提前享受未来教育为目标,在教育改革的浪潮中砥砺前行着。

"自在创造,自由生长"是武陵区第一小学新时期发展的办学方略。武陵区第一小学结合善卷文化中追求精神自由的文化精髓,即不为世俗名利所束缚,而追求精神自由,坚持对学生的培养是从尊重每位学生的个性发展开始的理念,让学生自在地创造,自由地生长,留给学生自由发挥的余地,最终学生才能学会自我约束和自我教育。武陵区第一小学的使命是让学生在离开学校的时候,不仅要具备丰富的知识,还要拥有恒心和耐心,用自己的方式在未来的学习生活中,引领自己学习和人生的方向。

4.2.2 办学目标

办学目标是学校在教育方针的指导下,根据所处地区的经济文化发展需求,结合自身设备设施、师资力量等实际情况制定的,关系学校生存和发展的全局性、方向性的奋斗目的。目标定位须有科学预见和创新性思考,须坚持实事求是、量力而行和可持续发展的原则。

办一所"看得见"的未来学校。未来学校的兴起是时代前进的号角,时代变迁与技术革新迫使教育变革势在必行,武陵区第一小学紧跟时代脚步,走在中国乃至世界教育发展的前面,为学生提供更加先进的学习场景。

与美好未来同行。学校致力于让学生发现美、展现美,并且同美好未来一起成长,成长的路上用美好为未来添砖加瓦。

4.2.3 办学愿景

办学愿景是由学校领导者、教师、学生三者共同形成的具有引导和激励学生的未来发展的意象描绘,具体来说就是要建成什么样的学校,培养什么样的学生。办学愿景受到领导者、教师、学生的信念和价值观、办学宗旨等的影响,是一种学校及学生对未来发展所期望的美好愿景,也是未来主要的办学目标,它会引导或影响学校及学生的行为。

让学生遇见未来,也是让学生遇见未来更好的自己。未来学校的新情景,新工具,新方式更侧重培养学生的动手实践能力、现代化设备的使用能力以及合作发展的意识,让学生可以在一个主动学习的环境下提升创新力与竞争力,变成更加优秀的自己。让未来感谢现在与遇见未来仿佛鱼与水的关系,没有了现在如同只有鱼没有水,再好的未来也会成为幻想;而只有水没有鱼似乎更表现出注重未来而忽视现在的死寂,毫无生气;只有鱼和水统一在一起,才会变得有生气。武陵区第一小学亦是如此,不仅要让学生在现在培养创作能力和学习品格,还要让未来更好的自己回顾并感谢现在自己付出的精力。

4.2.4 育人目标

育人目标是学校对于人才培养的主要方向的具体化呈现,以学生的发展为本,为学生的终身发展服务,首先基于提高教育质量的考虑,通过观念的更新,来调动教与学两方面的积极性,尤其是要解决好学生学习的积极性和主动性问题。

武陵区第一小学家国情怀、德美并重源自常德善卷文化。善卷有着无私的大爱精神,爱人民、爱国家,一切为了人民和国家的生存考虑,这是一种美德。武陵区第一小学家国情怀源自常德抗战文化。让学生遇见未来就是与美好相遇,让未来感谢现在就是让学生在现在就接触到未来教育,让学生可以迅速地面对未来人才的培养,让学生在今后回首学生时代时感谢自己曾经的努力与付出。

武陵区第一小学家国情怀、德美并重源自常德善卷文化,但是却超脱于善卷文化。之所以超脱是因为武陵区第一小学的家国情怀、德美并重并不是从善卷文化中进行简单的挪移或者演化,而是依托于善卷文化,结合了抗战文化、水文化、地域历史文化等传统文化精神以及文化表现,并结合了以人为本的人文情怀精神和先进的技术逻辑,以学生发展作为主体目标的丰富化、多元化的展现以及整合。武陵区第一小学家国情怀、德美并重的培养目标,是对学生们的具体要求,也是对未来学校的未来核心的具体明确,更树立了一个可以随时检视教育成果的未来人才的培养标准。

4.2.5 办学宗旨

(1)拓展视野,走向开放国际;多元培养,遇见美好未来。

办学宗旨是学校综合了本校的教育资源、教育环境、教育哲学、教育对象等特点而提炼出的具有一定指向性的学校主张,是学校办学的出发点和最终目标,是学校一切办学活动的依据和指导原则,是学校选择教育方法,检查和评价教育效果的依据。武陵区第一小学在落实拓展视野,走向开放国际;多元培养,遇见美好未来的办学宗旨的时候,主要从实现学校的国际化、开放化、未来化、多元化等方面入手。在具体的落实层面,武陵区第一小学以四化为蓝本进行了精确的建设落实。

(2)国际化。

学校走向国际,是教育资源在国际进行配置,教育要素在国际加速流动,教育国际化已经成为基础教育的必然选择,但国际化并不是西化、欧化,而是全球化、一体化。要让我们的学生将来能够更好地融入国际社会,就要使其具备国际视野和知识,通晓国际规则,积极参与到国际事务和国际竞争中,作为基础教育的中小学教育需走向开放国际,承担起责任。在进行国际化的建设中主要注意以下几个方面:

在建设上,满足未来多元组合的建设理念对于学习空间的要求,打破传统的空间壁垒,让国际化的理念结合现在的教育需求,产生裂变的组合效果;在课程设置上,融合其他国家的先进教育理念以及知识,让学生可以更加全面地接触到更加广泛的知识体系与丰富的知识;在技术逻辑的落实层面,引进国际先进的技术体系作为技术逻辑的主要支撑,让未来学校的逻辑基础可以得到更好的落实;在环境的打造上,创建更加国际化、多元化的环境体系,丰富学生的环境课程学习。国际化的实现不仅是让学生走向国际的一步,也是走向未来的第一步。

(3)开放化。

学校的开放化不只是指学校的状态从封闭走向开放,还指教师、学生思想上的开通和解放。这种开放化的思维,需要极大限度地与常德水文化中的水精神,即大气、包容、开放的精神进行融合,将固有的传统文化精神转向教育领域,实现教育开放化。教育开放化是实现校内资源共享、校际共同协作的理想途径。开放化的特点是相对于封闭化而言的。普遍认为教育开放化具有这样几个基本特征:以学生和学习为中心,而不是以教师、学校和教学为中心;采用各种教和学的方法;取消和突破种种对学习的限制和障碍。学生对课程的选择和对媒体的使用有一定的自主权,在学习方式、学习进度、时间和地点等方面也可由学生根据需要决定,并在教学上采用多种媒体和现代信息技术手段等等。

武陵区第一小学在实行开放化教学时要结合中国的国情,一是完善体制机制,提升涉外办学水平,二是加强高端引领,提升学校教育实力和创新能力,三是丰富中外人文交流,促进学生交流相通,四是促进教育领域合作共赢。

(4)未来化。

教育迎来了前所未有的转型发展关键期。在这个特殊时期,能否把握住教育未来化的核心动向,决定了教育改革的成败,个性化教育、伦理型教师、数字化技术、全民性阅读、社会化融合或将是未来化的五大动向。

①个性化教育。我们很快将迎来转变的拐点,从以班级授课为特征的集体授课转向以学生自主学习为特征的个性化教育。这一点在"准星"的发展规划中,已被前瞻性地预料到。准星智能评测机器人通过细粒度分析诊断出每个学生的学习特征,并将学生之间的差异作为教育的资源。帮助学生清晰认识自身在学习上的特点,为他们的定位和选择做好参谋。然后教师依据"准星"分析出的学生学习差异,对教学内容进行重新组合,给不同的学生采用不同的方法学习不同的内容创造条件,帮助学生在已有的基础上拾级而上。也就是说,在打破现有的传统班级的编排方式,根据学生的学习基础和发展方向来重新定义班级的前提下,"准星"能全面协助教师减少面向全体学生满堂灌式的讲解,加强针对个体的具体问题进行答疑解惑的教学方式。

②数字化技术。《国务院关于积极推进"互联网+"行动的指导意见》为未来的教育信息化描绘了很好的蓝图,也提出了未来十年着力探索的方向。一是教育资源的供给方式,要从单一的专业教育机构提供资源扩展到互联网企业和社会教育机构;二是探索网络化教育的新模式,扩大优质教育覆盖面,促进教育公平;三是鼓励学校和互联网企业合作,对接线上、线下的教学资源,让技术和教师的教学需求之间能够无缝连接;四是开展学历教育的在线课程,给学生提供更多的可选择性。近年来,随着课程改革的不断深入,各大学校企业不断加强"校企合作",使教学方式发生着巨大改变,成都准星云学科技有限公司与棕北中学的校企联合就是最好的例子。"准星智能评测系统"在参与教学的过程中,通过公司的人工智能及大数据处理等技术辅助学校将学生传统学习方式的"被动性、依赖性与统一性"逐渐向"主动性、独立性与问题性"转变,为教育教学带来了一种创新性的应用模式。

③社会化融合。未来的学校,不一定让人一看就是校园。校园是一个开放的空间,和社区充分地融为一体,如果不加留意,基本上不会注意到这里是一所学校。学校里的大多数公共设施如体育场地、图书资料等都是和社区共享的,图书资料中绝大多数是数字版的,通过智能终端就可以方便地查询和阅读。

(5) 多元化。

一指由单一向多样发展,由统一向分散变化;二指多样的,不是集中统一的。多元化是特征不同的对象组合,学习的多元化指跨学科,包括教学内容多元化、教学方式多元化、教育手段多元化。在未来学校的建设之中,我们还需要特别注意的一个方面就是教育维度的多元化。学生不会永远处于同一个维度之中,他们在不同的场所之中扮演着不同的角色,这就使得他们需要去处理多维度、多层次的关系。此外,学校毕竟只是他们人生旅途中的一段,他们早晚要到更加多元的社会中去,而我们的学校教育应当教授给他们的是可以让他们更好地去面对未来、享受未来的知识体系。这就要求我们不能够仅仅只以单一的学校教育作为知识传授体系,我们应当结合现在的新型技术,通过让他们将知识内化于心,再外化进家庭与社会,从而构建一个正向的、多元的教育维度的循环。

学校按"特色资源梳理—特色模式构建—特色文化构建—特色价值体现"的路径,建立"优质+特色"的学校发展机制,打造德育特色品牌,据此打造出"体制新颖、理念创新、德育为本的特色学校"。

4.2.6 校训

校训是学校提出的对全体人员具有规范、警策与导向作用的行动口号,它往往是学校核心理念的具体写照,能概括出学校的整体价值追求、独特气质及文化底蕴,蕴含师生的道德理想、学术人格和历史责任。校训是一个学校的灵魂,校训体现了一所学校的办学传统、办学原则与目标,代表着校园文化和教育理念,是人文精神的高度凝练;同时它也是一种文化,是一种面向社会的精神标志,是学校历史和文化的积淀。

在校训的设计上,武陵区第一小学贯彻"让美好相遇,向未来生长"的教学方向。在学生层面上,"让美好相遇,向未来生长"的校训可以让学生置身于未来教育的优秀环境之中,让校园文化和教育理念更加具象化和现实化,让学生更加深刻具体地感悟武陵区第一小学的人文精神;在学校层面上,可以让学校的整体价值追求与文化底蕴用短短的一句话得到一定的体现,更是可以表现武陵区第一小学全体师生的道德理想与历史责任,让社会更加深刻地了解和解读未来教育与未来学校。

武陵区第一小学的"让美好相遇"就是在具实的环境之中培养学生的"五能"中的笃学精思的学能(智)、体健艺精的搏能(体)、实践造新的创能(劳)。

笃学精思的学能(智):武陵区第一小学通过空间和技术的支持,在现有国家课程体系下实现学习方式的变革。在校内,学校不仅采用未来教室以及计算机室等基础的特色教室的建设来激起学生的学习兴趣,更是采用新式图书馆、录播厅(图4-1)、五大基地等学习环境,来培养他们笃学精思的学能。

体健艺精的搏能(体):在数字化时代,武陵区第一小学利用新技术增加一些数字化的有趣的运动方式,并对学生的体能进行监测,让学生喜欢上锻炼并树立健康的竞争观,培养他们体健艺精的搏能。

实践造新的创能(劳):劳动教育不仅是培养社会主义劳动者的需要,也是培养社会主义事业建设者和接班人的需要,更是学生成长成才的需要。《中共中央 国务院关于全面加强新时代大中小学劳动教育的意见》明确要求"将劳动教育纳入中小学国家课程方案"。武陵区第一小学积极响应习总书记"劳动最光荣、劳动最崇高、劳动最伟大、劳动最美丽"的讲话精神,紧扣要求,联合双一流高校尤其是涉农院校的顶级科研团队,深度整合农业、高

图4-1 录播厅

新科技领域劳动教育资源,将传统劳动、现代劳动、未来劳动贯穿始终;结合新时期学校劳动教育需求,融合传统百工、现代百业、高新技术、科研成果,重塑劳动内核;对标新课标与劳动教育重要文件,关注劳动素养、劳动精神、劳动情感,创新劳动评价,创造性重构具有鲜明时代特色的劳动教育,可以更加全面具体地培养学生实践造新的创能。

武陵区第一小学的"和未来同行"就是在现实的环境之中培养学生的"五能"中修性立行的德能(德)、展现自我的美能(美)。

修性立行的德能(德):国学教育中心是学校开展传统文化教育的重要载体。武陵区第一小学通过开设与中国经典文化知识理论研学与传统技艺实践操作体验相关的课程,譬如智慧书法、智慧国学的教室的开放,民乐坊、梨园亭、茶艺室、对弈轩的建设,全面培养学生修性立行的德能。

展现自我的美能(美):武陵区第一小学设立艺术中心,其主要功能是培养学生核心素养中的艺术审美能力和艺术表达能力,在这里我们尽可能地丰富艺术的类型,从声音湾、唱响吧到版画室、E画室,是音乐美与画面美的整合,从智能钢琴、电架子鼓到演绎中心,是从硬件到软件的整体的升华与建设,将在全面的熏陶中培养学生展现自我的美能。

武陵区第一小学的"让美好相遇,向未来生长"的校训是培养具有德智体美劳五种优秀品德,兼具发现问题、解决问题、判断、决断等非认知性能力的专业性未来人才的具实性体现,也是让学生们更加直接地了解未来以及未来教育的"形象",更是让他们去亲身创造未来教育。

4.3 校本课程设计

校本,从字面意思来理解就是"以学校为本",是学校内部的资料,自己编写。所谓校本,一是为了学校,要以改进学校实践、解决学校所面临的问题为指向;二是在学校中,要树立这样一种观念,即学校自身的问题,要由学校中的人来解决,要经过学校校长、教师的共同探讨、分析来解决,所形成的解决问题的诸种方案要在学校中加以有效实施;三是基于学校,要根据学校的自身情况进行编写。

校本内容包括校本教材、校本课程、校本活动。校本教材是以校为本的教材,是学校自己开发的校本课程所用的教学材料的统称;校本课程即以学校为本位、由学校自己确定的课程,它与国家课程、地方课程相对应;校本活动是由学校自身组织开展的一系列师生共同参与的培养学生能力,提高学生素养的活动。

对于学生来说,校本内容的开发促进了学生个性的发展,体现在课程以学生为中心、给学生留下发展空间、满足学生不同需求、提高学互动积极性等方面;对于教师来说,校本内容的设计提高了教师的参与意识和能力,增强了教师的课程意识和课程开发的能力,增强了教师的研究意识和能力等一系列专业能力;对于学校来说,有利于学校功能的重新定位,满足了个性化的学校发展需求,增强了与其他学校或组织的交流。

由于校本教材主要依附于校本课程的开发与实施,所以以下内容中的校本教材包含在校本课程中。

4.3.1　已有校本课程及活动

1. 校本课程

武陵区第一小学已有的校本教材《武陵一小朝代历史读本》(图4-2)是根据武陵区第一小学的办学实际,结合朝代历史文化,使师生更加了解中国古代历史及文化的发展,体会历史韵味,为让学生打好历史基础,而发动全校师生积极投稿,编写而成的。

图4-2　《武陵一小朝代历史读本》

此读本成了学生与教师的课外读本,使师生增加了历史知识,提升了自我修养;根据常德的善卷文化、水文化、红色文化,武陵区第一小学结合其办学实际,发动师生搜集相关资料编写了校本教材,各册如下:

(1)《武陵一小朝代历史读本》。

此读本按照朝代历史所编写,大致记录了自夏朝至清朝四千多年的历史文化,在讲述历史发展的过程中,还穿插着神话故事、成语故事、宗教文化、唐诗、宋词、元曲等文化。

"夏商与西周":通过对夏朝、商朝、西周的故事的搜集与整理,对故事进行描写以及挖掘故事中所表达的寓意,如:《大禹治水》《伊尹放太甲》《烽火戏诸侯》等,以此来教育教师、学生都要学习远古时期敬畏自然、追求和谐等的精神。

"春秋战国":了解春秋战国时期历史及相关历史人物,编写成语故事读本,如《卧薪尝胆》《负荆请罪》《一鸣惊人》等的历史人物故事;《围魏救赵》《胡服骑射》《退避三舍》等的战争故事;《邯郸学步》《亡羊补牢》《买椟还珠》等的寓意性故事。师生在记叙故事的同时,也可以拓展成语词汇量,增强对成语的记忆。除此之外,还可以概括分析这个时期著名的文人及作品,如老子、孔子、孟子等,学习他们的精神,有助于师生提升自我修养。

"秦汉":了解秦朝汉朝在中国历史上的意义,编写秦汉时期所发生的能够影响中国历史进程的大事件,如秦灭六国、统一文字、修建长城、焚书坑儒等;汉推恩令、"罢黜百家,独尊儒术"、张骞出使西域等。整合秦汉的事件内容,强化师生对中国历史上第一个强盛时期的了解,以及对中国汉族、汉字、汉语、汉服形成基础的了解。

"三国二晋南北朝":赤壁之战、草船借箭、司马昭之心、竹林七贤、江郎才尽、陈后主亡国……对这段分裂的历史的编写,有助于师生在这段相对来说比较难梳清的历史关系中有着更好的把握和理解。

"隋唐":编写隋唐时期历史发展进程以及同时期发生的历史故事,特别是搜集中华民族最璀璨的传统文化之一的唐诗,结合历史的发展,以及诗人的经历,如李白、杜甫、王维等著名诗人的人生经历,可以让师生了解在不同时期、不同情形下的诗歌所表现的不同的心境。

"宋":宋词,是中华民族传统文化的瑰宝之一,师生可搜集苏轼、李清照、辛弃疾等宋代著名词人的词,结合宋代的历史,深度挖掘诗词所表达的思想感情,以及宋代历史的变迁。

"元":元曲,是盛行于元代的一种文艺形式,包括杂剧和散剧,对元代时期历史和文化的编写,可以帮助教师和学生了解元曲的特点,把握元代文化的发展,更有助于深入探究元代文化的发展状况。

"明":编写明朝在中国历史上所做出的贡献,如北京故宫的修建、郑和下西洋等,以及明朝可与唐诗、宋词、元曲相提并论的小说,尤其是中国的四大名著之三的《三国演义》《水浒传》《西游记》。

"清":让师生掌握中国最后一个封建王朝所发生的故事,从政治、经济、艺术、文化四个方面的内容进行搜集,编写清朝。

(2)《武陵一小地域文化读本》。

此读本按照常德已有的地域文化框架,分别对善卷先生的故事及善卷文化、水文化的精神、红色文化的历史进行编写,各册如下:

"善卷文化":通过对善卷历史传说故事的描写,了解善卷与常德、德山的关系,与屈原、刘禹锡的不解之缘,与桃花源文化的渊源等,深刻挖掘善德文化、善卷精神,以此来教育教师、学生都要学习善卷之德提升自身的修养。

"水文化":编写常德历史上治水抗洪事件,从中发现常德水文明、水精神、水哲学、水文艺、水教育、水法规、水管理、水经营、水技术,感受常德水文化的博大精深。分析沅江流域和澧水流域的常德人不同的性格特点,并阐释产生这种不同性格特点的原因。感受常德人自己的精神,有助于师生更好地体会并学习常德水文化精神。

"红色文化":通过对常德会战以及常德红色人物资料的搜集以及对历史过程的叙述,让师生在掌握历史的同时,提升爱家、爱国、爱党精神,教育师生勿忘国耻,报效祖国。

2. 校本活动

武陵区第一小学已有活动策划点结合了其五大能力的特色[笃学精思的学能(智)、体健艺精的搏能(体)、实践造新的创能(劳)、修性立行的德能(德)、展现自我的美能(美)],

根据读书、科技、艺术、体育四个方面开展活动,如下所示:

(1)读书。

①开展以"读过最好的书,遇到最美的你"为主题的校内师生读书节。

②举办校内征文比赛"读过最好的书,遇到最美的你",激发师生的读书乐趣,提高阅读积极性。

(2)科技。

①校内科技节,开展科普知识竞赛。

②"变废为宝"科技制作小活动。

③举办科技大讲座,邀请知名人士在校内为学生进行科技宣传、科技演示以及答疑解惑。

(3)艺术。

①绘画、摄影作品征集评选。

②校内大型艺术节(图4-3)。

图4-3 校园文化艺术节

③开展"艺术天地"活动,提供艺术创作自由空间(艺术创作场地和艺术创作材料)(图4-4)。

图4-4 艺术创作空间

(4)体育。

①特色大课间活动,自编操、集体舞、武术、跳长短绳、踢毽等活动。

②校内田径、球类运动会(图4-5)。

图4-5 校园运动会

③开办课后运动兴趣培训班,项目包括乒乓球、篮球、羽毛球、健美操、瑜伽等。

4.3.2 校本内容思考

开发和利用《武陵一小朝代历史读本》和《武陵一小地域文化读本》的校本课程以及校本活动大大地提高了武陵区第一小学历史文化和常德文化精神的教学水平。通过上述对校本课程和校本活动的了解,我们充分地认识到积极开发和利用校本课程和校本活动为武陵区第一小学在文化方面带来的收获。这主要体现在以下三个方面。

(1)开发和利用校本能促进学校文化的升华。

从上述的校本课程中我们可以看到,由于武陵一小开发的校本课程有较强的文学性,因此能有效地促进学生文学方面素养的提升。如:《武陵一小朝代历史读本》校本课程描写的是夏、商、西周、春秋、战国、秦、汉、三国、二晋、南北朝、隋、唐、宋、元、明、清十六个朝代的内容,里面包括神话故事、历史人物故事、成语故事、唐诗、宋词、元曲、明清小说等一系列有关历史文化的内容,这在扩充学生文化知识的同时,还能提高学生自身的文化素养,利用师生参与编写朝代历史文化的主动精神,培养学生的历史观。《武陵一小地域文化读本》校本课程在培养学生常德文化知识的同时,学生通过对善卷文化、水文化、红色文化的描述,有效地激发了对常德这片土地的热爱与自豪之情,而该项校本课程设计的主要目标,是利用各种常德自身文化教育学生。除了校本课程之外,对校本活动的开发也为学校德、智、体、美、劳五大能力特色文化共同发展提供了条件,科普知识竞赛、读书节、运动会、艺术节、科技制作等活动表现出学校为文化的共同发展创造着条件。

(2)开发和利用校本能有效地培养学生的爱国精神和创造精神。

由于校本课程就是在学生身边的课程,学生能耳闻目睹,所以《武陵一小朝代历史读本》中中国朝代文化给学生带来的自豪感和《武陵一小地域文化读本》中对常德的自豪感最终都会转化为对国家的自豪感,从而培养学生的爱国精神。校本活动基本上都是培养学生的构思能力、创造能力和动手能力,拥有这三种能力是学生参加各项比赛和活动的基本要求,比如"变废为宝"科技制作小活动,要求学生思考"用什么物品?通过什么方式?最终转换成什么新的物品?"这三个问题,然后进行下一步操作使得最终作品呈现出来。因此开发和利用好校本能有效培养学生的爱国精神和创造精神。

(3)开发和利用校本能促进学生写作能力的增长以及教师的文学专业成长。

从两个校本课程和四方面校本活动可以看到,由于校本课程的文学性,区别于数学、科技等较为精密复杂的特性,留给学生参与读本写作创造的空间很大,从而可以提高学生的写作水平;校本课程内容有着较强的文学方面的逻辑和条理,它的开发和利用对教师提出了较高的要求,因此在开发的过程中能有效地促进教师的文学专业成长。这主要体现在两个方面,一是教师自身在开发校本课程时需要对读本内容进行编纂,这就要求教师对历史文化有着较好的掌握度和对常德文化有着独特的理解,二是学生在参与编写读本时,教师需要发挥导师的作用,为学生提供构思、指导、审阅、修改上的帮助,这就迫使教师需要提高文化这一板块知识的储备量。校本活动中的读书节有助于提高师生的文学素养,征文比赛则考验着师生的文笔。

现有校本课程洋溢着对于中国传统文化、常德地域文化的认知和思考以及展望,但针对未来人才的培养而言,武陵区第一小学现有的校本课程过于单薄,对于发展学生的个性化特征和能力有所缺失,为了弥补这种分配不均的现状,可以在艺术审美类别以及科技教育的学习方面进行补充。

现有校本活动内容较充足,能够调动师生参与的积极性,培养一些能力,但是涉及面还不够广,且活动大多是只针对学校内部,所以,在此基础上可以尝试增加情景模拟、情绪关怀等方面的内容,结合"走出去"战略,与其他学校或校外组织合作,形成校内校外共同开展的局面,最终达到活动覆盖面广的效果。

4.3.3 校本课程拓展设计

由于已有的读本比较单一,偏重于文学内容,缺少艺术审美、现代科技方面的内容,所以在校本课程中需要从艺术审美、现代科技这两个方面进行编写设计。

1. 文艺教育

(1)课程提出背景。

在我国文艺活动日趋丰富、活跃的当前,特别有必要注重国民文艺素养的培育和研究,学校作为培养未来人才的重要场所,也必须结合社会发展现状,促进文艺教育开展。联合国教科文组织提出"教育应当促进每个人的全面发展,即身心、智力、敏感性、审美意识、个人责任感、精神价值等方面的发展"。教育的终极目的是要教给学生所用一生的知识和经验。国家教育部制定了体育艺术教育"2+1"工程,其中"1"就是要求学生掌握一项艺术技能。一个学校面向的是成百上千的学生,如何让每一个学生都能掌握一项艺术技能,成为了每个学校,甚至是教育界共同面对的问题。

(2)指导思想。

文艺教育在提高与完善人的素质方面具有独特作用,并且是学校进行美育的主要途径,因此,武陵区第一小学根据实际情况认真开展学校文艺教育系列活动,丰富学生课余生活,培养学生文艺素养。以校本课程的开展为契机,以学校的发展计划为指导,积极推进文艺教育课程,使文艺教育活动成为校园文化建设的重要组成部分,搭建好学校多方面教学的课程体系,最终达到全校师生共同参与、积极参与。

(3)教学目标

①传承传统艺术文化。文艺教育活动的开展,使学生感受到传统的民族艺术文化源远流长,书法、民乐、对弈、戏曲、茶艺等传统艺术文化经久不衰,让学生接受作为中国人民非常骄傲自豪的爱国教育。

②陶冶情操。学习文艺本身就是一个不断汲取知识,激发求知欲的过程,并且在进行演奏、绘画、书法等活动的同时,自然更容易注意优秀的人或物,使自己的性情通过一些外部条件的熏陶而得以改善乃至升华。

③提高素养。在学习艺术时,也是对文艺的认知和修养。人们经过在文艺方面进行勤奋学习和涵养锻炼可以获得一种坚持的能力或思想品质。

④提升审美。在实践过程中(练琴、学画等等),会看许多书籍,如一些专业类大师的作品和一些艺术理论以及名家评论,会欣赏和鉴别,还会经常与学习相同或不同文艺的同学交流,他们最后会不断总结提高,从而审美也会随之提高。

⑤开发潜能。反复的练习,能够锻炼学生的注意力、记忆力和思维能力,在某种程度上是对大脑的开发,激发求知欲。

(4)开展的基本方法。

①每周一课。每周可安排正式的课对文艺进行学习,学生可在固定的文艺课程选项中选择一项进行学习,低年级学生和高年级学生学习内容可以相同,但最终对学生呈现成果的要求不同,可以按情况进行适当调整。

②每月一检验。为检验学生的学习成果,每月末进行一次阶段性成果验收,提高学生学习积极性,增加学习动力,但并非强制性,不会打击学习热情,学生可以自愿进行表演或课程比赛。

2. 与其他活动相结合

文艺教育要与校内外比赛和演出活动等形式结合起来,增加文艺学习的乐趣和积极性。

结合武陵区第一小学七大中心特色中的艺术鉴赏中心和国学教育中心,按照武陵区第一小学已有的艺术教室和国学教室的分类,划分出声乐、钢琴、双排键、架子鼓、绘画、书法、民乐、对弈、戏曲、茶艺十个方面的内容,编写《武陵一小文艺读本》,分别为这十项内容进行专业化编写,由于针对的是小学生,目前只考虑入门教学,所以在内容编纂上考虑简化,保留重要内容,便于本校教师教授,学生学习,各部分大致内容如下:

"声乐":大致包括五个层次的内容,气息层面——气息练习原理、气息与发声匹配、说话式训练、气息短、平衡气息与发声的衔接;发声层面——概念、发声位置、头声、咽音、练习、发声理论、气泡音的作用、气泡音的分类、气泡音转发声、气泡音寻找合适的发声点、发声点稳定、闭合状态、闭合后续、动态发声、声带挤卡或漏气、发声稳定性;咬字层面——基础咬字动作、咬字速率与稳定、咬字技巧与归韵、咬字投射统一;情绪层面——弦乐传达、歌曲结构层次;混声层面——什么是混声、混声的比例与平衡、轻混声。

"钢琴":第一阶段可参考《约翰·汤普森简易钢琴教程》第一、二册进行框架构思。对五线谱进行深入讲解,同时配合老师现场开展的一些增强节奏感的游戏,提高学生的乐感,进而可以弹一些简单的儿童曲目。第二阶段可参考《哈农钢琴练指法》内容进行编写,第一部分,使手指灵活、无拘束、坚强有力、动作平稳;第二部分,为打好指法基础的高级练习:大拇指从他指下移过、弹奏音阶的预备练习、十二大调音阶和十二小调音阶、半音阶、大小二十四调中三和弦的琶音、大减七和弦琶音进行中的手指伸张练习、在属七和弦琶音进行中的手指伸张练习;第三部分……

"双排键":内容的第一点就是认识双排键;第二点是调节坐姿,包括依据自己的身高调节琴凳与键盘的距离,身体端正,坐在琴凳中间,身体重心放在臀部,演奏时右脚正直放在脚键盘上方的表情踏板的中间位置等;第三点是掌握双排键的音域,如 RS-400 的上键盘有 49 个琴键,共 4 个八度,下键盘有 61 个琴键,共 5 个八度,脚键盘有一个半八度等;第四点是音符学习;第五点是曲目练习。第三、四、五点在每个章节都要进行学习,内容强度和难度可以循序渐进。

"架子鼓":内容分为六个方面。一是认识架子鼓,即架子鼓的组成,低音大鼓、踩镲、小军鼓、桶子鼓(3~7个)、吊镲(2~4面);二是架子鼓记谱,用五线谱的低音谱表,低音大鼓在第一线,小鼓在第三间,耳鼓Ⅰ在第四间,耳鼓Ⅱ在第四线,大桶鼓在第二间等专业知识;三是架子鼓基本手法,单击类、轮鼓类、重复类、装饰音类、弹跳装饰类;四是架子鼓提速,练习架子鼓可以用手指来达到更高的速度,学会用手指控制鼓棒;五是架子鼓的持棒方法,在控制方面持棒方式有直腕式、标准式、扣腕式;六是架子鼓简单的基本功练习,根据鼓谱重复练习简单的节奏型。

"绘画":对于小学生来说,绘画是以现实为基础,以想象为表现的一直动手操作的实践项目,所以针对这一特点,在编写时需要更多地强调想象的作用,充分发挥想象力,给学生留有创造的空间。第一部分,选择一些比较抽象的图画,发挥学生的想象力,让学生自主创造;第二部分,简单的素描知识,配合训练题目;第三部分,填色审美;第四部分,填色训练,提高学生色彩搭配感;第五部分,自主创造图画和填色概念;从第六部分可以开始讲更加专业的内容,绕开符号系统:遭遇边缘和轮廓;第七部分,感知空间的形状:阴形与阳形;第八部分,相互关系的新模式:让视觉产生透视;第九部分,光线与阴影的逻辑;第十部分,用美丽的色彩绘画。

"书法":书法是中华民族传统文化,它是汉字与审美的结合,对于小学教育阶段来说,也是必不可少的,所以对于书法内容的编纂,需要更加细致。第一部分讲述笔法,包括执笔、空中运笔、中锋横、竖线、藏锋、手腕的灵活运动、中锋弧线、落笔方向的控制、提按、提笔位置的控制、出锋、侧锋、折笔、摆动、转笔、连续转笔、转笔中腕与臂的配合等技巧;第二部分讲述字结构,深刻剖析字形和字的组合;第三部分讲述章法;第四部分讲述动力形式;第五部分讲述汉字构成。每一部分都应当配有适当的练习题进行知识的巩固。

"民乐":我国的民族乐器包括琵琶、古琴、洞箫、二胡、扬琴等,大多数民族乐器都可以按照这个框架进行编写:一是乐谱教学,二是弹奏方式,三是弹奏技巧,四是简单曲目讲授,五是进阶版的曲目练习。

"对弈":象棋文化博大精深,且对弈需要有全局观,内容错综复杂,所以编写需要循序渐进。象棋基础知识,象棋开局技巧,象棋布局,象棋基本战术,象棋残局技巧,古今排局赏析这六方面是编写的基础。

"戏曲":戏曲内容的编写要有文化课基础知识、基础乐理与视唱练耳、表演的基本技能与技巧、乐队的组织与排练、戏剧的化妆知识五方面的内容。达到让学生会唱、会演的目的。

"茶艺":茶艺可以提升一个人的气质与修养,所以首先需要编写的内容就是学习茶艺时的姿势,正确的姿势是学习茶艺的首要条件,其次就是茶桌上的礼仪,如泡茶与端茶的手法、茶具的摆放等,最后是关于茶本身的内容,对不同茶类茶水比例、冲泡水温、冲泡时间、冲泡次数等具体内容的编写。

3. 现代科技教育

(1)课程提出背景。

国家的科技水平与青少年的科技意识与科技素养紧密相关,所以从小学、中学时代起就紧抓科技意识和素质的培养已经达成了共识。当前,现代科技教育已经成为学校工作的重要组成部分,如何建立科技教育长效机制来保证更好地发挥科技活动的教育特质,保证科技教育的可持续发展,让科技教育真正融入学校的教育教学之中是学校需要进一步思考的问题。

(2)指导思想。

现代科技教育的指导思想是为丰富学校教育课程内容,贯彻实施国务院颁布的《全民科学素质行动计划纲要》,进一步培养学生的科技掌握能力和实践创新能力,积极开展现代科技教育课程,向学生讲授科技内容,鼓励学生增强动手能力,激发学生科学探究及参与创新实践活动的兴趣,推进现代科技教育的发展。

(3)教学目标。

①养成科学习惯。科技教育课程的学习,让学生了解同周围常见事物有关的科学知识,并能应用于日常生活,逐渐养成科学的行为习惯和生活习惯。

②参与科技研究。让学生了解科学探究的过程和方法,尝试应用于科学探究活动,逐步学会科学地看问题、想问题,自己参与到科技研究里。

③培养家国情怀。保持和发展学生对周围世界的好奇心与求知欲,形成大胆想象、尊重证据、敢于创新的科学态度和爱科学、爱家乡、爱祖国的情感。

④亲近自然。科技来源于生活,来源于自然,引导学生亲近自然、欣赏自然、珍爱生命,积极参与资源和环境的保护,关心科技的新发展。

(4)科技教育的基本方法。

①每周一课。每周安排正式的科技教育课程,让学生学习科技相关的理论知识,打好理论基础,为实践环节做准备。

②每周一小实践。如进行一次全校性的航模小实验(纸飞机折叠飞行实验)、纸张承重小实验等花费时间较少的实验活动,激发学生学习的乐趣。

③每学期一大实践。大实践适合时间周期长的活动,如植物观察实验,在种植培育的过程中需要做好相关记录,记录观察时间以及观察发现。

④带领学生参观学校科技室的科技作品,讲解作品创造过程,同时可以为学生答疑解惑,普及相关的科学知识。

(5)课程主要内容。

现代科技教育需结合武陵区第一小学实践创造中心内的科学探究室、科学实验室和情景模拟中心的劳动实践基地,以理论为基础,以实践为检验标准进行《武陵一小现代科教读本》的编写,各部分内容如下:

"科技劳动":编写科技与劳动相结合的实践实例内容,如将科技与养蚕(图4-6)相结合,通过传统养蚕和新兴饲料养殖技术,编写蚕桑文化、养蚕过程、蚕茧蚕沙的应用及以蚕为代表的昆虫基因研究等。"劳动+科技"是小学科技教育阶段的新型探索模式,对于培养学生的自然意识和科技意识有着极大的作用。

图 4-6 学生养蚕

"世界现代科技":这一部分的主要内容就是集合世界现代科技的优秀成果,对这些科技成果从发现到获得的整体过程进行介绍,并关注中国现代科技发展的现状,明白中国与其他国家相比较的优越之处与差距之处,鼓励学生积极参与科学探究和科学实验,体验得到成果的过程,获得满足感,并教导学生科技的成功并非偶然,需要的是日复一日、年复一年的研究。

"科技就在我身边":编写出现在我们自己身边的科学技术,比如手机、电脑、汽车、机器人等实体物品,这些我们身边常有的东西正在悄悄地改变着我们的生活,如手机支付代替了传统的现金支付和银行卡支付,手机微信代替了电话和短信的功能,手机健康码在疫情期间帮助人们安全放心出行,扫地机代替人工扫地,机器人上菜代替服务员上菜,机器人迎宾代替真人迎宾……举一些身边实例,能够让学生真真切切地感受到科技给我们的生活带来的改变,或是巨大的,或是细微的,以此鼓励学生发现身边的科技现象,引起学生对科技研究的兴趣,让学生积极探索科技的运用,培养未来的科技人才。

4.3.4 校本活动拓展设计

结合武陵区第一小学的五大能力[笃学精思的学能(智)、体健艺精的搏能(体)、实践造新的创能(劳)、修性立行的德能(德)、展现自我的美能(美)]的特色和七大中心[智慧学习中心、实践创造中心、情景模拟中心、国学教育中心、体能锻炼中心、艺术鉴赏中心、情绪关怀中心]的特色,可以发动全校师生结合教学实践自主创意校本活动,在原有的基础上增设有关情景模拟、情绪关怀等的活动策划。

(1)智慧学习。

①开展播音演讲比赛。

②组织法治教育培训(包括普法、禁毒、安全生产、国防、人防)(图4-7)。

③举办读书博览会。每个学生每学期需要阅读至少两本书,可以摘抄佳句进行赏析。各班级每天早读时可选取十分钟举办"读书博览会",以"名人名言""佳句赏析""读书感悟""好书推荐"等小板块向同学们展示看过的新书、好书,并交流在读书活动中的心得体会,形成良好的班级读书氛围。

④开展"小小背诗王""读书小状元""阅读小明星""阅读小能手"以及"最佳读书个人"等多种评选活动。

图4-7　国防教育培训

（2）实践创造。

①举办"我是小小科学家"活动，如学生可做"开水养鱼""盐水养花""柔弱的纸，神奇的纸"等内容形式不限的活动实验。

②科技小制作作品展，不限作品范围。

③征集校园原创音乐作品，推选优秀的作品以校园广播形式播放。

（3）情景模拟。

①举办陶艺（图4-8）、手工、木工、绘画作品展。

图4-8　手工陶艺课

②开设培育种植水稻、孵化鸡蛋、养蚕等劳动课程。

（4）国学教育。

①举办书法、象棋（图4-9）、戏曲等比赛。

②举办校内国学节，开展国学知识竞赛（包括书法知识、象棋知识、戏曲知识、茶艺知识等）（图4-10）。

（5）体能锻炼。

①组建校乒乓球队、篮球队、足球队等队伍。

②与其他学校合作，组织开展友谊比赛。

（6）艺术鉴赏。

①开办合唱团、舞蹈团、乐器团等专业性较强的艺术团体。

图4-9 国际象棋初赛

图4-10 茶艺礼仪比赛

②与校外正规艺术演出团队合作（非营利演出），定期组织校内艺术团体参与演出。

(7)情绪关怀。

①在每个班级举办"敞开心扉"心理健康活动，学生可公开姓名，也可匿名填写困扰着自己的难题，鼓励师生集思广益，让大家积极想出解决问题的方法。

②举办释放情绪游戏，让学生在充满趣味性的游戏中体验情绪的变化。如"踩气球"游戏，学生两两一组，分别绑三个气球在每个参与者的左小腿上，当说到有关情绪的两个字时，如"生气""快乐""难过"等，学生就用其右脚去踩爆其他小组同学脚上的气球，并且还要防止自己的气球被他人踩爆。这样可以很好地释放压力，从而在一定程度上减轻学生心理上的负担。

第五章　走进未来的组织体系的构建

一个学校的组织体系的搭建是指对自己的组织变革、组织构架、流程再造与组织再造等子体系进行构建的一个有机却又复杂的过程，是为了满足组织本身成长的需要，满足学校进行组织搭建、组织优化以及组织变革等一系列的需求的基础。随着数字信息时代的来临，组织更加倾向于高效化、简洁化的管理体系，从而，传统的组织体系不再适应于组织机构的发展。所以，对自己的组织体系进行审查简化、改造变革、打乱重建等行为成为越来越多的组织的选择，以寻求组建可以满足自身发展的、更加高效化的组织管理体系。

搭建高效化的组织管理体系是每一所学校在进行学校建设的过程之中必不可少的行为，因为组织的搭建是一所学校正常、有效地开展教育教学活动，实现学校发展目标，把学校各类人员组合起来等一系列的教学行为的根基。搭建有机的学校组织机构，可以将学校内的一些职能部门的权力和义务以及责任，构成一个有机的系统，将学校组织的职责、岗位和人员进行合理的组合和搭配，形成结构清晰、权责清楚的协作系统，可以有效促进一些政策以及战略性目标计划在校园内的高效展开，也能够保证让学校空间之内的每一个个体都能够清楚地接收信息，进行反馈等。此外，这样一个管理体系还能够增加师生对于自身的培养以及关于责任的认知，有利于学校发展的同时，对于学生们的未来培养也有着很大的促进作用。

学校组织机构是学校管理实体存在的外在形式，是进行管理的前提和基础。它一方面反映了学校管理技术系统的工作关系，另一方面也反映了学校组织社会系统的人际关系。学校组织机构的实质是明确学校管理的任务结构、权力结构和人员结构，体现学校组织的目的性、整体性和协同性。学校组织机构建设既是学校管理的主要内容，又在学校管理中发挥着举足轻重的作用。所以，探讨如何在学校管理实践中进行学校组织机构的建设有重要意义。

学校组织搭建有以下几个作用：

①划分任务，提高效率。学校组织体系的建设，可以有效地将学校层面所面临的繁杂的工作进行化整归零，让每一个部分各司其职，各司专职，充分发挥每一个机构人员的才能优点。把学校办学的整体任务划分成一个个既相对独立又相互联系的具体任务，然后把这些具体任务再划分到学校组织机构的各个职能部门，并且进一步明确各个职能部门完成任务的职责范围和程度，对于提升工作效率而言有着非常大的积极作用。此外，将专事交给专人专办，还可以有效促进其专业能力的提升。但是还需要明确的一点就是，在进行任务分配的同时，必须给予相应的机构或者人员一定的权力，这样才能保证任务顺利完成。

②监督检查。划分任务、层层授权之后，就要随时关注任务的完成情况，权力的使用情况。上级就能够对下级的各项工作进行考核、指导、激励和督促。这样才能了解情况，发现问题，继而解决问题、控制局面，确保学校的正常发展。

③促进双向沟通。沟通协调对于任何群体组织都是非常重要的。学校组织机构及其相应的制度建设，能够促进不同部门之间、个人和部门之间、个人和个人之间的沟通和交流，在相互了解、达成共识的基础上协调思想和行为，推动学校的和谐发展。进行组织管理

体系的搭建在这一方面还有一个非常大的优点就是通过组织管理体系可以让两个群体之间进行双向的沟通。譬如教师和家长之间可以通过家长管理组织体系进行双向的沟通,有利于加快学生的社会共同教育,还可以让家长对孩子的生活与学习有更加深入的了解,可以极大地提高学生管理工作的效率。而这一点也同样适用于教师与学生之间的双向沟通,学生、教师可以通过学生会、智慧管理体系平台等进行教育互动,可以有效地减少学生与教师之间的心理代沟,促进学生的正向教育。

虽然组织体系的搭建有法可循,但是目前绝大多数学校的组织架构层次依旧是种类繁多、层级过多、线下实体、教师全控、区域自理等。在智慧教育快速普及的现在,这种组织架构明显不再符合未来学校的需求。所以学校组织架构的改革刻不容缓。湖南省常德市武陵区第一小学在进行学校组织搭建的过程中,就对目前的组织架构进行了一定的思考,并且结合自身情况和管理教学需要搭建了"和美好同行"组织体系,来进行未来学校建设中组织体系的探索。"和美好同行"组织体系主要包括三大管理体系以及一个课程组织构建体系。三大管理体系分别是:学校组织智能管理化——云上管理平台、家长群体协同管理化——家长协管组织平台、学生自管引导化——构建学生自管平台,课程组织体系是搭建可以根据教学需要而进行自由组构的七大中心与35个特色教室。

5.1 学校组织智能管理化——云上管理平台

在信息社会,网络化的触角早延伸到生活的每一个角落,而且已经非常深刻地影响到教育的发展。虚拟课程教学可以安排校内教师,集中录制与实体课堂相对应的精品网络课程,还可以邀请校外知名企业家和专家教授录制专题微视频,开展微慕课教学,着力构建线下与线上有机融合的课程组织模式。网络的快速发展,让教师与学生、教师与家长、学生与学生、学生与家长的联系都更加密切,网络化最大的一个优点便是便捷,可以快速传播信息,提高了效率。学校组织管理智能化是网络化基础上,信息化过程中的一种高级形态。它综合运用云计算、物联网、移动互联、大数据、智能感知、商业智能、知识管理、社交网络等新兴信息技术,将学校组织、人、事、物等相关信息进行全覆盖管理,全面感知校园物理环境,智能识别师生群体的学习、工作情景和个体的特征,将学校物理空间和数字空间有机衔接起来,为师生建立智能开放的教育教学环境和便利舒适的生活环境,改变师生与学校资源、环境的交互方式,实现以人为本的个性化创新服务。

在教学活动中,未来教室将是体现智慧型的一个重要载体,它将彻底颠覆学生、家长对传统教室的理解。学校依然是教育体系的主干部分,在教室中授课的方式也不会消失。教师可以借助智能化的阅卷与分析系统,给学生、家长快速、个性化的反馈。互联网技术让教师与家长的距离也在不断拉近。教师可以将学生的平时表现、上课效率制成可视化的图表,一键分享给家长,更为直观智能。

学校组织管理扁平化。学校是一个复杂的有机系统,由不同的组织系统构成,性质不同的组织系统有各自的利益诉求,可能会互相重叠、冲突,或对彼此产生不同程度的影响。采用信息技术及学校内部计算机互联网络后,信息的传递、扩散不再是以一种垂直层级的方式,而是演变为一种网络互联模式。信息传递具有快捷、方便、网络交互的特点,决策层、执行层和一线的教师共同掌握教学与管理中的各种信息。在这种趋势下,原有结构的复杂性转化为组织成员的知识、技能、需求、愿景和文化的复杂性,知识管理应运而生,网络化管理不断深入,把学校建设成学习型组织的目标势不可挡。在这个过程中,学校的专业化分工的界限也将被打破,行政部门之间的职能会变得模糊。

湖南省常德市第一小学在进行学校组织智能管理化——云上管理平台的搭建过程中,主要从以下五方面进行了构建。

(1) 搭建学情质量监测系统。

结合新场景构筑的学习空间,将在线学习与测试信息作为基础数据,挖掘数据进行深度分析,基于学习者个体的差异提供个性化的诊断报告,绘制学习者的过程性学习曲线,对学习者的学情质量水平进行精准评定,分析优势与不足,提出学科核心素养提升的个性化建议和培养方案。

(2) 搭建学习者综合素质测评系统。

建立学习者综合素质测评系统,从品德修养、学业质量、身心发展、兴趣特长和实践能力等方面对学习者的德智体美劳综合素养发展信息进行数据收集整理,运用大数据手段对整理后的数据进行分析,构建全面、准确的学习者画像,促进学习者德智体美劳全面发展,促进对学习者的综合客观评价。

(3) 搭建教师专业发展学习平台。

以自我发展和促进为目的,搭建支持教师专业发展的线上学习与知识分享平台、项目研究管理平台、学术成长可见性跟踪平台。对教师工作态度、教育理念、课改意识、学科知识、教学技能、研究能力、文化素养、心理健康和问题困惑等方面进行诊断,运用人工智能手段对整理后的数据进行分析,指导教师获得更好的专业发展,指导学校完善个性化师资培养体系,提高育人能力,促进终身发展。

(4) 搭建校本教研评价平台。

建立学校无纸化办公系统,形成学校管理与教研工作大数据平台,通过日常信息记录与收集,对学校的教研管理、对外交流、校内研修和教研成果等数据进行分析,对校本教研质量进行诊断,提出优化改进的决策建议。

(5) 搭建组织运行第三方促进式诊断平台。

对学校管理、文化、机制、安全、师生关系、课堂教学、德育和家校关系等方面进行促进式诊断和分析,帮助校长发现学校问题并及时调整组织行为,推动组织科学高效运转。促进教师和校长的专业化发展,提高家校社的教育综合能力,为学习者创造良好的成长环境。

5.2 家长群体协同管理化——家长协管组织平台的搭建

以学校与家庭、社区"三位一体"的合作模式为重要体现,未来学校将冲破传统学校围墙,让教育逐渐从学校延伸至家庭、社区和社会,使得学校组织更具综合化。未来学校的教育资源不仅仅限于教科书、网络资源,而是整合协调利用该区域的综合性资源。例如,从授课组织模式来说,未来学校要突破传统的班级授课教学模式,加大案例教学、实践平台教学、虚拟教学的比重。学生可以自主选择自己感兴趣的实践教学,而这些实践案例教学可以聘请社会上专业人士如知名科学家、创业成功者、音乐家、画家等优秀人才担任课程授课或指导教师,共同探讨课程案例,讲述他们的学习经历与经验。

从学校到家庭再到社会,通过未来学校,利用新进的媒介技术手段及其装置,让学生将他们从学校学到的知识先内化,然后外化到家庭,引导他们将学科的知识融合到家庭教育里去。

跟家庭教育的融合一样,这种教育也可以迁移到社会教育中,形成良好的社会交往关系。最终,社会交往关系再进一步反哺学校教育,最终形成一个良性循环。在这个过程当中,先进的媒介技术实践上可以发挥极大的作用。

湖南省常德市第一小学在进行管理平台的搭建过程中,就深刻地了解到家长在学生以及教育管理之中的重要性,所以进行了家长群体协同管理化——家长协管组织平台的搭建,其主要的搭建内容包括以下几个方面。

(1)创建家长协管会。

创建家长协管会(图5-1),是让家长之间形成一个特定的组织管理机构,进行统一管理的同时制订一定的协管计划。湖南省常德市第一小学的家长协管会以七大中心作为划分的标准。上设协管长3名,内部根据七大中心的教育开展,每一个中心设有2~3名协管人员,对每一次的特色化教学进行一定的监督,不但让家长全面了解了孩子们在校的学习生活情况,而且让家长对于教师的教育工作的开展有一定的动态了解,从而开展对于教育内容、教育情况、教育反馈等内容的协同管理。除了以七大中心作为骨架设立的家长协管会还设有自由协管员15人,对学校的活动开展、食堂就餐、学后疏导等部分内容进行一定的巡查,在巡视检查的过程中,保持和家长及时沟通,介绍学校在日常行规教育、课堂教学等方面的要求。让大多数的家长对于学校、学生的实时情况进行一定的了解。

图5-1 家长协管会

(2)开放学校智能管理系统。

为了方便家长与学校沟通,了解学校、学生的实时情况,并可以根据实际的情况提出相应的意见以及建议,湖南省常德市第一小学开放学校的智能管理系统,以保证家长进行消息获取、动态了解、实时互动、意见提及、反馈获取等。为了对家长的身份进行筛选以及减少管理系统的压力,该智能管理系统主要面向在校的学生家长开放。学校会给家长们发与自己孩子统一的身份码,家长可以凭借该身份码登录智能管理系统。等到孩子毕业之后,该码会随着学生的离校而丧失进入智能管理系统的权限。

(3)邀请家长进行决策以及制订计划。

为了保证家长与学校对于学生教育的监管进度保持一致,所以湖南省常德市第一小学在进行短期战略决策以及计划制订的时候,会邀请一定的家长协同开会。家长具有一定的投票权以及意见提及的权利。该部分家长,由家长们在智能管理系统中报名,并由学校以及家长协管会成员共同选取。学校将对于该部分工作内容进行实时通报。而家长也有一定的与其他家长沟通,进行意见收集、内容整理、会议内容传达等相关的义务。在此过程中,不但可以保证家长对学校短期战略决策以及计划保持及时的了解,促进配合学校进行统一的管理,还能够加强家长们的积极性以及获知动态的权利,促使他们积极参与到学校的共同管理之中,促成学校-学生-家长-社会-学校教育模式的达成。

让家长走进学校的管理体系之中,是一次对于组织管理的先进性的改革,不仅可以使家长实时了解情况,配合学生们的培养进程,更可以打破传统教育模式之中的空间性、角色性的壁垒,从而促进社会共同教育计划的实施。湖南省常德市第一小学在此方面进行的积极的尝试给我们的组织体系的构建提供了新的思路,也带给我们更多的思考。目前对于家长涉入学校管理的经验较少,最优化的模式还需要我们去进行挖掘。

5.3 学生自管引导化——构建学生自管平台

当前,在推动教育均衡发展的背景下,一些超大规模学校在提供更多优质教育资源等方面发挥了积极作用,但是在发展过程中也不可避免地存在安全隐患增多、管理难度加大、教育教学效果难以保证等突出问题。针对当前超大规模学校在发展中面临的问题和困难,如何进一步创新管理方法,探索促进学生全面发展、提升教育质量的管理方式?引导学生进行自我管理成为解决问题的一个新的方向。

进一步完善班级学生自我管理机制,能够引导学生在自我教育、自我管理、自我监督和争先创优的过程中,变被动他律为自觉自律,在公平、公正、公开的制度与规则约束下,自觉规范言行,不断建立自信,实现自我价值,真正做到人人有事干、事事有人管、时时想着班集体、处处彰显正能量,由此构建和谐向上的校园氛围。学生通过自我组织、自我监督、自我评价、自我约束、自我反省,不断认识自我、管理自我、超越自我,由此成为一个不断向内心探索的、自律的人,成为一个可以成就个人梦想和民族希望的人。

经过反复研磨酝酿,我们首先遵循"同案异构、因班而异、个体激励、整体捆绑、荣辱与共"的基本原则,在各班级成立了班级自管会,初步形成了我管人人、人人管我的管理网格,让班级成为每个人都有机会、每个个体都会闪光、人人争先创优的和谐团队。

5.3.1 科学组建班级自管会

科学组建班级自管会,形成人人争先创优的管理网格。我们提出,在组建班级自管会的过程中,要尊重信任每一个学生,给每一个学生以表现的机会,当所有学生都力争上游不甘落后时,班级自我管理的预期目标才能顺利实现。学校首先安排专人组织学生进行集中学习培训,利用细致讲解、模拟演示等方式,促使学生更新理念,激发学生的参与热情。然后各班主任采取自下而上的形式,组织学生"参政议政",民主议定实施方案,确定具体的机构组建及运行机制。

每个班级自管会设主席1名,直接对全班同学和班主任负责,全面协调班级管理工作;副主席4名,分管德育、学习、劳动卫生、文体艺术;下设7~8个自管组(每组8人),每组设自管组长1名,学习委员和德育委员各2名,管理委员、劳动委员、艺术委员各1名。各自管组长负责调动本组成员创先争优,督管本组成员自觉遵规守纪,言行向善、向上、向美;各委员分别统计记录学生上课情况及平时学科测验成绩、品行表现、纪律表现、劳动卫生表现及活动表现等。

各自管组在组长带领下,成员间互相提醒、互相监督,每个人自觉、自律、自我约束,努力实现自我管理、共同进步。各自管组各司其职,相互协调又相互监督制约。班级里的每个学生既是管理者,又是被管理者,各项工作都有直接责任人和监管人,班级事务做到事事有人管、人人有事做。

5.3.2 合理运行班级自管会

我们在推动班级自管会具体实施中,强调要善于发现和捕捉学生每一个闪光的瞬间,让学生在自信、自律中为未来的精彩人生奠基。班级自管会要对学生的各方面表现进行日纪实以及周汇总、月汇总、学期汇总,每个委员要本着公平公正的原则努力发现组内成员的优点和良好表现,以表扬激励(加分)为主。同时班级自管会的工作要做到有布置就检查,有检查就反馈,有反馈就表扬先进、整改不足。

班级自管会的合理运行,有效解决了许多管理难题,极大地提高了管理效率。

各班级根据自管会的记录汇总,每月评选"班级之星",既最大限度激励那些努力自律的学生,同时激励那些通过努力取得较大进步的学生,给他们以持续前行的动力。每学期末,学校依据各月总评情况评选出各类星级学生(包括五星、四星、三星及单项之星学生),表彰比例为班级学生总数的15%,同时在周星级班级、月星级班级基础上评选自我管理先进班集体。学校根据每个学生的情况确定其综合素质评价等级,填入学生阳光成长手册,学生在校综合素质评价等级均为优秀的可获评优秀毕业生,毕业证书上会另外加盖优秀毕业生印记,这也会成为留给他们一生的记忆。

学校督导室、德育处、年级组、值班组会不定期对各班级自管会工作开展情况进行检查,所有检查结果以月汇总形式纳入星级文明班级考评。学校则以学期为节点,对自我管理先进班级及个人予以表彰,由此调动师生自我管理的积极性。

系统构筑自我管理框架,让师生在自我教育中精彩绽放。班级自管会的有效运行,让我们深刻感悟到:学校要实行科学化、民主化管理,就要树立以人为中心的管理思想,充分挖掘和调动师生各方面的积极性、主动性和创造性,发挥师生自我管理、自我服务、自我教育的作用。基于此,我们逐步形成了深化学生自我教育、自我管理的系统框架。

5.3.3 成立年级自管会和学校自管会

成立年级自管会和学校自管会:连点成面,织就高效管理网络。为了将每个班级节点上自我管理的探索连成线、结成网,我们在班级自管会的基础上,进一步成立了年级自管会和学校自管会。其中,年级组负责年级自管会的机构组建和各部职责分工。年级自管会根据"分部组建、兼顾楼层、依据任务、合理调遣"的原则,精心选拔各班级自管会主席参与管理,主要负责对年级的常规工作开展、过程监管、结果反馈、资料留存等进行全方位检查指导和反馈提高。年级自管会工作以服务和监督提示为主。

德育处负责学校自管会的机构组建、职责分工及工作开展。学校自管会依据"分部组建、兼顾年级、依据任务、合理调遣"的原则,精心选拔各年级自管会主席和各部部长参与管理,主要任务是在教师带领下对学校常规工作开展及大型活动进行过程监督、检查评比,然后由德育处合理利用检查结果进行有效反馈,从而提高管理实效。

争创自我管理亮点班级:让学生成为班级和学校管理的得力助手。为了进一步深化自我管理实践,学校立足实际,开展了争创自我管理亮点班级活动。即通过以学生为主体的管理方式创新,提高每一个学生对班级管理的参与度,营造班班有亮点、组组有优点、人人有闪光点的氛围,进而实现师生关系和谐,家校共育顺畅。

我们首先从减轻班主任思想和工作负担入手,鼓励班主任放开手脚主动工作,通过激发班级自我管理的目标意识,带领学生为班级管理规划目标并努力实现目标,从而引领学生成为班级自我管理的主人。这就要求班主任敢于放手,让有能力的班级学生围绕学校常规管理的各方面要求自己去管理、自觉去努力、自发去约束、自身去落实,摒弃被动的看管压状态,从而使自主管理不断深化,从根本上培养学生的自我管理能力。

自我管理亮点班级的评比既关注日常表现和成绩汇总,也关注过程发展和进步程度;既关注常规管理,也关注特色创建。每学期结束,都会有许多班级从不同方面获得自我管理亮点班级荣誉,并获得学校颁发的奖牌。当班级管理成为学生自己的事,学生们会在集体中找到自己的位置,感受到自己的利益和责任,就连一些平时不爱学习或是经常惹事的学生也开始找到集体存在感。这就使得班级学生心中有目标、行动有动力、人人有责任、个个担担子,班级形成了一种人人平等、人人有责,相互合作、相互竞争、相互促进、相互交融,荣辱与共的良好机制。

自我管理给学校带来了积极变化,参与管理的人多了,管理的频度加密了,管理的力度加强了,很大程度上缓解了管理难的压力。

5.4 七大中心以及 35 个特色教室的构建

5.4.1 35 个特色教室支持七大中心功能

湖南省常德市武陵区第一小学在课程组织体系的搭建中,以培养学生们的兴趣学习、潜能学习为主,通过建立情景教育、项目教育而进行了可以自由组合的七大中心以及 35 个特色教室的搭建。塑造可以自由组合的七大中心可以有效促进具有德智体美劳五种优秀品德,同时又兼具发现问题、解决问题、判断、决断等非认知性能力的专业性未来人才的培养。也正如前文所提到的那样,武陵区第一小学对学生们进行了德智体美劳五种能力的培养,这就是具有修性立行的德能、笃学精思的学能、体健艺精的搏能、展示自我的美能以及实践造新的创能。而七大中心以及 35 个特色教室的开展就是为了未来培养学生的五种能力。而对于这五种能力的具体解读,我们会在后面的个性化培养中进行。

武陵区第一小学以七大中心为核心设置了支持七大中心功能的 35 个教室(表 5-1),通过该中心下各个教室的配合,完成了七大中心的功能。下面我们将简要说明七大中心下的各个教室是如何支持七大中心功能的。

表 5-1 七大中心功能体系下的 35 个特色教室

七大中心	智慧学习中心	实践创造中心	情景模拟中心	国学教育中心	体能锻炼中心	艺术鉴赏中心	情绪关怀中心
35个特色教室	未来教室	创客中心	劳动实践基地	智慧书法教室	体育馆	声音湾	心灵驿站
	电脑室	VR室	陶艺吧	智慧国学教室	瑜伽室	唱响吧	—
	新式图书馆	科学探究室	手工坊	民乐坊	形体室	演绎中心	
	录播厅	科学实验室	木工坊	梨园亭	—	E画室	
	五大基地	音乐编创中心	童绘馆	茶艺室		音乐器材室	
	—		校园广播室	对弈轩		智能钢琴室	
	—					双排键室	
	—					电架子鼓室	
						陶艺中心	

1. 智慧学习中心

智慧学习中心需要通过空间和技术的支持,在现有国家课程体系下实现学习方式的变革。那么在校内,学校就可以利用依托未来学校网络技术的未来教室结合其多媒体条件以及教师良好的专业素养和能力实现课程体系改革和课堂教学改良,还可以结合电脑室等基础的特色教室的配套设施利用大数据技术,针对性地激发学生的学习兴趣,进而实现"云端智慧共享",教学多元化、科学化、经验化地有效地培养学生的学习能力和学习兴趣。此外,我们还创建了新式图书馆、录播厅、五大基地等学习环境,进一步实现多元教育的可接触性、可视性。比如新式图书馆就为喜爱文学、哲学、历史等人文科学方面的学生提供场所。录播厅为学生提供了锻炼脱稿演说的地方,让有志于教学、演讲的学生找到自己的学习场所。五大基地中的国防基地就为崇尚保家卫国的学生提供了学习了解国防的场所,交通安全、禁毒基地则为提高学生的安全意识和防范意识服务。以中心内教室为支撑,多元化培养学生笃学精思的学能,也让学生感受空间与课程传递的多元人文的文化理念。

2. 实践创造中心

实践创造中心重点培养的是学生的科学探索和创新能力。创客中心为学生的创新探索提供支持,同时结合VR室,身临其境,开启更多的创造可能性,发现更多的创新小技巧。再加上科学探究室和科学实验室配合使用,让学生通过实验发现创造,在这种实践之中不断完善不断前进,既能和VR室一样培养学生对于创造的兴趣与科技的兴趣,还能让学生"在做中学,在学中做"。此外,创客空间以及音乐创编中心的结合能够启发学生的共同创新精神,创造属于自己的音乐,科学也可以有自己的音乐,理性与感性在实践中交融并沁润学生的心灵。最后,多功能教室场所支撑的实践创造中心与情景模拟中心提供的各种各样的模拟场所结合,可以更加全面而具体地培养学生实践创新的创能,让知识不再只是理论字句,而是实践可行可感的美好世界。

3. 情景模拟中心

情景模拟中心是通过结合模拟社区的劳动实践基地,进行情景化的模拟,培养学生团队协作、人际交往、解决问题的具体能力,并从模拟的情景实践中发现学生独特的潜能与特点,让每个学生着重发展自己的优势,让每一朵花都可以得到盛放。在这里,不仅有模拟社区情景培养学生最基础的动手能力的劳动实践基地,还有手工坊(图5-2)、木工坊、陶艺吧、童绘馆、校园广播室等个性化、功能化的智慧场所,它们不仅利用数据网络实时反馈学生的学习信息,也根据这些信息分析处理,让教师明白学生的兴趣点,从而激励学生朝着正确的方向发展。劳动实践基地为模拟社区情景赋能,手工坊、木工坊、陶艺吧等功能性场所为这种赋能提供更加具体的实践操作的场所,最后未来学校提供的技术网络和云端共享技术让学生可以在虚拟化的场景模拟中成长,让学生对于前文所述的实践与创新的创能有着更加深刻的理解与提升,学生也能够得到更全面的发展。

图5-2 手工坊

4. 国学教育中心

国学教育中心是对学生进行德育的重要场所,也是未来学校开展中华传统文化教育的重要功能性场所。我们通过开设智慧国学、智慧书法、民族乐器、梨园戏曲、中华茶艺、黑白对弈课程,再配以智慧书法教室、智慧国学教室的建设,以及民乐坊、梨园亭、茶艺室、对弈轩等功能场所的建设,让学生全方位全角度地沉浸于传统文化氛围之中。同时,在开展未来学校中华传统文化教育的过程中,利用技术平台实现引导,让教师可以更加清晰地引导每一个学生的发展,同时也可以利用智能系统的便捷性,对传统文化取其精华,去其糟粕。以德感人,以礼教人,在物质与心灵上感染学生,让他们成为一个个小小君子。此外,寓教于乐,让学生在有趣的国学实践中学到为人处世的道理与知识,修身养性,成就自己的美好未来。最后,通过智慧书法教室、智慧国学教室、民乐坊、梨园亭等教学场所和未来学校的教育教学,全面地培养学生修德立行的德能,为学生的心灵之旅开辟宽广道路。

5. 体能锻炼中心

体能锻炼中心(图5-3)是学生锻炼身体的重要场所,在当今时代,因为智能化设备的发展,生活水平不断提高,学生的肥胖问题也正在成为值得我们注意的议题。健康是人生的基石,没有健康,学生的一切都像是空中楼阁。而在未来学校,我们利用了数字化时代的新技术增加一些数字化的有趣的运动方式,让学生去体育馆、瑜伽室、形体室锻炼,坚持运动,展示自我,并且对学生的体能和身体状况进行监测,既可以保证学生的安全问题,让智能系统随时保护学生,也可以通过检测数据进行排名,通过体育之星、友善之星、坚持之星、舞蹈之星等多种多样的荣誉排名让学生喜欢上体育锻炼,并且树立健康的竞争观,无论是在体育场上还是在人生路上求取进步,永不言弃,进而培养学生体健艺精的搏能与坚强的体魄意志。

图5-3 体能锻炼中心

6. 艺术鉴赏中心

艺术鉴赏中心的主要教学功能是培养学生核心能力素养中艺术审美的能力和艺术创作表达的能力。在艺术鉴赏中心,我们尽可能地丰富艺术的类型,从声音湾、智能钢琴室、唱响吧到E画室,是音乐器材室、电架子鼓室、双排键室到演绎中心,是从硬件设施到软件结合的整体功能升华与建设。整个艺术鉴赏中心以演绎中心为教育核心,以音乐器材室、电架子鼓室、双排键室、声音湾、智能钢琴室、唱响吧等为教育手段,培养学生展示自我的美能。通过教育手段实现教育目的,而教育目的的最后达成是在教育核心即演绎中心进行展示完成的。学生在艺术鉴赏中心经历了了解、接触、学习、运用、展示这一系列的艺术学习过程,在这一过程中收获的不仅仅是展示自我的美能,还有对于艺术的灵性感知能力。

7. 情绪关怀中心

情绪关怀中心则是为了保障学生的心理健康而设立的。情绪关怀中心让他们能够更好地成长,我们知道心理健康与生理健康同样重要,心理与生理都健康的人才有可能成为对家庭对社会都有用的人才。心灵驿站就为情绪关怀中心提供了功能性的支撑,心灵驿站会有常驻教师,教师可以通过学生提交的申请调取学生的大数据档案了解学生的情况,以便更好地为学生舒缓情绪。同时经过云端共联的未来学校,也会将教师的决策标记在学生的教学记录上,当其他教师进行教学活动的时候自然就会了解每名学生的具体情况和具体相关举措。这一系列活动都是通过未来学校独特的技术支撑实现的,不仅可以避免其他学生知道情绪出现问题的学生是谁,也能够为学生提供"润物细无声"的教育与呵护。此外,能否让学生树立充足的自信心,也关乎能否为提升学生的美能打下坚实的基础。

5.4.2 35个教室组合,创造更多可能

前文说到,武陵区第一小学以七大中心为核心设置了35个教室,通过该中心下各个教室的配合,完成了七大中心的功能。但未来学校的一大特点就是灵活性,这种灵活性不仅体现在教学中,还体现在教学空间场所的搭配使用中。事实上,不同中心的功能场所结合协作使用也能创造出更多的可能,跨中心空间配合也能够产生中心教育加成效果,我们在这里将七大中心分为三大场域——核心学习场域、扩展学习场域以及学习保障场域(图5-4)。

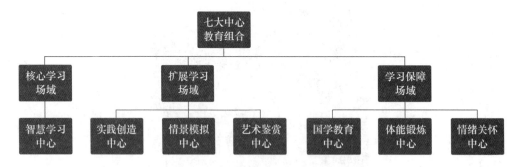

图5-4 七大中心的三大场域

其中,核心学习场域是培养学生学习能力最核心的场所,其本质是传统学校的教室的扩充,依旧强调学习的接受性。而扩展学习场域就是未来学校对于教育的发展,在这里学习得到扩展,更加强调学习的参与性和主动性,是一种对于核心学习场域不足的补充和功能的深入扩充。最后则是学习保障场域,这一场域强调学生知识技能以外的个人品质保障,即品德保障、体质保障、心理保障。这一场域主要强调对于学生学习成长的保障,在保证学生拥有知识技能的同时,培养他们品德高尚、体魄强健、心理健康的特点,这既是为他们的学习保驾护航,也是为他们的人生打好基础。此外,学习保障场域也在某些方面承担了学习场域扩展的功能,如情绪关怀中心之于想要学习心理学的学生;体能锻炼中心之于想要学习专业运动技能的学生;国学教育中心之于想要学习中华传统国学文化的学生。"核心学习场域+扩展学习场域"的组合可以让学生更加深入具体地学习知识技能。"核心学习场域+学习保障场域"的组合可以让学生在学习之路上健康成长,同时学习特别的知识技能。"扩展学习场域+学习保障场域"则是让多元更加具体,让扩展更加深入的同时也为学生的成长提供呵护。七大中心教室正是依循这样的场域组合多角度、多层次地培养学生,呵护学生的成长,下面我们分别以三种场域的组合类型为例说明一些组合的方法。

1. 核心学习场域+扩展学习场域

（1）未来教室+科学实验室。

我们知道，未来教室采用了淡绿色的墙壁隔断和桌椅，和图书馆一样，它的很多桌面也是不规则曲线形的。而且教室多面向阳，阳光射进教室明亮且通透。在正常情况下，未来教室的空间格局是：为教师配置居于教室中间的三个小讲台，同时每一个小讲台都面向一个开放型的小型的五人讨论的空间。这一空间，不仅配备了触控智能平板，还配有自己的小型图书架和一个智能大屏。在绝大多数时候，这个五人讨论空间可以支持学生教师完成大多数的教学任务和讨论活动。同时未来教室的桌椅可以随意移动，方便教学时的各种各样的空间要求。但是无论如何，需要动手操作的实验仅仅依靠视频和文字的展示并不能引发学生的学习兴趣。而未来学校的科学实验室则恰好提供了场所弥补了智慧学习中心这一缺陷。科学实验室整体设置了两面落地窗。保证了室内的光线充足，方便学生进行实验。同时学生的实验台正对的就是教师的指导台，配有专业的多媒体显示屏，指导学生进行实验同时为学生讲解科学实验原理。科学实验室内也配有自己的小型图书架，主要涉及生物、化学、物理等各学科专门的学科杂志和学科科普图书。同时整个科学实验室灯光采用的是吊灯设计，让光源在不影响学生使用教室的情况下尽量地靠近了桌面，保证了实验桌面的光亮。此外，科学实验室还配有各种各样的实验仪器，以及智能实验显示指导屏。学生在进行实验实际操作时，可通过智能实验显示指导屏进行实验的预操作。

"未来教室+科学实验室"为智慧学习中心提供了延伸，让学生可以更好地学习自然科学知识，同时更加深入且具体地了解相关知识，也为锻炼学生的动手能力和团结协作能力提供了新的思路。让学生得到了更多的成长，也得到了更多的成长体验。

（2）电脑室+音乐编创中心。

未来学校电脑室的实木桌面采用富有活力的流线型设计，天花板选用科技蓝为底色，白色 LED 灯与天花板的背景构成星空的图样。同时，电脑室为学生们配备了当前配置较为高端的电脑，方便学生们更加轻松地使用。电脑室的墙壁是白色的，其中有一面墙朝外，大窗透光有通透感，让学生们能够更加舒适地使用电脑室。同时电脑室也设置了一些限制性的访问权限，以防学生们接触到不良的网络信息。但许多时候人们忽略了电脑室的妙用，往往只将其用于计算机教学。而在未来学校，电脑室搭配音乐编创中心可以成为艺术鉴赏中心的教育延伸。虽然我们知道音乐编创中心紧邻录播室，其中已配有单独的电脑可进行音乐编创，但相对而言，音乐创编室的电脑设备过少，不可能让每个学生人手一台。所以我们可以利用音乐编创中心为学生们提供专业的音乐编创工具，包括各种各样的小型乐器、音乐耳机以及曲谱架等，进行录编，完成之后再到电脑室进行修改。而且如果学生们有需要，教师们也可在音乐编创中心通过未来学校的技术网络对身在电脑室的学生们进行编创指导。当然，音乐编创中心也可以通过校园的云端共享资源为学生们提供音乐编创案例，和音乐编创经典，方便学生们更加轻松地使用音乐编创中心以及引导学生们进行音乐编创活动，"电脑室+音乐编创中心"的组合可以成为学生们新的艺术鉴赏场所。

2. 核心学习场域+学习保障场域

新式图书馆+心灵驿站。

我们知道，心灵驿站被划分为接待空间、师生交流空间，以及交流互助空间三个空间。考虑到心理咨询室对学生来说，应该是一个温暖放松的地方，让学生能够敞开心扉地倾诉自己的烦恼与压力,因此心灵咨询室两面墙都是通过大窗透光,营造了空间的通透感,同时心灵驿站的三个区域采用半开放式,中间紧靠两个书架进行简单的隔断。而新式图书馆(图5-5)的天花板也选用了白色,同时,天花板上安装了很多小小的LED灯,它们不规则排列如同闪闪的星光。新式图书馆开放的空间设计,不同于传统图书馆设计规整、结构单一的特点,展示了灵活开放的阅读空间。整个未来图书馆分为上下两层,下层主要包括图书、休闲阅览室、多媒体大屏互动屏以及借阅服务中心。上层是图书以及阅览区。图书馆的地板和书架都选用木质材料,淡绿色。让学生在阅读的同时,不仅能缓解眼部疲劳,还能让学生有一种自然亲近之感。

图5-5 新式图书馆

新式图书馆和心灵驿站有着设计上的共通之处。阅读是排解心理情绪积压的一种方法,而新式图书馆为这一活动提供了空间场所,新式图书馆主要作为辅助教室使用,其内的多媒体大屏利用了未来学校的云端互联技术和云端资源共享技术。学生可以通过入馆阅读、教师陪同使用多媒体大屏展示自我,吐露心声,获得心理支持。此外,学生也可以通过教师的指导和图书馆资源学习心理学小知识,主动地为自己的未来赋能。

3. 扩展学习场域 + 学习保障场域

(1)民乐坊 + 木工坊 + VR 室。

未来学校的民乐坊主要存放的是我国的民族乐器。于是民乐坊中,最主要的就是我国各民族乐器的展示架。同时民乐坊中配备有关于民族乐器的知识和历史的书籍。学生也可以通过民乐坊的智能显示屏,观看民族乐器的制造工艺和历史,感受中华传统的音乐文化和欣赏中华传统的历史造物。民乐坊的整体空间布局较为对称,有一面墙配有大窗透光,同时也配有深绿色的窗帘,既方便民族乐器保存,也方便学生在民乐坊内观看视频。而VR室是一个较为封闭的空间。其不仅可以提供VR,让学生身临其境地感受科技的魅力。同时VR室也能承担影院的功能,其中配有环形的大屏可供学生观看影片使用。同时,VR室的天花板采用的是深蓝色的颜色设计,有小小的不规则排列的LED灯。打开灯光就像宇宙中的不同星球闪闪发光,同时深蓝的颜色也有助于掩盖天花板上的投影仪器,增强整个空间的沉浸感。在这一前提下,民乐坊与VR室的结合就可以成为一个新的国学教育中心场所,VR 设备可以让学生更好地沉浸到历史朝代中去,感受国学带来的厚重感。

再与展示木工制作过程和用长条形木纹截断面图像装饰的,整体空间利用了白、淡绿两种颜色的木工坊结合就可以是实践创造中心的延伸了。同时,木工坊里有一面墙专门用于展示学生的木工作品和学生寄放物品,方便学生展示成果和随用随学。且由于小学生需要配合才能进行体能需求较大的木工活动,故而木工坊是四张小椅子和一张大木桌,配合使用。而紧挨学生们活动的地方就有教师的指导台。教师们会在这个地方指导学生进行木工制作,同时保障学生的安全。三个教学空间搭配使用可以完成实践创造中心、国学教育中心搭配加成的效果,更好地助力学生的共情能力、动手能力和道德规范的培养。

(2)智慧国学教室+茶艺室+演绎中心。

未来学校国学教育中心下的智慧国学教室紧邻着茶艺室,并且事实上,两个教室之间是连通的,中间仅有一扇可活动的木门进行隔断。两个教室都采用了仿古的设计。教室没有加配椅子而是加配了方形棉麻坐垫。如同古代士子上学求知一样,学生们来到智慧国学教室或茶艺室也要对教师行礼。而且智慧国学教室同其他未来学校教室一样为大家配备了 LED 屏,并且可以提供一些国学启蒙教材。学生主要通过听教师讲解学习国学知识。而茶艺室是由教师引导教学和保障安全的,让学生通过泡茶、饮茶的实践来对中华茶文化进行更加深入的感知。茶艺室的每一张茶艺桌,会由两个学生共同使用,这既能防止一个学生手忙脚乱被茶水烫伤,也能增进学生之间的感情,同时增强学生协作配合和人际交往的能力。但通过"智慧国学教室和茶艺室"这样的搭配,学生始终是一个传统文化的旁观者、了解者,即便中间偶有活动也显得不够深入,手忙脚乱。

于是,我们可以通过结合演绎中心的使用,让学生表演自己从智慧国学教室和茶艺室学到的技艺,以及通过对技艺的编排呈现出来的歌舞、吟诵甚至是情景剧传递自己对中华传统文化的学习感悟与思考,进而加深学生对于传统技艺的印象,完成一个情景模拟中心场所教室功能。最后让学生拥有不仅能够输入而且还能够输出的能力。演绎中心主要是一个较为开放的小剧场。剧场中会有钢琴等乐器。同时剧场舞台后有一个小小的后台,可供学生化妆和换演出服装。当学生上台表演的时候,学生的美好也就彻底得到了展现,所以它甚至起到了艺术鉴赏中心的作用。演绎中心整个空间较为开放,主体颜色采用的也是淡绿色,有一扇大窗,阳光照射在淡绿的墙壁上,有如阳光照射在初生的嫩芽上,美好在这里展现。

除了以上所说的组合方式之外,还可以就七大中心作为骨架,通过拓展相应的特色教室或者对各类型的特色教室进行组合搭建,来达到组合教育的目的。

湖南省常德市第一小学在进行组织体系搭建的过程中,无论是在学校组织智能管理化——云上管理平台、家长群体协同管理化——家长协管组织平台、学生自管引导化——学生自管平台等三大管理组织体系的搭建上,还是在可以根据教学需要而进行自由组构的七大中心与 35 个特色教室的课程组织体系搭建上的经验都给我们提供了新的组织管理搭建视角,让我们看到了更多的可能性。其中所产生的经验非常值得我们思考与学习,从而完善未来教育的组织搭建理论实践。

第六章　面向未来的课程体系搭建

2014年,教育部《关于全面深化课程改革 落实立德树人根本任务的意见》明确提出,"坚持系统设计,整体规划育人各个环节的改革,整合利用各种资源,统筹协调各方力量,实现全科育人、全程育人、全员育人"。

课程是学校的核心产品,课程改革是学校落实立德树人根本任务的关键环节。系统设计必须抓住课程改革这个"牛鼻子",方能发挥课程的整体育人功能。

2014年,《关于进一步提升中小学生综合素养的指导意见》出台,强调以"四轮驱动"(指构建新型课程体系、建立"阳光评价"体系、建设新型育人队伍、充分发挥家庭和社会育人作用)推动学生素养培养。

其中,"构建新型课程体系"居于首位并发挥统率性作用,强调以重点突破带动全面改革,构建与综合素养培养相适应的新型课程体系:优化与学生成长和学科发展相适应的课程内容,推进教与学方式深度变革,健全多元评价和加强课程改革资源建设。

学校课程体系建设是在三级课程管理体制下,学校基于本校教育哲学(办学理念、培养目标等)对国家、地方和校本课程进行适合校情与学情的统整、优化与创生,涵盖了学校课程开发、实施、评价与管理等一系列要素循环改进的动态过程。基于本校办学理念和培养目标系统开展国家课程的创造性实施,可以从以下几个方面入手。

在价值取向上,必须体现国家意志(开齐、开足、开好国家课程,贯彻国家要求)和指向学生素养发展(明确学校培养目标),并在国家、地方和学校规范(如学科教学基本规范、标准,校本课程建设规范)下进行。

在主体担当上,校长及教师应基于价值共识(学校办学理念与培养目标)和现实基础(学情与校情),主动承担应尽责任(引领与服务、参与与执行),并以各自特定的表达方式合力推进。

在过程与结果表达上,对现有国家、地方和校本课程彼此共生关系(系统设计)进行整体性呈现,具有完整要素和循环链条。

而在进行课程体系的搭建工作中,为了贴合时代进步,体现教育方式的多元性,促进教育方式的改革以及教育内容的革新,我们就不应该再在原有的知识体系之中继续进行换汤不换药式的调整,而是应当符合时代所需,打破固有的课程体系,积极探索智慧教育的发展前景。在这一点上,武陵区第一小学起到了先锋部队的作用,在对于智慧教育的探索上不遗余力,留下了显著的成绩。以下是武陵区第一小学在智慧教育层面改革取得的成果以及对于智慧教育的探索感悟。

6.1　智慧教育

智慧是"能迅速、灵活、正确地理解事物和解决问题的能力"。智慧教育狭义上是指向学生教授系统的科学知识,以此方式提高学生能力、发展学生才智的新型教育手段。广义上是指高效地、精准地将现代信息技术运用在教育领域中改革与发展方面的一种形式。智慧教育为培养德美并重、全面发展、高效行动、较强创造思维的未来人才,提供与现代科技融合的教学环境,充分发挥教师教学创新、应变能力,让学生体验一个专属定制的个性化、高效的美妙氛围。

武陵区第一小学采用的智慧教育区别于传统教育。

(1)新型的教学空间。

突破传统教学一成不变的空间布局设计,转向更加灵活的结构布局,强调教学空间的可塑性和延展性,教学空间结构可根据不同情景灵活地进行调整,以此实现不同的课程情景,让学生有更多的参与感,从而可以更快更好地投入到学习的氛围中。

(2)智能化的教学场景。

教师通过教学空间的技术设备调控(图6-1),可轻松使用移动设备与学生进行及时、精准互动,通过投屏、调屏、广播,实现多屏互动,鼓励学生活跃参与课堂,学生与教师、学生与学生产生积极的互动形式。

图6-1 武陵区第一小学教学场景

(3)创新的教学方式。

智慧教育在教学形式及内容上注重创新,支持教学方式灵活化、开放化、交流化等,鼓励学生大胆地参与小组讨论,增强教师与学生、学生与学生之间的沟通。

武陵区第一小学致力于打造现代新型教育形态和模式的智慧教育,依靠新兴科学技术手段,结合七大中心及35个特色教室,实现教育形态和模式的智能化与情景化。以下将从科技教育、情景教育、实践教育、技术教育四个方面(图6-2)对武陵区第一小学智慧教育的教育模式进行深入剖析。

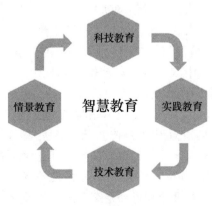

图6-2 武陵区第一小学智慧教育

6.1.1 科技教育

科技教育是以学生探索为核心,以学生为主体,以学校为重要根据地,以自然科学为主要内容,以教育界普遍运用的各类软硬件平台为媒介,以各项工程挑战赛活动为途径的先进的教育方式。科技教育能够引发学生对于科技的关注,从而产生好感,最后转化为兴趣,对于学生接触和获取更全面的科技知识理论有所帮助,大脑储备的知识更加丰富,得以轻松解决问题。另外,对于学生掌握周围事物的客观规律和日常生活工具的用法有很大帮助,在了解事物规律和用法之后,信心便会大增,从而乐于学习,敢于接受挑战。

在这千变万化的科技世界中,对于一个国家来说,培养优质的科技人才,整合科技人力资源,拥有强大的科技技术,是科技发展的必要条件;对于个体来说,对待科技能够有清晰的分辨能力和谨小慎微的态度,评判和估计科技与个人、家庭、社会之间的关系,并能充分了解科技对这三者所带来的影响,是成为科技世界中一员的必备能力。对于小学生来说,科技教育奠定了今后热爱科技的基础,所以在热情萌芽阶段,需要尽量培养学生的科技能力和科技水平,使之作为他们未来科技研究的垫脚石,使其成为科技世界出类拔萃的成员之一。

武陵区第一小学相信科学是生产力和生产方式发展的推动力,是经济繁荣与社会进步的加速器,是生活方式和思维方式变革的发动机。不仅如此,每一个学生的科学素质在科学技术飞速发展的今天,被提出了更高要求。掌握一定的科学知识、明白相关的科学研究方法与过程,拥有必要的科学知识、技术处理使用的能力,就是新时代对学生的科学素质的要求。科学素质的高低程度,也是科技教育的优劣程度,正在对人们的生活品质产生作用,并且对人们的价值观和对待问题的观点的作用从未停止。因此,武陵区第一小学创设科学探究室和科学实验室两大科学基地,着力培养学生的科学素养,将科技教育的水平提升了一个层次。

武陵区第一小学贯彻落实科技兴国,人才强国战略,坚持培养小学生科技素养及能力的观念,在科技教育的课程设计方面,以顺应不同时空下本地和全球与社会、经济及科技发展的需求为基础,以学生不同阶段的智力的发展情况和兴趣为根本,将其分为四个学习阶段:第一、二学习阶段:觉知及探索阶段;第三学习阶段:探究、体验及熟习阶段;第四学习阶段及以后:终身学习及专门化的方向探究阶段。科技教育的教与学应该是有目的,循序渐进及循环、巩固手(实践)与脑(解难)并用。

科技教育最显著的外在形式是通过活动所展现的。不论是全国性的中国青少年机器人竞赛和全国青少年科技创新大赛,还是地区性的科技比赛,无一例外都取得了很好的效果。近几年,全国青少年创意编程与智能设计大赛、全国青少年人工智能创新挑战赛(图6-3)也如火如荼地开展起来,中国的各项科技比赛如日中天。全国各知名高校也在开展高校科学营,帮助学生了解不同大学的特点、优势和文化,除此之外,很多中小学开设创客教育、STEM教育等课程。武陵区第一小学也紧跟时代步伐,凭借与科技教育理念相结合的特有的创客空间、VR室等,为学生提供了科技创新的场所,培养了学生科技创新的能力,同时鼓动学生积极参加全国性和地区性的各项与科技创新相关的活动比赛,使学生在校内接受科技能力的培养,在校外获得科技水平的提高,校内校外齐发展。

武陵区第一小学的科技教育理念和行动是符合现在以及未来的发展的,在实施的过程中也获得了师生及家长的认可,取得了不错的成绩,但是,现在科技教育的教学与活动之间

图6-3 全国青少年人工智能创新挑战赛现场

的关系相脱离,使得科技教育效果难以更上一层楼。

目前武陵区第一小学的科技教学活动的开发一般只依托兴趣小组、课后特色课程、第二课堂,活动与教学的联系还不够紧密。为使科技教育顺利开展及进一步发展,课程与活动需同步接轨,由于科技与各个学科之间的互通性,科技教育应加强与语、数、外、物、化、生、政、史、地等各主要学科的结合,通过教师演示、学生演讲等方式浸透科学理论、科学技能、科学精神等内容。武陵区第一小学的科技教育课程主要是为了培养小学生的科技素养,形成为未来所用的科技创新能力,为他们今后的学习和自身的教育奠定基础,这要求武陵区第一小学要在校内将科技教育活动与各学科融会贯通,在校外与各种实践活动相配合,形成全方位的科技教育。

对于如何做好科技教育这一问题,武陵区第一小学还处在一个探索阶段,关于怎样从小学就开始培养对科技感兴趣的学生,提高其参与科技活动的能力,打造适应21世纪社会建设需要的新型科技人才,还有一段漫长的路要走。但不可否认的是,在能力培养方面,需要从小学这个阶段就开始塑造有创新思维和创新能力的未来科技人才,因此积极开展科技教育活动,注重开发学生的智慧潜能,为学生奠定科技梦想的基础是非常重要的途径。少年时期的科技创新教育为青年人甚至是成年人被科学技术所吸引而产生兴趣提供了基础条件,但由于小学生的年龄偏小,相对来说意志不够坚定,所以激发其创造能力和动手能力,加之以创新精神的浸润,引导他们形成科学的思想和态度是科技教育的首要之举。

6.1.2 情景教育

情景教育的实质就是三个维度,即一学生、一知识、一社会,在顺应儿童天性的同时,构筑起具有特色优势的课程模范形式。儿童的大脑具有敏感性、可塑性、情绪性信号接收优先性,支撑其成立的理论依据源于最新的脑科学成果。成果表示,在为儿童提供一个丰富、多变环境的同时,还需要不断提高神经元联结的频率,伴随积极情感,学习活动可以获得极高效率。情景教育正是将学生的认识与情感相结合,形成了独特的情境创设方式,为全方位提高小学生素质提供了有效途径。

为创造互动的、有效的情景教育(图6-4),武陵区第一小学通过课堂上三种情景创设方式开展情景教育。

图 6-4 互动的情景教育

一是设疑式,激发好奇心。思考来自于问题,是学习的初阶,而问题则诱导学生学会质疑,是思考的来源。"学启于思,思源于疑",这段话则全面而巧妙地概述了设疑与思考之间的联系,通过设置疑问的方式,首先让学生产生疑问,其次刺激学生大脑,引发好奇心,最终充分利用学生想解决问题,但仅仅凭借自己的力量又难以解决的矛盾感,鼓励学生积极尝试解决问题。教学过程中设疑的教学方式,和陈述式教学不同,它可以随时吸引学生的注意力,进而将其转化为好奇心,最终上升为一种求知欲,将学生从陈述式教育的思维中抽离,使学生的思维一直处于积极、活跃的状态中,启动思维,创造的灵感与意识便会不停涌出,而解决问题的答案也会随之产生。虽然可能答案不一定是正确、完整的,但在这个过程中,学生从思考中学到了知识,无形中提高了学习能力。

二是讨论、操作式,主动探索。讨论和行动互为前提,学生在相对轻松和谐的环境中对于探究性问题,需保持一种从讨论中获得操作方法,从操作中检验讨论成果的态度。为发挥学生感觉器官在教学活动中的作用,让其通过"四动"方式,即动眼看、动脑想、动口说、动手做参与教学。画、量、剪、折、移、转等活动情景,锻炼了学生的动眼观察、动脑分析、动口商量、动手解决的能力,也让学生收获了知识经验,在能力培养方面做出了巨大贡献,激发了学生无限的创造潜能。

三是争论式,启迪发散思维。根据学生自身的能力和知识结构框架,利用他们争强好胜的心理,通过设置争论情景的方式,在解答问题的过程当中,打破他们固有的知识信念,形成认知的冲突,不仅可以给他们留下深刻的印象,还能拓展他们的思维和能力。

除此之外,武陵区第一小学还开设了劳动实践基地、陶艺吧、手工坊、木工房、校园广播站、童绘馆等课后情景模拟中心,通过结合社区进行情景化模拟,培养学生解决问题的能力,发现他们的潜能与特点,并着重发展。通过在各个虚拟场景模拟中的体验,让学生对于实践与创新的能力有更高更全面的提升。

武陵区第一小学的情景教育虽有显而易见的效果,不过只是在课堂上以互动的形式和课后兴趣班中心的形式出现,是暂时的而并非长久的,所以情景教育不仅需要以外在的形式进行开展,还需要以内在的思想情感作为途径,两者结合,才能发挥更大的能量。情景教育需以"美"为突破口,以"思"为内核,以"情"为纽带,以"儿童活动"为途径,以"周围世界"为源泉,针对儿童的思想特征和认知架构,使其在探究、审美、认识、创造方面获得乐趣。教学对于学生来说,有趣味性的东西才能抓住他们的眼球,吸引他们主动学习,情景教育可以利用其能够提供趣味性东西的这一特点,帮助教学从死板转向活泼,在这样的情景下,学生自然就会愿意接受情景教学所传递的学习的兴趣、审美的兴趣、认识的兴趣。情景教育能够通过"真、美、情、思"形成独特优势,武陵区第一小学在这四个方面需要形成自己的认知。在认识情景教育四大独特优势时,可参考"意境说",其中"真、美、情、思"四字概括了情景教育的特征,是情景教育的重要理论依据。

1. 讲"真"

让儿童看到真正的世界,让符号同生活接轨。

"意境说"影响着情景教学的起步阶段。客观的物质世界和环境是影响一个人心境的根本原因。在情境课程中,无论是作为核心领域的学科课程,还是主题性大单元综合课程、衔接的过渡课程、野外情境课程,都进一步将课堂与生活情境相连,都能让人找到将符号认知与生活感受之间连接起来的途径。

知名学者鲁洁教授评述过:学生进入学校以后,他实际上进入了一个抽象的符号化的世界。而那样的世界产生于生活,发展于生活,不过他们却难以回头。该如何解决这个问题呢?这一直是考验着人们的难题。但可以探索这样一条途径,寻求一个媒介,使符号的认知能够与生活相连接。

2. 寻"美"

带给学生识美的欢乐,使其在耳濡目染中产生自我学习动力。

艺术是最形象、最富美感、最生动的文化,情景教育巧妙地利用艺术的手段缔造出一个生动的环境,结合美丽的大自然风光、充满希望的社会、美妙的生活环境,从不同的方面向学生展示了一个美好、有趣、全方位的学习环境。

"意境说"一个"美"字被重复提起,刘勰对美的态度从肤浅的"美物"转向高深的"美文";王国维对美的态度从物质的"外物美"转向精神的"内修美"。不论是刘勰还是王国维,都对"美"有了更深刻的认识,但不管是物美、文美还是心美,都是围绕着一个"美"字在讲述,这证实了在"意境说"中讲究的是美学特征,其中对美的大肆赞扬,鼓舞着教师和学生在教学和学习过程中不断寻找情景教育中存在的"美"。教育自身的美,向人们展示着一个真、善、美的世界,教育是它的物质外壳,而美则是它的精神内在。小学时期的各类学科要为学生夯实学科的基础,还要让他们耳濡目染人类精神文明,从而使他们逐渐成熟,识美情感发展更上一层楼。学生的识美教育是从耳朵和眼睛这种感觉器官开始的,感受到美之后才会开始审视美和理解美,最后才能创造美并获得美。

3. 重"情"

同学生真情相交融合,在认识行为中有真情实感的引导。

"情"是情景教育的根本灵魂。从学生通过情景教学做出的各种真实反应可以看出,"情"是"美"所激发出来的,从而进一步促使教师更加深化情景教学中对"激情"和"冶情"的实践与探索。而这两方面不是独立的,它们之间有着相对的内在联系,"意境说"关于情感描述的部分就解释了这一点。刘勰在《文心雕龙·物色》篇中指明"物色之动,心亦摇焉",对情感的贴切描述表明了人的情感受客观外在事物的影响广泛而深远。王国维在《人间词话》中写道:"境非独谓景物也,喜怒哀乐,亦人心中之一境界。"教育需要充分运用学生心里富有真情的特点。这种特点在于:学生一直都是这个世界上拥有更多柔情、感受的人,真情在学生的心中时常荡漾着。情感已经变成情景教育的内核,并将在文化中占据更高的地位。

在优化的情景之下,学生的认识行为中有教师真情实感的引导,学习随之变成了学生的主观需求,从而主动发展情感。学生常常会通过对情景中所表现出来的美感和人际情趣而产生一种积极的精神倾向,激起他们相应的人际情感,因此,应让学生在一个美妙的情感空间、情感体验中学习知识,提高思考能力,提升认知能力,发展智力。情感影响着学生的感觉、知觉、思维、联想等一系列意识活动,能够使学生享受学习带来的愉快感与满足感,到达知、情、意、行统一的高度。情景教育的新型教育方式,实现了让情感走进课堂,走进教师和学生内心的教学模式。

情景教育由于是以情动情,让学生受到熏陶感染,所以有效地培养、发展了学生的审美情感及道德情感。学生的情感随着情景的延续逐步加深,并随之弥散、渗透至内心世界。相对稳定的情感、态度、价值取向,又将逐步内化、融入学生的个性之中,在学生道德意识和情感发展的关键时期,对人格的发展至关重要,影响也极其深远。它表现为层次更高级、内涵更丰富的理想、道德、意志等,从而形成一种强大的情意力量,最终促进学生全面健康地发展。

4. 显"思"

还学生一个广阔的思维空间,让儿童智力得到启发。

想象力好似儿童的一支画笔,构思他们理想中的世界,他们的思维在跳跃着,不受固有思维的束缚,摆脱条条框框,像长着翅膀似的。教学实践表明,儿童的想象力在广大且深远的意境中,显示出相当的不凡和美好,可以说是思维和心绪在放纵飘扬着,开导儿童的想象是使儿童进一步获得创造性能力的有用方式。

从情景教育的三个维度、三个创设方式、四个特征来分析,情景教学中除了物质方面的优化之外,人所表达的、吐露的、展现的、融合的情绪都会毫无保留地感染学生的内心世界,从而对学生潜在能力的开发有所影响。为与学生的潜在能力发展的最好年龄段相适应,教师要从三方面——审美、情感、思维采取发展创造潜力的措施,激发学生的潜在智慧,让学生的思维在课堂上和各项综合活动中活跃起来。

情景教育在多年的实践与研究中,凸显了学生发展所必需的真、美、情、思四大主要元素,构思并建立起了特色教育形式,所以武陵区第一小学要把认识与情感、学习与识美、教育与文化归纳总结,通过现实课程呈现出来。学生情感活动与认识行为相交融,为素质教育的实施开拓了新的途径。

6.1.3 实践教育

实践教育秉承伟大的人民教育家陶行知的"行是知之始,知是行之成"的教育理念,通过"教"与"学"同"做"结合起来的方式,将实践与学习相联系,指导学生在实际的活动中学会观察、思考、操作,从而掌握好本领,培养实际能力。

国家《基础教育课程改革纲要(试行)》规定:从小学至高中设置综合实践活动并作为必修课程。武陵区第一小学将实践教育作为新型教育的突破点积极开展。武陵区第一小学的实践教育做到了"教学做合一",通过实践创造中心的各类特色教室教学及校外的各项社会实践活动,实现学习和实践相互交融,相互影响,形成固有的教育理论观念。同时,通过实践的方式对学生进行教育,以提高学生的思想觉悟水平和认知能力为终极目标,组织和引导他们积极参与各类实践活动,从而不断获得对他们自身有益的基础条件。

少年时期的学生大部分时间都是在学校里度过的,这使其缺乏生活体验和实际知识,小学教育作为初级教育阶段,肩负着改善这种现状的重担,因此,积极组织和引导他们参加各种实践活动就成了一个非常重要的手段,这不仅可以使他们接触、了解社会实际,开阔视野、增长才智,而且可以使他们亲自看到我国各方面巨大的变化,从小树立良好的价值观,在他们成长的过程中将会更进一步坚定社会主义信念。武陵区第一小学实践教育的意义在于学生不仅能从实践中汲取理论知识,而且在复杂的环境中能够使思想认识更加活跃,更加成熟,丰富阅历,强化思维。实践使受教育者能够接触劳动群众、科技人员等,使他们在获得自然、科学、技术方面相关知识的同时,还可以了解中国各个职业的工作情况,体会他们为国家做贡献的辛劳,这是对他们的一种情感教育。

实践教育为培育学生创新能力、研究能力、挖掘能力而产生,武陵区第一小学为培养学生的这三种能力,开设了专门的实践创造中心以及组织了有针对性的社会实践活动。

实践创造中心重点培养学生的科学探索和创新能力。创客空间:科技教育结合实践教育,鼓励学生实际动手操作,在创造过程中有效利用数字化工具,在发现问题中探索并解决问题,将自己的想法最终制为成品,启发学生创能,形成勇于创新、乐于实践的态度;VR室:新兴技术的VR展示,借助虚拟现实技术让学生自主进行各项职业或角色的选择,通过技术设备的支持,体验不同职业或角色的内容和挑战,获得真实体验感;科学探究室、科学实验室:科学探究室可以与科学实验室配合使用,二者有互通的功能,其共同的作用是进行科学研究,做一些科学探究实验,了解基础的科学知识。音乐创编中心:歌唱、唱游、欣赏、演奏的教学环节都涉及音乐创编,尤其是低年级的学生,一般日常所涉及歌曲短小,旋律简单,内容有趣,非常适合个别词语和曲调的改编,给学生创造能力的提升提供了一个很好的机会。实践创造中心通过与情景模拟中心结合,可以更加全面具体地培养学生实践创新的创能。

社会实践活动主要培养学生的实践能力和团队协作能力。革命教育基地参观:革命精神的感染,让学生在这样充斥着爱国氛围的环境中,潜移默化地培养了爱国精神。社会公益:无偿的义务劳动,加强了学生的社会义务感和责任感,帮助学生学习和掌握自我服务能力和生产劳动内容。学习小组:家长带领孩子参加一些课外的学习小组,让孩子多和其他的小学生接触,开展个体与个体之间的接触互动,个体与整体(小组)之间的接触互动,提高孩子的沟通能力。安全督导:开展寒暑期社会实践安全实践活动,利用假期,在家长的陪护下与城市的交警部门联系,做交通安全的管理员,或与体育馆相关部门取得联系,做泳池安全巡查员,在阻止违法或违规现象的同时,也会提高小学生自身的安全意识。社会实践活动是最直接的能够让学生体验社会情况的方式,也是实践教育不可或缺的一部分。

实践教学在学生基础技能、专业技术、实践能力、创新能力方面发挥了重要作用,帮助学生获得一定知识的时候,学生能够主动去研究知识和挖掘知识,秉持自我教育、自我分析问题、自我解决问题的态度在不停探索与不停改正错误的进程中摸索知识。实践教育巩固了学生的理性认识,同时融合了感性认识,将学生的全面发展作为教育之根本,突出了学生的主体地位。实践教育教学使学生更全方位理解实践理论知识对创新能力的影响,综合知识、技能和能力的特性,进而推进学生研究性、综合性学习的发展进程,构建学生团结求发展的精神和科学的理念。

实践不仅是检验真理的唯一标准,还是培养未来实干型人才的踏板,它教育学生脚踏实地,也说明动手和动脑同样重要,让学生联系生活和社会的实际现状,通过亲身体验进行学习,积累和丰富直接经验。实践教育在培养学生的创新精神和终身学习能力,增强学生对自然、对社会及个人的责任感,拓展教学活动空间和活动内容,引导学生在生活中学习、在实践中学习、在应用中学习,主动参与社会生活五个方面做出了重大贡献,为学生知识、生活、技能的整合建立了操作平台,为学生综合素质的提高提供了无限可能。

实践教育的形式是多种多样的,但是目前大部分小学生的实践主要集中在参观访问方面——到社会单位体验,参加各种类型的活动、调查小组,进行专题调查体验,开展为群众做好事的小小公益活动等,虽可以使小学生从中受到生动的思想政治教育,但社会实践的主体形式过于趋同,没有更加新颖的方式,且学生在社会实践中处于被动地位,缺乏社会实践主动性。为改变这一现状,可以尝试将学生自身与社会实践相结合,如:支持学生在家自行开展活动(烘焙、手工艺品、文创产品),可以在线上出售,也可以在线下进行赠送或买卖,满足成就感,突破时间和空间的限制,让学生自身对社会有好的初体验。实践教育在具体运用时,必须针对不同对象的实际情况,选择适当的时机和恰当的形式,才能收到良好的效果。实践、认识、再实践、再认识是个循环往复的过程,根据一定时期的思想政治教育和社会认知教育的目的和任务,随着人们思想发展变化的实际状况,灵活地运用和积极地创造各种适当的实践教育形式,是思想政治教育与社会认知教育取得成效的关键。

6.1.4 技术教育

技术教育是指包括学习、掌握与应用技术在内的培养新型技术人才的教育。20世纪后半叶,随着生产技术"高科技"的产生与发展,产生了对高级技术员、工艺工程师、工艺学家等人才的需求,其教育水平逐步达到大学本科和研究生层次,所以在小学阶段就可以进行技术教育,为今后学生的学习打好基础。教育中的技术并非是单独存在的,它依附于各种具体的活动中。

小学阶段的技术教育不同于专门为一类或多类职业培养技术人才的技术教育,它是为小学生提供所需的、基础的技术能力的一种教育手段,武陵区第一小学将技术教育分为劳动技术教育、信息技术教育两大部分,并通过这两种技术教育方式进行小学生基础技术能力培养。

1. 劳动技术教育

劳动技术教育是一类涉及面广,融知识性、技术性、实践性于一体的综合教育,在培育人才中发挥着重要作用。劳动技术教育是一个综合的概念,从表面上看,它是由"劳动"和"技术"两个名词组合而成,但劳动技术教育是一个功能整体。劳动和劳动技术教育是中小学教育不可缺少的重要组成部分,是全面贯彻落实教育方针,实施素质教育,提高学生总体素质的基本途径。劳动技术教育具有特殊的育人功能,要树立学生劳动观点、劳动态度及心理健康等方面的积极态度,使学生形成良好的劳动品质和良好的行为习惯。学校要正确认识劳动技术教育的育人价值与功能。

武陵区第一小学劳动技术教育通过劳动技术教学配合情景模拟中心的劳动实践基地,强调学生通过实践,增强探究和创新意识,学习科学研究的方法,发展综合运用知识的能力。劳动技术教育在培养劳动技术技能、技术素养的主要功能方面具有很强的引导性,同时以劳树德、以劳增智、以劳强体、以劳益美和以劳创新等促进学生全面发展的综合功能也是劳动技术教育所发挥的重要作用。武陵区第一小学课程设计相对简单,但能够达到小学教育的目标。以下是武陵区第一小学开展的部分劳动技术教育课程:

(1) 纸工艺。

工艺手法由简单到复杂,从二维到三维。在纸工艺的教学分布中,低年级以平面粘贴为主,高年级以创作为主,主张由简至繁,以作品引导学生劳动,创作过程中,学生在获取折纸方法、剪纸原理、折皱技术的同时,还可以进行设计、评价与作品宣传活动,既有基础的内容,又激发学生思考,涉及文化和生活的方方面面,呈开放式。

(2) 插花艺术。

了解有关插花的知识,包括花名、花语、插花工具、插花方法,并掌握制作插花的方法及要领,会自己设计并制作插花,将花朵、叶片、果实、枝条等植物材料经过构思巧妙地组合在一起,使之成为具有生命力的艺术品,培养审美。

(3) 大蒜种植。

大蒜相对其他作物来说更加容易种植,存活率高,收获成果的周期较短,能够满足学生的成就感,适合小学生的劳动技术教学。在种植过程中调查了解大蒜的品种、食用价值、药用价值等,同时认识蒜的结构以及和蒜有关的蔬菜,让学生更加贴近生活。

劳动技术教育在挖掘开发上,被赋予了时代内涵和新的载体形式。同时,劳动技术教育引进新理念,不断拓展和突破内容、模式,不仅传承了以培养学生的劳动观念、劳动态度、劳动习惯为主要目标的劳动教育,又凸显了我国对技术教育的重视程度。劳动技术教育的操作性和实践性占据着主要地位,"会动手、能设计、爱劳动",已经成为武陵区第一小学劳动技术教育的总目标。它使学生受到思维方法、合作交流、技术理解等方面的科学训练、体验和积累,旨在培养学生观察力、注意力、想象力和思维力,并在此基础上培养学生的创造意识。在小学阶段,劳动技术教育作为综合实践活动的一个基本领域,与研究性学习、社区服务和社会实践、信息技术教育一起,被整合在综合实践活动课中。它强调劳动实践与技术实践,学生通过相关的主题活动,在实践与体验中获得相关的知识与技能,在具体的实践中,获得相关劳动知识与技术,并认识劳动与技术的价值,得以培养对劳动与技术的态度。

劳动技术教育若想要更好地发挥作用,在通过劳动教育学习技术时,也可以通过技术反哺劳动教育,需要将传统技术与高新科技知识相结合,既要利用传统技术培养学生的基本素质,又要运用一定的高新科技知识培养学生的科技意识和创新精神。武陵区第一小学可以采用课堂内外"i 劳动"教育,从自我、家庭、校园、社会四个维度结合开展,"小小蚕宫"丝路蚕桑劳动课程(图6-5)结合传统养蚕和新兴饲料养殖技术,把蚕桑文化、养蚕过程、蚕茧蚕沙的应用及以蚕为代表的昆虫基因研究等作为课程内容,跨学科融合数学、科学、历史、艺术、语文等学习领域;"小小月宫"地外生存劳动课程基于北京航空航天大学空间基地生命保障人工闭合生态系统地基综合实验装置"月宫一号"的基础,开展实验操作、废物处理和动物养殖,独立控制不同植物生长环境;"稻米之国"水稻种植劳动课程将一方自然稻田引进校园,让学生全程记录、跟踪水稻生长过程,检测不同自然条件下的水稻生长数据,开展科学实验,了解和参与一粒稻谷到一餐米饭的劳动全过程;"航天育种"劳动课程(图6-6)依托华南农业大学国家植物航天育种工程技术研究中心,建设面向未来农业发展和生态环境新型劳动形式,将大豆、棉花、黄瓜、青椒、番茄等作物的太空种子播种到小学中。这四项劳动课程,结合了高新科学技术,为学生体验现代科技条件下劳动实践提供了新形态、新方式,有效促进了新时代劳动技术教育不断深化。武陵区第一小学需借鉴此类活动,联合相关部门,开展以"孵化小鸡""酿造米酒"等为主题的课程。这类课程要以现代孵化、酿造等技术为支撑,以劳动教育为目的,使学生了解劳动技术、掌握劳动技术和运用劳动技术。

图6-5 "小小蚕宫"丝路蚕桑劳动课程

图6-6 "航天育种"劳动课程

2. 信息技术教育

信息技术教育是指为学生提供在学习过程中可被利用的与信息技术有关的一切要素和环境,是具有与其他科学整合的特性的教育,是学生全面持续发展的有效保障,是维持教育走向信息化、产业化、民主化、经济化的技术基础。在信息技术作为教育观念、内容、工具、手段的前提下,信息技术教育是对教学资源与学习资源的信息化,以及教师"教"、学生"学"的教学与学习的优化过程。从技术哲学角度来说,信息技术教育主要由三大类要素构成:经验形态技术、物化形态技术和知识形态技术,三者之间关系密切,共同促进教育信息化向前发展。

教育技术发展到一定程度后,达到高级阶段的产物的这一观点,突出强调了信息技术作为教育手段的作用,忽视了信息技术本身和它的外在应用,即信息技术作为教学内容在教学系统中的地位和作用以及信息技术不仅应用于教育领域还广泛应用于军事、商务、咨询、运输等领域,这些应用作为教学内容的讲授是技术教育所没有的。武陵区第一小学把握这种作用,为实现高效的信息技术教育,做到了以下三点:一、探索信息技术在教学中应用的效率,优化教学过程,提高教学质量和效益;二、激发教师参与教研的热情,熟练教学技能与方法,提高教师业务理论水平和信息技术应用水平,明确自身教学发展理念;三、加快信息技术与教育教学深度融合的节奏和教学改革的步伐,整合资源实现共享。

武陵区第一小学的信息技术教育为深入贯彻落实科学发展观,将信息化环境建设作为前提,将信息技术应用与研究作为内核,将提高教学质量、培育创新发展人才作为宗旨,充分发挥教育评价的导向、敦促、创新、整合的作用,加强引导,注重实效,创新发展,鼓励教师科学运用网络环境下的各种教育手段,营造一种具有真实性和互动性的课堂教育氛围,全面提高小学生信息技术素养,力争与国际信息教育处在同一水平,促进学校教育现代化建设。以下是武陵区第一小学信息技术教育现有的课程基本目标:

(1)掌握计算机处理信息的基础方式。

①拥有识别与计算机相关的各类基础设备,如鼠标、键盘、打印机等的能力,并了解计算机的基本构架,认识不同部件的基本功能。

②通过对计算机的自行探索与教师的任务布置,熟悉计算机的基础操作方式,可通过编辑 Word 文档、PPT 等文字编辑器进行训练。

(2)加强信息技术学习意识,养成良好的学习意识,提高积极的信息意识。

①结合学习与生活,把握信息在日常生活和学习中的重要性,体会信息技术在这些方面所发挥的作用,在体会和把握的过程中逐渐形成五种能力,即对信息真伪的分辨能力,对信息性质的判断能力,对重要信息的理解能力,对信息来源的获取能力,对信息交流的共通能力。

②搜集有关现代信息技术相关案例,观察总结现代信息技术在各个环节所表现出来的作用,并同时观察信息技术的发展历程各阶段的特点,便于进行分享讨论,最终形成主动学习、开放思维、注重实践、实现创新的态度,在这样一个过程中不断积累学习经验和提升操作水平。

③在涉及信息侵权、信息诈骗、虚假信息等信息问题时,能够清晰判断所涉及的问题以及分析后果,从而提升信息方面相关的法律和道德意识。关系到自身信息安全问题时,能够通过查杀病毒、文件加密等,恰当保护和处理信息。知道如何负责地使用技术设备和信息资料,在引用他人的观点、成果和信息时,知道如何注明出处和给予恰当的致谢。

④通过对信息技术的了解及掌握,从日常生活、学习生活、实践生活等方面进行自身认知范围内的信息技术的应用观察,能评价优势劣势。

(3)学会运用信息技术手段整合与管理信息,以帮助解决学习以及生活上的问题。

①在不同的活动场景中,能分析把握所需信息的性质特点及类型,并明确信息来源,如传统媒体(报纸、杂志、电视、广播等)、新媒体(互联网)以及其他形式,在信息来源的基础上搜集资料,在搜集过程中形成一定的分析规划能力,养成良好的信息需求分析意识。

②学会信息的储存管理,通过输入资料、新建或重命名文件、分类整合文件资料等方式,轻松查询相关资料信息,在实际操作的作用下,体验数字化信息的作用和优势。

③可以在一个人的情况下熟练运用互联网进行浏览、搜索、下载、存储信息。

(4)学习常用信息处理工具和软件,开展创作活动。

①学习一种计算机制图软件,学会设计、绘图、填色,在此过程中掌握剪切、复制、粘贴的手法,能够使用点、线、面的构图方式进行组合编辑。

②学习一种文字处理软件,掌握文字编辑(包括编辑文字颜色、大小、形态等),插入图片、形状表格、艺术字等操作丰富文档内容,提升制作水平。

③熟悉信息处理软件的界面和常用工具,比较不同软件界面的异同,总结具有广泛适

用性的操作方式,积累技术应用经验。

(5)学会运用各类多媒体制作软件,利用文字、图片、声音等方式,熟练地操作并将创意想法转化为成果,最终呈现出创意作品。

①根据自身需求,结合内容的特点,通过分析思考,确定自身所需的各种元素(文字、图画、声音等),优化组合,对作品风格进行初步规划。

②学会运用符合作品创作条件的信息处理工具或软件(如文字处理软件、画图或图形处理软件等),插入文字、图片、表格等,导入音频,然后对文字、图片、表格等进行效果的设定,对音频进行录制剪辑。

③结合自身作品特色和受众需求,选取能将作品特点最大化展现的方式进行演示或发布。

④认清自身和他人作品的优缺点,比较作品之间的不同之处,能对自身及他人作品提出修改意见。

⑤比较电脑制作的作品与传统方式制作的作品的差异,比较两者的优缺点,明白电脑制作的先进之处以及不足之处。

⑥讨论所用信息技术工具的优缺点,提出可能的技术改进建议,形成初步的技术创新意识。

武陵区第一小学现有的信息技术教育课程基本目标是较为全面的,包含了多种能力的培养,尤其是对软件学习能力的培养,在结合自身教育水平情况的同时,将对学生的能力培养放至最大化。虽然现在武陵区第一小学的基本培育目标比较完备,但还缺少更为专业性的信息技术学习,如设计并制作网页、机器人等。针对这类现象,可以从以下两个大点出发:

第一,运用基础常见的互联网交流工具或软件进行交流学习。

①通过电子邮件等远程通信工具与他人取得联系,进行交流合作。

②学会使用在线讨论软件或已有的工作、学习型网站,讨论课程相关内容以及进行之后的持续深入的主题研讨。

③学习网页制作的基本流程,使用网页制作软件平台,思考、设计、制作、发布基础简单的网站,并以网站为中介,为信息的共享、想法的交流、成果的发布提供平台。

第二,掌握设计和制作简单的机器人的基本流程,动手实施制作。

①能识别机器人的基本构造;说出各类传感器(如声音、光敏、红外、温度、触摸)的功能及其对人类功能的模拟,能描述机器人各部分的功能和工作原理,如通过传感器搜集信息。通过程序判断处理信息、控制外部动作等。

②研究和了解现代机器人的发展趋势,讨论机器人与人类在解决相关问题上的优缺点。例如,机器人对复杂情况的反应,机器人可以完成哪些人类难以完成的任务等。

③学会根据生活和学习中的实际需要,设计、动手制作或组装简单的实物机器人(如:机器人导盲,机器人迎宾、灭火、踢足球、走迷宫等),将编制好的控制程序(使用流程图方式)导出到实物机器人,运行机器人并对机器人及其控制程序做出必要的调试和修改。或使用简单易学的程序语言,如 LOGO,编制简单的程序控制机器人做出简单动作或解决简单问题。

④在不具备实物机器人的情况下,也可以利用机器人仿真环境来模拟机器人的运动和调试使用流程图编制的简单的控制程序,初步感受利用程序解决问题的一般过程。

在"互联网+"时代,武陵区第一小学信息技术教育致使教师对教学模式和教学策略进行着深刻的改变,并且通过此方式带领学生进入一个更加广泛、更加深刻而透彻的思维空间,更加开阔的学科视野。教育教学方式同信息技术模式的深度融合让教师在此方面有了更深远的理解,提高了教师的教学能力。运用现代信息技术,能够充分发挥学生的主体作用,让课堂更富有吸引力,促进师生、生生互动,潜移默化中培养学生发现问题和解决问题的能力,同时提升教育教学的效率与质量。徜徉在这样的现代化课堂中,我们的课堂愈来愈丰富多样、异彩纷呈,为教师和学校的发展形成了无形的动力,为学校未来教育的发展,存贮着无穷的科技能量。

武陵区第一小学劳动技术教育和信息技术教育之间有着一个共同的理念,就是"技术"理念。技术的革新会促进教育思想和教育观念的变革,在某些方面还会主导教育变革的方向,这便是技术与教育之间的关系。不论是劳动技术教育还是信息技术教育,都是为了一个终极目标而产生的,即担负着传授知识、培养技能和发展能力的任务。

武陵区第一小学的科技教育、情景教育、实践教育、技术教育,四大教育融会贯通,相互影响,相互渗透,全面展示了智慧教育的各个优势特征,每种教育模式对于教师和学生来说都是对专业素质培养和思维创造能力培养的正确引导。从智慧教育的具体实施结果中看,它是符合当代需求的教育模式,更是未来教育的首选模式。科学、情景、实践、技术是先进的教育必须采取的教学措施。不管是理念的灌输、思维的形成,还是创造的行动、技能的培养,智慧教育在每个能力培养的方面都有涉及,是真正的有前景的教育。

6.2 "创造+"课程

"创造+"课程是建立在智慧教育之下的,通过采用新情景、新工具、新方式来进行未来教育的一种新的教育方式。新情境是内容加载体,新工具、新方式是新情境的支持系统,三者共同构成了学校的课程架构。"创造+"课程类同于现在流行的"互联网+教育"的主要形式,但是又不将自己所有的内容全部集中在线上教育。"创造+"课程体系的介入,可以使得未来学校的教育方式、教育课程在一定程度上得到飞跃的进步。"创造+"课程的实质就是一场关于教育方式、教育课程的改革。

在教育方式方面,"创造+"课程的介入,可以有效促进情景教育、项目教育、环境教育、线上教育、模拟教育的实施,"创造+"课程中的新情景就是采用新的内容和载体来进行课程的实施。这里内容和载体不是一成不变的,这也是它区别于传统教育的一个最大的特点。在内容方面,"创造+"课程引入社会中的实际项目作为主要的内容核心,并且用传统的理论知识进行补充,做到全面发展。其中的内容也是包罗万象的,有以七大中心的课程内容作为核心的与其主题相关的知识,有以现实社会中真实的项目作为蓝本的可以锻炼非认知性能力的专业知识,有被化整为零的传统的知识,有社会中热门实时事件,也有关于星空的哲学探讨,等等。利用"创造+"课程的开展,能够有计划地传输这些知识;在载体方面,"创造+"课程最大的特点就是可以依据实时的情况与科技的进步,对新型的技术以及表现形式保有一定的兼容性,可以随着课程的需要而进行技术的革新。在"创造+"课程体系之中,我们也将看到种类繁多的课程表现形式,譬如现在流行的慕课、学习通、视频会议等网课形式,也会随着教学的需求引入沉浸式体验式、AI 引导式、3D 模型展示式、全息投影式等在目前技术尚没有达到完善的新型的授课方式。此外,采用"创造+"课程,不仅可以打破传统教育中的时间、空间上的壁垒,让教育从原本固定的教室中解放出来,可以在田野、在天台、在公园、在森林等地点进行教学,还能够进一步打破次元壁垒,实现跨越时空和次元的新型教育方式。

在教育课程方面,"创造+"课程的介入也将打破传统的以认知性能力以及以固定的语数外等传统知识作为脉络的结构,实现兴趣式教学、项目式教学。将兴趣知识作为核心,再结合相对应的传统知识体系以及专业性能力知识,构成新的知识体系脉络。

此外,"创造+"课程中所运用的新工具,诸如教育信息化及智慧校园建设、数字化评价系统建设及运用、资源运用及课程信息化改革,结合新的学习方式,如项目制、游戏化学习、行走学习/户外教学等将能够有效激发学生的学习兴趣,促进他们的学习主动性以及专业化能力的发展。采用"创造+"课程除了能够解放学生的学习天性,对于学生素养培育、教师专业发展新机制、师资培养创新方式研究等多个内容的发展也将起到有效的促进作用。

虽然"创造+"课程有着以上诸多的优点,但是目前"创造+"课程的发展情况确是不尽人意。"创造+"课程的开展需要一定的技术参与,而以我们所提及的那些技术作为例子,沉浸式体验式、AI引导式、3D模型展示式、全息投影式等技术的发展尚没有做到可以有效实现跨领域的融合与使用。还有一个原因就是,"创造+"课程需要得到社会层面的共同推进。而社会多层面的共同推进同样受到了社会多领域的发展的制约,譬如互联网领域、数字化技术领域、教育领域。

对于"创造+"课程的开展可以从以下几个方面着手。

1. 课程环境

课程和教学创新中心是"未来路线图"实验学校课程和教学创新的核心引擎,是生产学校各种优质课程内容及教学方式的"能量"枢纽和基础,也是不断推动课程供给侧结构性改革,创新教学方式,变革学习方式,并开展基于数智时代与课程教学相配套的测量与评价研究与实践的动力。课程和教学创新中心基于学生更加全面的和个性化、多样化、创造性发展的时代需求,包括三个方面的内容:

(1)校本课程规划设计。

明确学校未来几年课程发展定位、发展方向,合理规划课程体系,统筹调配内外资源,能够及时发现并解决发展中的问题,不断提升、进步。

(2)课程内容开发与管理。

根据学生年龄特点、学校定位和发展方向,因校制宜,开发校本课程、特色课程,重视学科知识,并强化课程内容与数智时代学生核心素养发展的联系,加强对各学段、各学科课程的科学管理,不断优化更新迭代,促进学生全面与个性和谐发展。

(3)教学与学习方式变革。

利用人工智能、互联网平台、虚拟现实技术、5G、云计算、大数据和区块链等技术的支持实现数字空间与实体空间的融合,切实转变教师观和学生观,强化教师数智素养及对新技术的运用能力,创新人才培养模式,大力提倡反思性与合作性教学,在教学过程中促进各种形式的质疑、交流、对话与合作,不断强化学生的自主性、学习方式的互动性和学习过程的创新性。

2. 课程组织

未来学校是一个全方位的具有变革潜力的学校,而变革的重点是在多种学习方式中有效促进师生的深度学习，只有走进学习的深处，师生才能有效提升自己的核心素养，发展自己的学习能力。课堂是我们实现"创生"追求的立足点，课程则是我们促进师生创生的深化点与拓展点，只有立足学校课程的整体建构，才能进一步优化课堂，从多方面、多层面培育学生适应未来的核心素养与学习能力。

（1）课程的生长性。

在未来学校的建设中，我们注重课程的生长性。课程的生长性有三方面内涵：一是课程框架的开放性，全校师生能根据学校的课程框架创生更具特色、更能引领学生发展的课程；二是学校课程促进学生有效成长的可能性，即课程内容与实施方式有利于促进学生更好地成长；三是学校课程对学校特色、品牌、文化建设的促进性，即学校课程的规划与实施有利于学校特色、品牌与文化的更好彰显与沉淀。为了提高学校课程的生长性，我们坚守"德育为先，能力并重，全面发展"的教育理念，着力培养学生的社会责任感、创新精神和实践能力。武陵区第一小学有机整合国家课程、地方课程和校本课程，构建适合学生发展的、具有智慧创生的课程体系，努力让学生具备终身发展和社会发展所需要的必备品格和关键能力。

活动、艺体的模块教学等，以创客教育、STEAM 学习等推进，有意识地整合必修课和选修课。如：作为必修的美术、音乐、体育课程，根据学生的需求、学习内容以及教师的发展，采用必修加选修的方式，让学生自主选择，在快乐学习中成长。又如：Arduino 创新我能行的选修课，通过在线分组学习，通过互动学习平台开设在线教育课程，提供创客教育虚拟环境，学生利用平台学习课程、提交作品、与教师互动交流。又比如：生涯规划课程让学生认识自己，了解自己的特长、优势和不足，通过课程为学生打开一扇窗，让他们更好地认识世界、认识自己，在今后的学习生活中有效地管理自己、发展自己、提升自己，既尊重了学生的兴趣爱好，又注重了特长培养，也有利于学生发展核心素养与学习能力，提高应对"未来"的能力。

（2）课堂的创生性。

以学生的创生性学习能力为重点，以整合新知识、形成新经验、产生新观点、提升新能力等为主要任务，以鼓励学生积极思考、大胆表达、敢于质疑、乐于创生为重要追求的课堂形态。"创生型课堂"的基本表现形态是：教师创造性地教，学生创造性地学，师生在创造性的教与学的过程中产生新体验与获得新收获。未来学校的学习除智能时空不断开放外，还会呈现什么样态？我们的"创生型课堂"需要丰富和发展。结合前期的实践探索，我们在讨论中认为，未来学校的课堂也应体现"创生"的价值追求，培育具有创生能力的师生，而创生能力需要在"创生型课堂"上发展。基于这一思考，我们提出了"建构'创生型课堂'，实现未来学校基本主张"的实践策略。我们借助信息技术进行了"一对一"数字化学习的实践探索，我们分年级进行，从一个班到两个班，再到四个班，再到一个年级的整体推动，促进教学变革由量变到质变。以技术支持我们的"创生型课堂"；以"翻转课堂"模式发展"创生型课堂"；让我们的课堂从规范走向常态，再走向技术分析。

3. 课程环境

武陵区第一小学以多种方式加强培训，以任务驱动，采取菜单式、定制式、专题培训等方式，提升教师信息化应用能力，通过赛课、献课、研究课、示范课等以赛带培，促进实践运用，提升教师专业素养。教师们独立钻研、集体探讨，大家热爱学习、认真践行，并勇于反思，在学习中开阔视野、增长学养、丰厚底蕴，在实践中碰撞思想、创生智慧、凝聚力量，在反思中明确方向、厘清思路、寻求方法,以练好引领"未来"的内功。

(1) 编织新未来,强调教育古往今来的文化延续,强调激发学生的多元创造力。

我国教育家陶行知主张"要提倡创造的教育",其"教学做合一"的理论认为"做是教与学的中心",并将现代创造教育诠释为"实践-认识-创造",其中实践是基础,认识是关键,创造是目标。当下受到重视的"创客文化",也反映出只有具有创新意识和创造能力的高级人才才能满足历史发展的需要。因此,新时期的教育要在玩乐中激发学生的钻研和探索热情,让他们享受发现、创造新事物的过程。

"编织新未来"中的"编"字,既可以指"把细长条状物交叉地组织起来",又可以引申至完成某件事情的确切方式,即"按一定的顺序策划、组织、排列"。在教育理念中强调"编织",既是强调教育要有一种古往今来的文化延续,也是强调要以创造性的状态,去看待与面对教育的新未来。

"编织新未来"这一教育理念的提出,反映了我们渴望结合传统与现代教育资源,激发学生多元创造力的实践方向与决心。

(2) 编织新未来,强调在教育大变革时代要基于不同人、社会、文化的新交织关系,思考重构教育未来。

"编织新未来"中的"织"字,是指两条线的交叉、组合与梳理。而"织"的不同手法将决定"编织"的不同属性。从社会学的角度思考发现,人类群体也是以某种社会结构"编织"而成,不同的社会与文化关系形成了不同的组织社群,最终构成不一样的社会形态与生活方式。

所谓"编织新未来",强调的正是在大变革时期,将思考的着眼点和立足点放在新的人、社会、文化的交织关系上,用哲学的方式思考,用社会学的视角拓展,谦卑地探究教育的本质,重构教育生态,真正带学生从容迎接未来社会。

未来学校不仅利用ICT技术(先进信息通信技术)创设各种仿真学习情境增强学生的学习兴趣,而且注重利用ICT技术加强在学校课程、教法和教学评价方面的创新。利用ICT技术夯实现存的课程和教学教法并不是未来学校的唯一目的,它还强调使用信息通信技术对现行的课程和教学方法系统的加工、改进和创新,其目的在于形成可推广的符合现代教学的新课程体系和方法。

未来的教室是云端教室,包括电子课本、电子课桌、电子书包、电子白板等先进的教学工具。在资源方面,由模拟媒体到数字媒体,再到网络媒体,资源最终都在教育云上,内容极大丰富,从而满足个性化的学习需求。数字环境随时随地可以普适接入,网络资源像水、电、空气一样方便地广泛共享。教育教学不再以教师为中心,教师是学习过程的参与者、协作者,而不是简单的"传道者";学生可以向周围的社区、网络资源等学习;管理者自主管理;学习方式发生革命性变化,研究性学习、探究式学习成为常态,最终构建起以学生为中心的终身学习体系,形成学习型社会。

未来的学校将打破固化的组织形态,采用弹性的学制和扁平化的组织架构,根据学生的能力而非年龄来组织学习;根据学生的个体需求提供灵活的教学安排,而不是按照传统的学期或者固定的课程结构;打破现有的学制,加强不同学段之间的衔接,更好地满足当代学生的自主发展需求,为学生提供富有选择、更有个性、更加精准的教育。学校的组织架构和管理方式也会随之变化,学生将会更多地参与到学校的组织管理中,各项学校事务都应充分尊重学生,鼓励学生自主管理,培养学生成为有主体意识、道德情操、国家意识和世界精神的健全公民。完善学校治理结构,增加家长和社区在学校决策中的参与度,促使学校从封闭走向开放,学校与社会、家庭形成良性互动,共同为学生创设多元融合的育人空间。

虽然目前将"创造+"课程投入使用的情况不多,但是很多的教育机构和组织也正在进行积极的探索,武陵区第一小学就是这一领域的先行者。

在武陵区第一小学,学校借助七大中心以及35个具体教室的建设,结合目前已有的部分设备与环境的搭建,组成了进行"创造+"课程实践的基本的条件。并且积极地对情景教育、项目教育、环境教育等形式进行了探索。在武陵区第一小学关于"创造+"课程的探索之中,目前已经形成体系的有情景教育、项目教育,形成了创造+艺术、创造+生物等具体的教育新情景。

①创造+艺术。

武陵区第一小学在创造+艺术上的主要表现就是将新型的项目学习与虚拟学习与艺术进行了有效的结合。武陵区第一小学通过对七大中心以及35个特色教室的自由组构,让学生们在情景模拟中心中的手工坊与木工坊中制作国学教育中心中的民乐坊中所需要的乐器。拿笛子为例,在制作的过程中,学生们首先可以利用教育信息化中的视频对笛子的发声原理进行学习,并可以采用与民乐制作大师视频连线的方式获取制作乐器的知识。之后,武陵区第一小学采用虚拟打印技术,将笛子的模型进行打刻,形成实物,让学生们近距离接触模型。然后,教师开展协助制作笛子的过程。在此过程中,教师们将相关的乐理知识、发声物理知识、工具的使用知识,以及历史上关于笛子的名人故事进行穿插讲解。

在整个制作笛子的过程中,学生不仅可以通过与专家实时交流的形式加深对于乐器知识的了解,还会掌握相关的乐理知识、发声物理知识、工具的使用知识以及历史上关于笛子的名人故事。除此之外,就是在实践中进行知识的学习,这不仅可以加强学生的体验感、成就感、正向积极心理影响等非认知性技能,还可以让学生们增强动手能力,促进实践教学的探索。对于学校层面而言,不仅可以提升教师的综合素质,为教师创新培养带来新的方向,还能够提升智慧教育、课程信息化的实践与发展。

②创造+生物。

如果说武陵区第一小学在创造+艺术上的表现是促进项目学习与虚拟学习的发展,那么武陵区第一小学在创造+生物方面的创新就是具体的环境教育上的探索。

武陵区第一小学在创造+生物方面的探索主要表现形式为生命进化史展览角。在该展览角,武陵区第一小学通过环境搭建、模型制作对于生命的进化进行了展示。在一副壁画中,武陵区第一小学采用绘画的形式对人类的进化历史进行了一定的展示,从一开始的猿人到最后的文明时代的人类,都进行了图画展示。在每一个图画下方,都是对于该时期的人类的画册介绍,可以随时供学生阅览。在生命进化史展览角,武陵区第一小学还采用模型的形式,对远古生物进行了展示。教师可以带领学生们在生命进化史展览角进行生物方面知识的学习,可以供学生们更加直观地去观察当时的生物。此外,该展览角还配备了一台沉浸式体验机器,学生们可以借助相关的设备对里面所展示的远古时代进行观察,更加直观地了解真正的远古时代以及相应的生物知识和动物演化过程。

武陵区第一小学在"创造+"课程上做出了积极的探索,但是就目前而言,其可以进行表现的形式与项目仍旧过于单薄,无法让"创造+"课程的优势进行具体的展现。我们认为,武陵区第一小学应该拓展在"创造+"课程的探索中的表现形式,并且从新的角度,引入新的形式。譬如关于"创造+人工智能""创造+心理干预"等新型内容的探索,以及"创造+"在教师创新培养、数字化评价以及课程信息化等新的形式中的探索。在此以"创造+心理干预"以及"创造+数字化评价"两个部分的内容进行想法展示。

①创造+心理干预。

心理干预方面的拓展主要是结合七大中心中的情绪关怀中心,就目前特色教室的建设而言,在情绪关怀方面的投入较少,只有心灵驿站一种表现形式,且目前仍然采用真人干预的形式。由于情绪关怀中心的资源较少以及学生的隐私心理、随大众心理,往往导致就算有需求也不愿意去诉说。

通过"创造+"的新情景、新工具、新方式则可以有效解决这一部分问题。首先通过情景创造,改变学生们对于心灵驿站的感觉,减少他们的防备心理、抵触心理。随后通过教育信息化以及智慧校园的建设,进行心理实时动态搜集的工作,掌握学生实时心理波动,进行提前干预,并减少学生对于去心灵驿站的不适感,让其平常化、正常化。也可以在此环节中建设具有心理干预的人工智能、数字开导等先进形式,让学生与机器人、大数据进行对话,减少他们的抵触心理。最后采用游戏方式、环境展示方式对他们的心理进行引导,从而实现创造+心理干预的构建工作。

在此过程中,运用的核心就是"创造+"课程的"新",从新情景、新工具、新方式三个维度进行共同干预,继而改变人们对于传统思想的新认识,达到最终目标的实现。而其中进行建设的情景教学、游戏教学也可以过渡到其他的学习领域,让学生们积极主动,乐于接受。

②创造+数字化评价。

在进行创造+数字化评价工作的构建中,其主要的核心就是通过"创造+"来构建支撑数字评价的智慧校园系统。而该智慧校园系统应该具有多重的功能表现,譬如:评价、交流、反馈、服务、查询、事务办理等等。在数字化评价的构建上,通过"创造+"中的新工具,构建可以实时评价和随时查看,可以进行一定反馈,并可以进行图片或者视频展示的智慧平台,在系统之中进行信息收集,并且可以借助大数据系统对信息进行整理、归纳、分析。为了促进学生们进行积极主动的教育联动,还需要拥有抽奖、匿名等系列的功能。

其次,借助"创造+"中的新情景,来丰富其表现内容和展示形式,譬如可以进行风格打造、可以进行视频宣传、可以进行形式改变等等。在"创造+"的新形势中,还可以将学生素养培育新机制以及教师发展新机制等与数字化评价进行联系,从而拓展其功能。

进行"创造+"的发展能够有效地促进学生们积极学习、教育联动、改变自身等正向的行动的产生,会给未来教育带来很多的促进作用。此外,由于"创造+"的可融性较高,会给我们的思考以及探索提供更多的新视角,"创造+"课程的表现形式还有很多,还需要我们不断地发掘。

第七章　遇见未来的环境体系构建

谈到校园的环境体系,我们首先想到的一定是校园里的建筑环境。建筑环境为广大学子人为地建构了显性的文化育人的空间,而建筑环境通过各种各样的建筑造型和空间布局设计起到烘托校园文化的作用,折射出一个学校的教育理念和教学方向。我们知道,学校是文化交织碰撞、文化传承的平台,其建筑的造型,应以艺术形式呈现给师生以视觉上的享受,并由此引发一系列的价值观念、心理的变化。如亭台楼阁、假山流水、古香古色的仿古建筑,就散发出了厚重的中华传统文化底蕴以及中国千年文化影响下的书卷气息。但是学校的建筑无论是古色古香的亭台楼阁还是现代化的高楼大厦,都应该具有典雅、美丽而且朴实的风格,这样才能打造出一个学校独特的建筑环境风格,并烘托出这所学校独特的书香之气。

但是就像国家的硬实力和软实力一样,校园里面也有硬环境与软环境,所谓硬环境就是指学校以物质形态对学生们的身心健康产生实际影响,可以用明确的要求和具体的评价标准对其进行评估,包括前面提到的学校的建筑环境、校园园林建设以及学校的教学设备、图书收藏等。而所谓的软环境就是指学校中以意识形态存在的,主要由学校领导和教师控制把握的,通过文化熏陶、思想教育、人文关怀潜移默化的方式对学生的身心健康产生实际影响的各项客观文化,如校风班风、课程的观念、教师与学子的价值观念等。而在未来学校环境文化建设的过程中,我们不仅仅要重视软环境和硬环境的交织,让硬环境辅助软环境的建设,还要让软环境反作用于硬环境,让冰冷的机器变成充满人文气息的教育工具,让学生们生活在一个美好的校园文化环境中。

因此,我们认为一个美好的校园环境对学生们的教育有着不可忽视的重要作用,我们的未来学校也需要构建这样一个"让美好相遇"的学校文化环境。而我们认为的"让美好相遇"的校园文化环境,就是建设环境优美、空间开放、思想自由的校园整体文化环境。当然,它同时也能为教师提供功能化、信息化和轻简化的教学环境,为学生提供各种各样的具有特殊功能的教室助力其个性化的发展。这对于未来学校而言是十分重要的,因为校园不是考场,更不是战场,而应该是学生学习的快乐园地。"让美好相遇"的环境体系构建不仅为师生共同营造了一个让人放心的、充满诗意的、丰富多彩的空间,还能促进学生高效率高质量地学习成长,还为教师的教学提供了功能辅助,让学生的学习能力与核心竞争素养不断发展提升。当我们走进未来校园,我们能够期待的不再只是简单的窗明几净、桌凳整齐的传统教室,而是犹如走进大自然:鲜花盛开、绿树成荫;犹如回到家里面:温馨、自在;犹如走向"理想国":开放、多元。所以我们努力将校园空间与大自然相结合,形成具有自然特色的校园文化;我们努力建设校园的物质环境,形成如家般温暖的特色的校园情感支持;我们努力完善学校的人文视野,形成开放和谐又丰富多彩的成长观。

因为我们深知:缺少了愉悦感就缺少了核心素养与学习能力的发展机会。

而关于小学,我们知道它是每个人人生中真正意义上的第一次上学,这也是每一个孩子人生的必经之路,所以小学校园就是孩子学习生涯的始发站,第一次与知识相遇的地方。那么,这对孩子来说一定是一个充满未知、惊奇与美好的地方。因此,它应该是充满趣味的、美丽自然的、温暖友善的、丰富广博的、健康向上的,它可以是孩子们求学路上的理想乡,也可以是孩子人生成长路上的摇篮,所有的梦想和美好从这里启程,所有的光荣和伟大在这里孕育。因此,为了向孩子提供这样一个自然和谐、愉快舒适又具有人文广博、知识丰富的环境,我们可以从以下三个方面入手构建"让美好相遇"的校园环境体系(图7-1)。

图7-1 "让美好相遇"校园环境体系

首先是视觉语言,它就包括了前文说的建筑空间、建筑设计和校园景观等。视觉语言需要对学生们有吸引力、有亲和力,并且它需要具备引发学生们情感或审美的共鸣的功能。而当视觉语言让学生在这种环境中产生舒适感的时候,学生们进而就会体会到其中积极向上的意蕴,这种意蕴也会影响学生的行为,让学生喜好健康向上的活动进而与环境相互影响,营造健康、进取的积极氛围。

其次是空间体验,校园的空间本身可以蕴含更加丰富的意义,它不仅仅是一个物质的构成,它还应该有空间本身的意义,就像苏州园林的"移步换景"一样,空间的构成更深入地丰富了环境的意蕴,甚至空间构成的本身也在表达一种意义,传递一种文化理念。而这里的空间体验正是基于视觉与空间构成而产生的东西,在校园中,它所带来的是愉悦、安全、无拘无束以及辅助学习等内容。

最后也是最重要的功能结合,我们知道校园环境必须融入相应的文化理念和先进的教育思想以构建意义,但也需要同时满足使用空间中的各种行为需求。其中包括学习、阅读、玩耍、锻炼、休息、小型集会等,而在以年龄偏小的学生为主要目标对象的时候,安全性也应该是首先考虑的东西。此外,活泼、自由、情绪控制等因素也是必须要注意的。

学生求学生涯开启之地,相遇,需要美好。

7.1 视觉语言

"让美好相遇"环境体系构建首先要重视的就是视觉语言,视觉语言的构成包括视觉系统的颜色、形态、整体群像的结合以及语言系统的标语(事实上,这一点常常被忽略)。视觉语言为学校的美好环境构建提供了物质基础。所谓的"让美好相遇"肯定不能仅仅是课程内容和课程安排上的概括,还有学生们生活、学习场所的点点滴滴。诚然,课程的内容和安排是最能诠释"让美好相遇"这一主题的东西,但是客观上的外界环境也起着不可忽视的作用,因此让学生全方位地沉浸于美好之中亦有非常重要的意义。

7.1.1 视觉系统

如上文所述,"让美好相遇"首先应该做到的就是视觉上的美,这种美最为直观,是学生在这一场所中最先接触的东西,关于视觉语言,首先最直观的就是颜色展现与建筑构成。

(1)整体布局。

在校园整体色彩设计中,我们主要选用了三种颜色——草绿、杏黄、科技蓝。草绿象征着幼苗的苗壮成长,也代表了校园亲近自然的环境设计理念。例如在整体的布局上面,就可以大量地运用草绿色作为建筑物的外墙颜色,以图给孩子营造一种自然轻松的氛围,同时也让校园环境更加贴近自然。杏黄则是代表成熟和收获的颜色,就像银杏和麦田,同时它还兼具活泼的色彩情感,所以也运用在了活动场所的颜色设计中。科技蓝则象征着科技和未来,运用于学科实验室以及计算机科学相关场所。

然后从景观空间分布来看,景观空间分布可以总体采用一横两纵的格局,利用建筑中的庭院结构实现对校园景观区的覆盖,加强景观节点之间的联系,形成一个有机的景观系统。此外,空间构成也应该充分利用功能性场所与非功能性场所相搭配的方法,以使景观分布错落有致,形成一个有机的景观构架,提供一种视觉上的美感,如仰望星空(图7-2)、进化之路、节气广场(图7-3)、节气果园(图7-4)等场所,也使得功能性与之完美契合,例如人防走廊(图7-5)、未来学校展示墙(图7-6)、园区导示台(图7-7)、旗台区(图7-8)以及艺体区(图7-9)等场所。

最后,从学生们的空间体验来看,学生们上学时会从校前区(图7-10)进入校园,这就意味着学生们上学时首先接触的区域就是校园景观区。而校园景观区正是为了给学生提供一种亲近自然、放松愉快的环境而打造的。在这种氛围下,学生的身心可以得到舒展,学习效率也会随之得到提高。经过了校园景观区之后,学生们才会看见教学区和运动区,这样的空间布局,就是为了让学生们无时无刻不感受到校园环境整体布局带来的自然与美好,进而让这种自然与美好深入影响学生们的内心。

图7-2 仰望星空

日晷小品　天工开物地雕　　　共享书屋

图7-3　节气广场

根据不同节气季节性挂果的果树园。让孩子在学习植物生长习性的同时加深对传统节气知识的理解。鱼骨形布局的小道将种植区域划分为二十四个苗区对应时节。

图7-4　节气果园

第七章 遇见未来的环境体系构建

图 7-5 人防走廊

图 7-6 未来学校展示墙

图 7-7 园区导视台

图 7-8 旗台区

第七章 遇见未来的环境体系构建

图7-9 艺体区

(a)

图7-10 校前区

· 123 ·

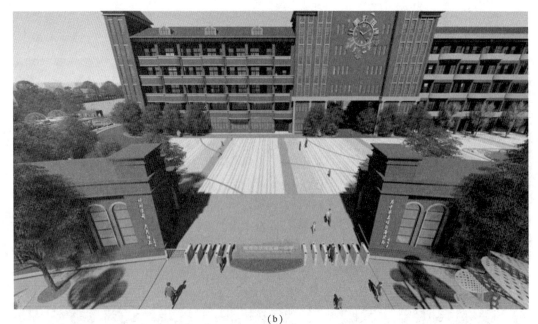

(b)

图7-10(续)

　　从以上三个方面入手,武陵区第一小学就采用了草绿色作为建筑物外墙的颜色,在校园里面种植了大片的银杏树,计算机室也选用了科技蓝作为空间主色。而在景观分布和空间体验方面,武陵区第一小学也遵循了未来学校的环境设计理念,功能性场所与非功能性场所相搭配,校园景观错落有致,校园景观区填补了整个校园空间,学生们每时每刻都会受到校园环境设计带来的影响。此外,各种功能性的场所建设齐全,还建设了如新式图书馆(图7-11)、文化展厅(图7-12)、国防教育展示厅(图7-13)等场所,注重了各种空间搭配实现的加乘效果,实现了环境美观与功能结合并重。

图7-11　新式图书馆

图 7-12 文化展厅

图 7-13 国防教育展示厅

校园共有 17 个区域,采用了一横两纵的景观布局方式,使得整个校园景观形成一个有机整体,全方位助力学生的成长教育。校园动线设计合理,人车分离保障学生安全,同时充分结合了校园景观区域设计了人行道。整个校园主要分为运动区、校园景观区、教学区三大区域,合理设计了校前区的位置以及校园景观区所占据的空间。

节气果园按照鱼骨形布局,依照二十四个节气划分了二十四个种植区,帮助学生理解二十四节气,助力传统文化的教育。而科普园包含了文明王冠、仰望星空、进化之路、星辰大海、我从哪里来、食为天六个科普点。最后的节气广场,包含日暑小品、天工开物地雕、共享书屋,科教结合,知识共享,空间开放。

旗台区,升降国旗与校旗的区域,爱校园更要爱国家。艺体区,艺术与运动的场所,包含操场和艺术楼,操场设有展示运动形态的雕塑。未来学校展示墙,展现未来学校的发展方向和内容,着眼未来才能给学生更好的教育。人防走廊,连接了国防教育展示厅,设有国防知识小专栏,介绍国防理念和国防力量,培养学生的爱国情怀。园区导视台,介绍校园整体布局路线,种植的银杏树寓意着学生们定会在人生路上有所收获。

国防教育展示厅能够图文结合展示我国的国防力量,培养学生的爱国情怀。文化展厅用于展示武陵区第一小学的校园文化,整体设计风格明亮温馨,意义非凡。新式图书馆采用了开放的空间设计形式,不同于传统图书馆设计规整、结构单一的特点展示了灵活开放的阅读空间,营造了轻松有趣的阅读氛围。

7.1.2 语言系统

语言系统是常常被人们忽略的一个校园环境构建的重要部分,但校园内的语言系统是展现学校文化内涵、提升学校文化品位不可缺少的部分,校园里常常以镜框、海报、招牌、横幅、条幅、板报、剪字等形式把具有特定功能的简短语句安装、悬挂、张贴、竖立和镌刻在墙壁、护栏、过道、走廊、门厅等显眼位置。此外,标语具有简洁明快、对仗工整、含义深刻、寓意深远的特点。其来源途径有很多:摘抄于伟人语录、辑录于名人格言、来自于名篇佳句或取自于诗词歌赋等。不论其来源怎样,表现形式如何,它们都从不同角度、不同侧面发挥着共同的德育功能,所以标语是校园文化建设的重要组成部分。

这里我们将校园内的标语分为主要教学环境标语、非主要教学环境标语和教学服务者空间标语三个部分分别阐述。

(1)主要教学环境标语。

主要教学环境指教室、学科实验室、艺体室等主要的教师教学场所。这类场所中的标语往往需要突出功能性,如教室中贴上"道德是真理之花""若要喜爱自己的价值 就得给世界创造价值",这类标语是激励学生的主要教学环境标语,其大部分内容是鼓励学生成长成才,教育广大学生树立远大理想,培养高尚的道德品质,不断提高科学文化素质、身体心理素质或者培养自己开拓创新、锐意进取的意识。努力做到品学兼优、脚踏实地、勤奋守纪、自强自立、团结友爱、和谐相处、珍惜学习机会进而提高综合能力与素质。

此外,主要教学环境的标语还应规范学生们的言行。

俗话说"做事先做人",学校在教授学生知识的同时更应该教学生如何做人,设置如"礼貌使你变得高雅 助人使你得到快乐 恭谦使你增添美德""一个人应该活泼而守纪律 天真而不幼稚 勇敢而不鲁莽 倔强而有原则 热情而不冲动 乐观而不盲目"等,并以此规范师生言行,处处提醒劝诫,以营造人人遵守社会公德,维护个人行为准则的良好氛围。这是校园语言系统不可或缺的重要内容,这一类标语要从细小处着手,提醒师生时时处处加以检点、方方面面严格要求,达到校园内教师与教师、教师与学生、学生与学生、人与学校、人与自然等各类关系的亲切自然、和谐美好。

最后，主要教学环境标语中还有一类贴合教学场所功能的标语，如常规的教室中可以设置"历史使人聪明　诗歌使人机智　数学使人深邃　道德使人严肃　逻辑与修辞使人善辩"；动脑动手展示学生绘画才能的艺术手工室可以设置"说得好　不如做得好"；琴声歌声净化心灵的音乐教室可以设置"哆来咪发索拉西　让我们的生活更美丽"；科学幻想发明创造的物理、化学等学科实验室可以设置"除了实验之外　没有别的办法可以识别错误""实验是科学之父"一类的标语。

除了标语外，主要教学环境还可以设置班级之星榜单，榜单尽可能追求多样化，如学习之星、进步之星、舞蹈之星、小小文学家、小小科学家、劳动小能手等。让每一位学生都受到鼓励，受到认可。

(2) 非主要教学环境标语。

非主要教学场所指的是除教室、学科实验室等主要教学场所和校长办公室、食堂、厨房、校工工具室等教学服务者空间以外的所有的校园内的场所。

非主要教学环境标语主要是为了装饰校园环境而存在的，所以与主要教学场景比起来功能性稍弱，和教学服务者空间标语比起来传递的信息更为宽泛。

非主要教学环境标语设计应从学校的实际需要出发，制作包括校风校德标语、校园励志标语、师生素养标语、校园安全标语、校园食堂标语、洗手间文明标语、校园文化宣传标语等一系列的校园标语。学校主要建筑物的正面墙壁、过道门厅、走廊楼梯、花台草地等随处可见各具特色的标语可以让学生时时感受到校园文化气息，让学生处处感受到浓厚校园文化的熏陶。非主要教学环境标语的作用就这样在有形的文字和无形的氛围中得到充分的体现和完美的发挥。

好的非主要教学环境标语不仅给学生们以心灵上的鼓舞和启迪且能很好地装饰美化校园，让校园充满灵气与生机，给校园带来朝气与活力。校园文化品格方面的宣传也可以借助非主要教学环境标语，如"入馆即静　陶醉沉思　共享和谐""每天进步一点点　美好未来在眼前""水击石则鸣　人激志则宏"等。正所谓"亲善产生幸福，文明带来和谐"。非主要教学环境的校园标语在很大程度上代表和体现着校园文化并进而营造烘托着一定的德育环境。它以显性的方式直接呈现出教育内容并给予师生视觉印象，同时发挥着潜移默化的作用，旨在陶冶学生情操、美化学生心灵、启迪学生智慧、引导学生形成优良品质等。教育者通过这些非主要教学场所标语等构建的是一个人文的、有意义的氛围，让学生在不知不觉中接受校园标语所传达的意蕴，使学生在这种柔性的环境下得以成长与发展，以此达到陶冶人、培养人的目的。

当然，如前文所言，非主要教学环境标语也具备功能性。如医务室就可以设置"师生健康平安是我最大心愿"一类的标语；花台、草地可以设置"让我们共同健康成长"一类的标语；过道、门厅等通道可以设置"拾起一片纸屑　净化一寸空间　洗涤一次心灵"一类的标语。这些人性化的非主要教学环境标语亲切自然、朴实友善。在给人以关爱的同时也起到了教育人、启迪人的特殊作用。

此外，我们还可以让学生们参与到校园环境标语的设计中，其实质也是一个反馈的过程，非主要教学环境标语可以根据学生们提供的反馈，进行调节与改进，以此来提高校园语言系统标语的传播效果。因此，我们同样鼓励学生参与校园的设计。

(3) 教学服务者空间标语。

教学服务者空间指的是校长、教师办公室，工会之家等以教学服务者作为主体使用的校园空间。这类标语功能明确,主要包含展示办学理念、宣传教育方针、规范教学服务者言行三大功能。

从展示办学理念来看,教学服务者空间标语肯定不能脱离校园实际,这自然要求校方把体现学校特色和风采的办学思想、办学思路、校训宗旨展示出来。办学思想和办学理念是学校长期教育教学实践经验的凝结,也是学校各项工作的具体指导思想。它们不仅是学校精神风貌、内涵本质的展现,还是学校丰厚文化底蕴的积淀,是校园文化的重要体现,如"教育贵于薰习　风气赖于浸染""教育是帮助孩子在未来的生活中更成功地寻找幸福""以生为本　以校为根　以师为尊　努力构建和谐校园"等。

从宣传教育方针来看,校园标语的首要功能就是广泛地宣传、凸显党的教育方针以及党和国家在现阶段的教育思想和教育政策,校园的教育方针应该使学生们在德育、智育、体育等方面都得到发展成为有社会主义觉悟的、有文化的劳动者,教育要面向现代化、面向世界、面向未来,如"创新是一个民族进步的灵魂　是国家兴旺发达的不竭动力""做老师的人首先要虚心做学生""青年应当有远大的理想　又要十分重视任何细小的工作"。

从规范教学服务者言行来看,这些教学服务者空间标语的内容主要体现教师的教学态度作风、教学工作者的职能、校工工作规范等,主要有"千教万教教人求真　千学万学学做真人""推动科学发展　维护职工权益　促进劳动关系和谐""为了一切孩子　为了孩子一切　一切为了孩子""美丽校园就是我们的心愿"等,这里涉及教师文化、学校管理以及校园文化的整合价值。从标语内容来看,它属于教学服务者文化的一种载体,它的出现,对教学服务者的思想观念、个人风格、道德修养等起着潜移默化的影响作用。可以说,高质量的教学服务者空间标语是教师进行自我教育的一种重要方式,对于提高教育质量、促使学生健康成长十分重要。

7.2　技术逻辑下的环境体系打造

如前文所言,未来教育,是"立足现在、面向未来",满足学生未来发展需求的教育。未来学校建设的重要目的,是借助先进的教育理念、技术手段和学习经验等提高学校适应未来的能力,培养出更能适应未来社会的学生。于是,我们在这里提出了"让美好相遇"的环境体系构建,但需要一个完整的技术逻辑支持这一体系构建。我们认为"让美好相遇"环境体系构建的技术逻辑可以分为两条主线,一条是以校园视觉语言、人文关怀构建形成的美好的校园文化环境与文化氛围,另外一条是通过数字化应用实现的课程内容、学科搭配以及课程时间安排的多元化而向学生们心灵传递的美好信息,让学生们在自己人生的心灵成长路上与"美好相遇"。通过这种相遇因材施教让学生们的特点得以突显、潜能得到发展。

7.2.1　创造适宜学生的校园环境

未来学校的外显标志,是具有"未来特征"的学校环境与学习空间。"未来特征"主要体现在理念的引领性、空间的开放性、学习的愉悦性、技术的先进性等方面。我们要建设好"让美好相遇"的环境体系,首先必须要为广大学生创造一个适宜他们的环境,以优美的环境、先进的教育理念和科学技术来培养广大学生的核心素养和自主学习能力。

(1)校园环境:建设适宜学生的专属空间。

校园是学生学习的场所,也是全体师生生活的空间。学校通过相关的场景布置与建筑设计,努力为全体师生创造一个舒适、轻松的物质环境,以此通过对环境的优化传递价值,增加全体师生对学校的亲切感、认同感与归属感,使师生受到潜移默化的熏陶。因此,学校的物质环境建设是营造校园文化氛围的基础。整洁有序的物质环境,是优美校园环境的显著标志,为了给学生提供美好的发展专属空间,学校作为传授知识、培养人的场所,就必须通过视觉语言以及空间构成创设良好的环境。环境之于人成长具有重要意义,这已成共识。

此外,学校需要通过建设多功能的校园环境场所支持学生发展。武陵区第一小学就通过建设未来教室(图7-14)、新式图书馆、录播厅、学科实验室、模拟社区、劳动实践基地、陶艺吧、手工坊、木工坊、童绘馆、校园广播、智慧书法教室、创客空间等校园场所,让学生通过自主选择,进行学习,在充满科技与人文、历史与未来、理论与实践等各种理念的教育工坊里培养自己的模拟分析、创意设计、动手制作等能力,并且让学生根据自己的兴趣与潜能发展未来需要的核心素养与学习能力。更加适宜学生的"未来"教育,是关注和发展每个学生核心素养的教育,学生们只有具备了自我发展的核心素养,才能在未来社会里找到发展的主心骨,朝着自己选定的未来之路从容行走。

图7-14 未来教室

(2)文化氛围:以人为本才能成就未来。

只有人才能创造未来,"让美好相遇"的环境体系建设应以学生为核心优化整体环境和学习空间。北京师范大学的教授张志勇就曾提出:"未来学校应该是更加人文的学校,教育越走向未来越应该重视教育的人文属性,要更加重视立德树人,教书育人,重视尊重和成就每一个独特的个体。"未来学校建设的技术逻辑,应有对人文精神的彰显。在正确的技术逻辑中,有关人文的内容与形式总是相得益彰、相互发展的。而从建设的实践来讲,未来学校的"人文"应该从人文素养、人文关怀、人文精神等方面来进行深入探索。未来学校,实际上就是技术与人文交流、媒介与教育融合、理性与感性交织的场所。

因此,无论是面对学校教育的整体变革与多种学习方式的建立,还是面对可应对的、有难度的、严峻的挑战,都需要确立以"发展人"为核心的强调人文关怀的环境建设标准。事实上,能否"发展人"和是否正在"发展人",也是衡量未来学校建设是否成功的重要标志。无论是联合国教科文组织的核心素养观,还是欧盟的核心素养构成与美国宣扬的21世纪核心技能等,都指向了人的发展。武陵区第一小学也坚持以学生作为教育核心,用核心能力素养去衡量学生的发展,在这个时候,知识观、教学观、育人观和环境观就会随之改变,强调了学生作为人的尊严和发展。

而我们也可以发现,发生改变之后的各种观念也体现了"没有人就没有未来"的教育发展准则,所以在这一充满人文关怀的准则的指引下,适宜学生们的"未来"环境,必定是一个以学生们为核心的环境。

7.2.2 打造适宜学生的数字化课堂与美好课程评价

理想的未来学校是一个全方位的具有变革潜力的学校,而变革的重点是在多种学习方式中有效促进学生的深度学习,只有走进学习的深处,学生们才能有效提升自己的核心素养,发展自己的学习能力。以数字化校园为依托,让课堂所传递的美好信息成为我们实现"创生"追求的立足点,课程组合则是我们促进师生创生的深化点与拓展点,只有立足学校课程的整体建构,让学生们在自己人生的心灵成长路上"与美好相遇","让美好相遇"的环境体系才能进一步优化课堂,从多方面、多层面培育学生适应未来的核心素养与学习能力。

(1)数字化教学环境与共享共生。

首先,在未来学校构建过程中,数字化是必行之路,"让美好相遇"的环境体系建设同样离不开数字化的校园。为了实现师生、生生对话、互动以及资源共享,未来学校需要实现数字应用环境全面覆盖,优质数字教育资源全面覆盖,信息管理服务业务全面覆盖。让师生在开放、共享、交互、协作下实现教与学方式的变革。让教师与学生手中都拥有学习终端,可以是平板电脑、笔记本电脑甚至是专业的教学相关电子设备,学校在保证了互联网接入带宽的前提下,疏通了"云路"从而保证了师生手中"端"到"云"数据的往返。课堂教学的互动可以通过投影仪或电子白板显示,呈现全面的知识内容及知识体系,并及时分享学生的课堂呈现:视频,或是音乐、图像,还有思维过程,或学生现场完成的学习成果,均可适时展示分享。

在武陵区第一小学的每一个学生,都可以有属于自己的网络空间,教师可以通过网络空间分享教学文件夹。文件夹中包括教师的课件、教学微视频、课程学习资料等相关学习内容。学生可以分享自己的课程的作业、学习成果等。最后,教师还可以配合邮件功能,有效地完成学习资料的分类、收集、整理和课堂教学的过程记录。云端的资源也让师生随时随地共享交流,丰富的数据信息资源为学生提高核心素养和学习能力创造了美好的课堂环境。

(2)多元的评价与模拟环境构建。

教学评价的意义中最重要的是多元性,可以这样说,多元性就是真正的因材施教精神的体现。而教学评价传递的多元的选择,不仅仅意味着教学过程中传递的信息的多元性,其还体现在整个校园对于一个学生的价值评价上,教师与学生的互动上,甚至包括课堂的主导群体上,而多元性的构建,就是为了让学生在多元性里清晰地认识到自己并且准确地评价自己。因为只有当一个人意识到自己的长处和缺陷时,他才有可能发挥所长、避其所短,从而进行自我教育。这也就是说,自我认同意识是改造自我的主观因素,它能使人不断地自我监督、自我反省和自我完善,让学生成长为最好的自己。

此外,更加适宜学生的未来教育是关注和发展学生学习能力的教育,在飞速发展和信息爆炸的现在,知识的快速更新对学生们的学习能力提出了更高要求。因此,我们还需要通过不同的课程、场所甚至是媒介组合去进行模拟环境的构建,让学生们真正与美好的人格相遇、与美好的知识相遇、与美好的能力相遇,进而培养学生们的核心能力,特别是学生的自主学习能力、创生性学习能力与问题解决能力,这些能力会成为学生们行走在未来之路上的必备工具。

7.3 情感体系下的环境体系打造

人文关怀,在上篇的时候我们就已经论述过,为什么我们还要在"让美好相遇"的环境体系构建中强调人文关怀呢?

随着科学技术的不断前进,一些问题也日益突显。在校园中常有这样的例子:大数据信息技术泄露了学生的个人隐私信息;人工智能复杂的操作流程让学生甚至家长无所适从;等等。我们发现在这一过程中,人际关系正在逐渐被人机关系所取代,如果我们在未来学校的建设中一味地强调技术装置手段而忽略了最本初的人与人之间的关系,让人机关系取代了人际关系,稀释了传统教学的"把关人"的约束,教学的内容及其相关的辅助内容良莠不齐,则有可能会导致学生对情感、亲情、历史甚至是世界的认识出现偏差,这种未来学校的"技术主导一切"的环境就很有可能会对学生们的教育产生不可挽回的严重后果。对此,我们要避免出现这种技术环境,去寻找更适合人与社会在时间的长河中发展的校园环境。

如前文所述,我们认为,"让美好相遇"的校园环境中应展现出这样的一幅图景:以"云端共享"为核心的技术手段为学生的德、智、体、美、劳全面发展提供全方位的技术支持。让正确的人机关系与正确的人际关系相得益彰,让技术力量成为协助学生全面发展、身心健康发展的先进辅助力量。但是,先进的智能媒介技术手段及其装置,是学生全面发展、健康发展的辅助力量,而非决定性力量。就像怀特海曾在《教育的目的》中说到的那样:"教育的目的在于推动和引领学生的自我发展,所有的教育都应该以人为本,将学生永远放在第一位。"而我们也应始终相信,以人为本的人文关怀的精神体现,以学生为教育的核心,让所有的教学工作与方式手段都为培育学生成才而服务是"让美好相遇"的环境体系构建的核心要素之一。

在以上关于技术逻辑的论述中,我们就提到了未来学校应有的正确的技术逻辑实际上应该包含一种"人文秩序",并且要体现对人的尊重、对人的发展的重视以及对人文精神的强调,因此,我们认为从实践角度上讲,人文秩序的建构可以从以下两个方面展开。

从学生的认知发展维度来看,应严格坚持从环境育人、技术育人到知识育人、情感育人的教育理念。从培养学生们的认知发展维度的过程来看,新技术和人文精神一定不能脱节,缺少新技术来辅助,人文精神的培养效果就会大打折扣;缺少人文精神来指导,新技术的堆砌又容易产生技术至上的思想。此外,在未来学校的具体建设中,我们应以育人为目的去打造各类的智慧教室、智慧图书馆、智慧运动场等环境,从而让学生去体会未来课堂、未来阅读、未来运动场。当然,这种智慧环境的搭建,必须将课程内容、德智体美劳综合成长所需的知识和情感纳入其中。在这个过程中,我们要首先根据学生的身心发展特点、规律,在环境层面进行构建,进而让学生在环境中对知识进行接受与理解,最后外化到情感层面,完成从环境育人、技术育人到知识育人、情感育人的一个转变。

从学生的身心发展维度来看,应从关注技术发展到关注心灵。从学生们的身心发展维度来看,和前文所说的"新技术和人文精神一定不能脱节"一样,新技术和人文素养必须严格匹配,无论多么先进的教学工具或教学手段最终都还是要回归到培养学生们的心灵中去。当出现了一项新的可以运用于校园的技术时,我们首先应该问自己一个问题"这项新技术可能对学生们有什么好的影响和坏的影响?那些坏的影响能够通过手段去避免吗?"当答案是否定的时候,我们就应该拒绝这一技术进入校园,尤其是当这项技术对于学生的心灵可能会有所伤害的时候。此外,在具体教学操作层面,我们应从身与心两个维度一起推动学生的人文素养的构建。例如,我们可以搭建有融媒体多屏显示的智慧书法教室,但在最后依旧要回归到学生对中华优秀传统文化的心灵上的认同中去;我们可以搭建有互联网搜索技术支持的阅读交流空间,但在最后依旧要回归到学生对于交流与阅读的心灵上的成长感悟中去。技术层面的工具和手段的使用,仅仅是一个技术的载体,而通过这些新技术在他们的心里埋下种子,才是教育的真正目的,才是使学生们能够成长成才的核心人文素养能力。

当明确人文秩序的建构维度后,我们认为"让美好相遇"的环境体系构建中人文关怀的实现可以从以下三个方面着手

(1)以人文教育为主。

在未来学校的建设中,我们应当将人们的视野核心拉到"人"这一受教育的主体上来,让技术服务于人、服务于学校教育,步入以人文教育为主的正轨,比如,在未来校园中我们可以通过有着各种各样技术媒体的未来教室去辅助教师教学,但是这种技术是为辅助教师教学而服务的,而非指导教师教学的,这一辅助最后的落脚点一定是更好的关于意义、关于培养学生成才以及关于美的人文精神的传达。

(2)多元的教育维度。

在"让美好相遇"的环境体系构建的人文关怀的实现中,我们还需要特别注意的一个方面就是教育维度的多元化。学生们不会永远都处于同一个维度中,他们在不同的场所中扮演着不同的角色,甚至在同一场所中每个学生所扮演的角色也不尽相同,这使得学生们需要进行多维度、多层次的关系处理。而武陵区第一小学,就通过不同的课程、场所甚至是媒介组合,去进行模拟环境的构建,让学生拥有处理多角色、多维度、多层次的关系与问题的能力。当然,未来学校教育应教授给学生们的,是可以让他们面对未来的能力与知识体系。这要求我们不能仅以单一的学校教育作为能力培养体系和知识传授体系,还要结合现有的新型技术,通过技术的辅助让他们将能力内化于身、知识内化于心,进而外化到家庭与社会中,从而构建一个正向的、多元的教育维度的循环。此外,多元的评价体系也是多元教育的一部分。我们知道,正面的评价可以促进人自由全面地发展,而人的全面发展应当是主观能动性驱使的自由、积极、主动的个人发展,而非由外力强制的发展。多元的评价体系恰好能够从多个维度评价一个学生,让学生获得肯定,从而积极、主动地发展,让自己的天赋得以发挥。我们知道,承认人的差异性是人文关怀中最重要的组成部分之一,而多元的教育维度就是让每个学生都可以成为独一无二的那颗星星。

(3)关注心灵的教育。

在未来学校的教育中,我们尤其需要注意的是对于学生们的外在与内在教育的并行。在人文关怀,以人为本的大框架下,我们对学生们学习成果的考查不能仅局限于技术教育的外化表现,而更应去关注对他们的心灵教育,即关注内在的教育。而内在的教育即人的道德修养,真正的人才是拥有高水准的道德修养与高水平的技术能力的人。而即便缺乏高水平的技术能力,只拥有高水准的道德修养,也依旧可以是一个健康积极,对社会有贡献的

人。而既缺乏高水准的道德修养,也缺乏高水平的技术能力的人,往往是庸人,虽然他们不太可能对社会做出较大的贡献,但是相应的他们也不会过分危害社会。而最危险的,也是我们的教育中最应该避免培养的,就是缺乏高水准的道德修养但是却拥有高水平的技术能力的人,他们对于社会的危害性不言而喻。因此,如果一个学生的技术技能学习不合格,我们还可以利用多维度的教育进行补救,而如果学生的心灵教育不合格,那就会带来无穷的隐患。而武陵区第一小学的"启人德智,育人德心"的教育理念正符合这一教育认知,我们知道,人不仅是知识的载体和容器,更是拥有自己独特感情的鲜活的生命。我们应通过知识和情感的多途径教育,让学生们体会爱、学会尊重、向往美好,进而培养他们的核心素养,使他们的心灵受到更好的教育,最终实现真正的内外同步的健康发展。

7.4 以学生作为教育核心

"让美好相遇"意喻着美好的校园与美好的孩子相遇;美好的教育与美好的心灵相遇;美好的未来与美好的人生相遇。学生作为受教育的主体,"让美好相遇"的环境体系构建自然就必须围绕学生来进行。我们在人文关怀的相关论述中就提到了"以学生为教育的核心",因为这一点尤其重要,这一理念是未来学校人文关怀的核心理念,即"一切为了孩子,为了孩子一切",所以我们可以认为本部分是对于未来学校人文关怀的核心精神的具体阐述和具体探究。

以学生作为教育核心,就是让所有的教学工作、教育方式甚至教学环境都为培育学生成才而服务,这就需要从发掘学生的潜能出发,因材施教,培养每一个学生自己独有的能力,助力他们的多元发展,提升每一个学生的核心竞争能力,成就他们的未来,也成就我们社会的未来。

7.4.1 发掘潜能

(1)积极评价。

今天,智能时代已经来临,我们的教育也要做出相应的转变。在未来学校"让美好相遇"的评价体系中,我们还要看见的就是学生们在成绩单以外的品质,并给予积极的评价。比如有的学生是个乐于助人、动手能力强、富有同情心和正义感的孩子,这种情况下应该用积极的评价体系向学生传递积极的正反馈。正如美国心理学家罗森塔尔提出的皮格马利翁效应的"对人们的期望值越高,他们的表现就越好"一样,积极评价可以促使人产生积极的内驱动力,如果学生在某一方面受到的表扬越多,他在这一方面也就越愿意花费时间,花费的时间越多这一方面的能力也就越突出,能力的突出又会让学生受到更多的表扬,积极的评价话语与主动的能力培养形成良性循环。这能够发掘学生的潜能,也让学生能够真正感受到学习的进步和乐趣,即便离开了校园,学习也能够成为兴趣,这会让学生最大限度地发展自己。

(2)参与其中。

在人工智能时代,学生的自主学习能力成为其未来发展的决定性力量。而且事实上,拥有自主学习能力的学生,才能更加主动地发展自己的潜能,而我们的一大任务就是培养学生自主学习的能力,培养这一能力的关键是让学生参与其中。比如我们可以在教学的时候让学生参与其中,因为学生在参与教学的时候,所处的不再是被动接受的弱势地位,而是与教师一样的平等的地位,在这种平等的环境中,学生的思维就会被打开,基于一个问题学生们开始讨论,而讨论则会带来更多的问题,在解决一个个问题的过程中学生的能力也得到了提升,学生也感受到了学习的乐趣,充满了主动学习的意愿。不仅是课堂,在校园的建设上,也可以让学生们参与其中,未来校园也应预留一些地方供学生自我发挥以及安排,学校只需要适当引导即可。比如学校的景观需要进行重新修整,那么需要朝哪些方向修整?如何修整?在这一过程中学生们表现出来的协商对话、相互妥协、共同决策、学会求助、管理协作等,都是难得的综合实践课程内容。

可以发现,通过参与其中,学生的潜能也一点一点地被发掘出来,应用在了解决问题的过程中,也会应用在学生未来的成长之路上。

7.4.2 拓展视野

培养学生宽广的视野,也是以学生作为教育核心的十分重要的一步,因为学生们要有足够宽广的视野才能够真正看见自己感兴趣的领域。宽广的视野意味着让学生看见更多,知道更多,明白更多,了解更多,而只有在搜集到了足够多的信息之后,学生们才有更大的可能去真正接触到自己感兴趣的东西。让学生通过不断的经历去发现更大的世界,阅读、学习、与人交流,都是在不断地开阔自己的视野,在学生年幼的时候,最难能可贵的就是对生活的体验和经历的广度。拥有这种广度,学生才能找到自己感兴趣的东西,而有了兴趣作为入门老师之后,学生们自然就会尝试多多了解这一领域,并且很有可能在未来的人生路上对这一领域进行深耕,而这种深耕的过程,就是学生不断提升自己的过程。而如何拓展学生的视野,扩大知识面,提高学生的科学素养是值得我们探讨的一个问题,下面我们秉持"以人为本"的教育理念,以教师为主,技术网络为辅,从教师指导视野拓展方向以及以技术为拓展视野助力两个方面进行讨论。

(1)教师指导视野拓展方向。

在未来学校中,让教师指导视野拓展方向有两个主要原因,其一,教师的指导可以防止学生们在拓展视野时接触低质量甚至违反人类美德与社会共识的信息,为学生们安全地拓展视野提供保障。要知道,互联网信息资源是丰富的,但并非完全适合小学生。对拓展视野材料的选择,要强调多样性、适当性,只有这样才能够驱动学生去主动拓展视野,深入拓展阅读。其二,教师的指导可以让学生拓展视野的效率更高,方向更为清晰,为学生们有效地学习交流提供保障和技术指导。而谈及教师指导视野拓展,其中最为主要的就是通过课堂内的教材进行视野拓展,而对于教材这类文本而言,最为重要的就是阅读。

从阅读的角度来说,一是可以让学生们阅读与正在学习的课文有关系的资料,它们的内容相似,说的是同一件事情或同一种现象,这也就是人们常说的相关阅读。二是可以让学生们在学习课文的过程中发现新的东西或者是知识,让学生们去了解,并找到相关的资料进行阅读,这也就是人们常说的延伸阅读。而在寻找资料和完成阅读的过程中学生们就学到了新的东西也锻炼了与人交流的能力,收获了宽广的视野。

在语文课上需要进行群文阅读时,让学生们阅读同一作者的文章或阅读不同作者的文章,加深学生们对文本的理解或扩展学生们对于写作的认识就是典型的相关阅读。教师在教学中,为了加深学生们对教材文本的理解,可以找到这位作者的其他作品进行阅读,它可以是同类别内容的文章,也可以是不同类别内容的文章,甚至可以是不同体裁的文章。而对于同类别的文章,教师也可以让学生在阅读时,通过比较阅读,发现作者的表达密码,进而深入理解内容与写法;通过对不同类别文章的阅读,发现文本中所蕴含的作者本色;通过不同体裁文章的阅读,开拓阅读视野,更加全面地了解作者,促进对文本的理解。而阅读不同作者的文章,也是最常用的群文阅读方法之一,它不仅可以用在普通作者的文章教学中,还可以应用在教学著名作家的作品上。在进行这种群文阅读时,关键是要让教师确立一个阅读的主题,可以以情感为主题,也可以以内容为主题,当然还可以以作家的写作方法为主题。在同一主题下进行不同作者文本的阅读,可以在内容、情感、写法与风格等方面极大地拓展学生的文化视野,让学生享受文化的盛宴。而在这些相关阅读的过程中积极鼓励学生们进行讨论,开展小小辩论会,可以让学生拓展自己的视野、锻炼与人交流的能力,还能够让学生学习到该位作者的写作风格、技巧等。而在实验学科的教学中,这样的阅读也有着十分重要的作用。一大有力证据就是我们可以在人教版的高中物理学教材中看见每一小节知识点后的"科学漫步"或"科学足迹"这两个小栏目,前者会介绍相关物理小知识去拓展学生知识面,后者则会介绍相关的物理学家小故事和物理学史实,可见即便对于高中生来说,相关阅读也是十分重要的拓展视野的技巧,故而在小学生阶段就培养相关的能力是十分必要且具有前瞻性的。

而延伸阅读则往往体现在学习英语时,尤其是词汇教学和课文教学。在词汇教学中我们知道,英语词汇在长期使用中,积累了丰富的文化含义,而这就需要教师在课堂上引导学生们前去了解这些文化含义,阅读相关信息,培养学生们的跨文化意识。更进一步,在课堂上,教师要结合模拟的情景,有所针对地介绍其中包含的文化因素,在对具体场景的应用知识进行延伸阅读后,就要把语言放到具体的应用背景下进行教学,进而有效地拓宽学生们的文化视野。而未来学校恰好可以为学生们提供最好的舞台,让学生们开展角色表演,让学生在"真实"的环境中进行语言的运用。而学生通过参与表演就可以从细节中了解西方文化知识,如招呼、握手、用餐礼仪(就座位置、食品种类、刀叉用法、上菜顺序等)、语言习惯、手势体态等等。当然,其他学科中也不乏延伸阅读的用武之地,如在语文教学中就可以发现,目前使用的小学语文教材中,很多单元选文基本都属于同一体裁的文章——记叙文,有的文章甚至在内容上也比较接近,这容易让学生产生阅读疲劳,降低阅读兴趣与效果。因此,教师可以让学生进行延伸阅读,通过阅读不同体裁的文章,在同一主题的约束下,创造出多种文体共存的情况,让语文更加新颖而多彩,从而激发学生的阅读兴趣,让阅读变得快乐起来,也让学生们更加主动地去拓展自己的阅读视野甚至是文化视野。

最后,在教师指导视野拓展方向的过程中我们要强调分级、渐进,突出阅读的目的性、计划性。小学生年龄小,自制力相对偏低。在拓展视野的实践中,教师要结合学情,注重拓展阅读的分级、渐进。在拓展阅读数量、读物选择上,要把握多元性、目的性,要契合学生的阅读需求,防范阅读过度化。在平时的拓展阅读中,指导学生制订阅读计划,选择学生感兴趣的读物,指导学生在阅读中理解,在理解中应用。防范过度强调阅读量,忽视学生个体差异,避免让学生对拓展阅读产生逆反心理,偏离拓展视野的初衷。

(2)以技术为拓展视野助力。

让技术为拓展视野助力是未来学校的一大优势,新的媒体技术、计算机技术为更好更形象地展示信息,拓展学生的视野提供了支持,而互联网是最好的资源平台,是数字化校园的基础,它拥有的海量信息足以满足学生们拓展视野所需。

在小学拓展视野的阅读教学实践中,教师要突出适合原则,依托互联网拓展学生视野的同时,要贴近学生认知、阅读水平,便于学生自主参与,逐步提升知识视野。结合小学生认知、兴趣实际,去选择适宜的网络化阅读材料,满足知识性、文学性、教育性多重目标。如在拓展视野阅读时,要结合教材教学进度,向学生推荐与课内文本相关联的其他阅读材料。在教育部要求的2019年秋季正式启用的统编版语文教材三年级上册的第六单元中,有《富饶的西沙群岛》《美丽的小兴安岭》《海滨小城》三篇课文,在这三篇课文学习完成之后,我们可以向学生推送中国五大名山、天安门广场、乐山大佛、九寨沟、峨眉山等资料,拓展学生的人文地理视野,让学生从中了解祖国大地的壮丽山河。而且还能从拓展阅读中识字,增强学生的爱国、爱家情感。拓展视野的阅读在内容上,要有利于激发学生的阅读动机,顺应小学生的学习兴趣,培养学生们拓展自身视野的主观能动性。此外,还可以让学生在拓展阅读中,形成良好的世界观、价值观、人生观。

当然,未来学校的技术应用远不止于此。在这里,我们再以课堂教学实践为例,讲解一下技术网络是如何具体地为拓展视野助力的,在学习统编版语文教材六年级下册的第一单元的古诗三首中的《十五夜望月》时,我们就可以利用技术网络课堂实践三步走为拓展视野助力。

第一步,切题导入,拓展学生文化视野。在课堂导入的时候教师应该下足功夫,因为它是课堂教学的重要组成部分,对整个课堂教学有着十分重要的影响。正如我们平时所说的"好的开始,是成功的一半",要想完成一堂丰富的、有趣的、高质量的课堂教学,好的课堂导入是必不可少的。那么如何做到又能较好地导入课堂,又能借助课堂导入拓展视野呢?借助故事,所有的孩子都会喜爱故事,它生动形象且有趣,可以说是课堂导入的不二法门了。而我们知道,在"十五"和"月"这两个词语之间,学生对"月"更为熟悉,而且关于月亮的故事也很多,因此,教师可以选择以月亮作为切入点。然后,教师就可以借助未来教室提供的技术设备,先以一轮明月的动态图片加上轻缓的音乐作为背景,然后向学生们提问,看见这个"月"大家会想到什么?

第二步,扩展链接,丰富课堂教学内容。在提问之后,学生们会有各种各样的回答,那么在这种情况下,教师就需要对学生们的回答进行筛选引导,可以结合未来教室提供的技术设备向学生们介绍"嫦娥""月饼""团圆"等文化知识。以《嫦娥奔月》的故事为例,它是一则关于月亮的传说,也是流传最广的一个故事。事实上和月亮有关的文化故事有很多,教师在课堂教学实践中,可以根据实际的情况,把其他的关于月亮的文化故事导入课堂,如《吴刚伐桂》《玉兔捣药》等,技术设备为这种丰富的教学内容提供了保障。但是,要注意的一点是,在课堂上,拓展学生的视野是融入教学之中的,我们课堂导入这些文化故事,不是为了单独给学生们开一个"故事会",而是为了让学生从不同的故事中,寻找相同点,深化对课文文本的理解,这样一方面可以进一步加强学生的判断力,另一方面也可以拓展学生的视野。

第三步,对比思考,丰富学生想象力。在通过技术设备提供的资源完成课堂导入和课堂教学后,教师还可以利用未来学校独有的云端共享技术向学生们抛出一个问题并提供相关资料:如《嫦娥奔月》这则神话故事在民间流传已久,其中也衍生了许多不同的版本,在这些版本中,有一个最大的区别就是嫦娥是主动吃药的,还是被迫吃药的,相对而言,你们更喜欢哪个版本?为什么?这个问题可以以课后小讨论的形式完成,在解决这一问题的过程中,学生们就会运用未来学校提供的各项资源,相互之间进行讨论,包括网络资源在内的校内资源被学生们充分地运用了起来。教师就通过这样的方法进一步扩大了教学的内容,提升了课堂教学的内涵,拓展了学生的文化视野。

最后,必须要强调的是,教师能够引导学生对这两种说法进行比较,但是也要依靠未来学校的技术设备对学生们的讨论结果进行引导,比如通过云端校园网络点评、点赞等方法。让学生们正确地认识嫦娥,认识到嫦娥不仅是一个外表美丽的仙女还是一个关心他人、心地善良的女子,最后达成共识:月亮很美,嫦娥也很美,这是一个美好的故事,让真善美的种子在学生的内心萌芽。做到在拓展视野的同时,把握学生成长的方向。

7.4.3 个性培养

个性是一个心理学术语,又称作心理特征,或个性心理特征,它是由复杂的心理特征所构成的统一整体。其结构是多层次、多侧面的,还有广义和狭义之分,广义的个性与人格是同义词,二者均指个人的一些意识倾向和各种稳定而独特的心理特征的总和。狭义的个性通常指个人心理面貌中与共性相对的个别性,即个人独具的心理特征。狭义的人格通常指个人的一些与意识倾向相联系的心理特征的综合表现,有时,甚至仅指个人的品德、操行。总而言之,它包含了个人的兴趣、爱好、气质、天赋、能力、性格等主观因素,就是一个人的认知、情感、意志协调发展的综合体。

在这里,我们的重点是未来学校"以学生为教育的核心"的人文教育理念对于学生的影响,于是本节中的个性指的就是在一定的生理和心理素质基础上,在一定社会历史条件下,教育对象通过自身的认识与实践,形成和发展起来的个体独特的态度和行为的综合特征。著名心理学家加德纳就曾指出:更好的教育是注重个体个性发展的教育,这种教育不是自私,也不是自我中心,而是要求教育工作者在最大程度上了解每一个儿童,知道他们的长处和短处,更好地提供教育措施,让儿童能够最大程度发挥潜能。

精神分析大师荣格从心理发展的角度提出每个人心理发展的最终目标是实现个性化,也就是让每个人的精神的各种成分经历完全分化并充分发展。随着社会的进步,人们越来越认识到人的现代化是社会现代化的前提和归宿,也是社会现代化的关键所在。抽象掉人的现代化素质,所谓经济现代化、政治现代化、文化现代化、国防现代化、科技现代化都会成为一个空壳,缺少真实的生命载体,这样的现代化是一种名不符实的现代化。而人的现代化,究其本质是人的个性的充分发展。特别是在互联网以惊人速度发展的信息社会,各种观念异彩纷呈,强烈冲击着人们的心理,尤其挑战着涉世未深、个性还在发展中的学生们的思想观念,种种道德冲突、价值困惑导致不同程度的人格发展缺陷,如社会责任感淡薄、个人中心主义严重、意志品质欠健全、人际交往能力较差、创造性不足、对学习的热情不够等。我们还要认识到不管是家长眼中还是教师眼中,每一个孩子都是具有独特魅力的个体。世上不存在两片相同的叶子。人与人之间也存在很大的差异。所以,每个孩子的爱好、性格、天赋都有着各种各样的差异。人生而有异,性而不同,这当是天之道也。世间万物都有其发展的客观规律,我们除了应该遵守这些规律,还应该尊重孩子个性的正常发展规律,对孩子的个性培养发展进行引导而非教导。经过长期的教育实践观察可知,想要全方位地提高学生的综合素质,学生的个性培养是不可忽视的一部分。学生良好的个性既是教育的前提又是教育的结果。因此,个性培养有着不容忽视的重要意义。而学生个性的培养可以从以下几个方面展开(图7-15):

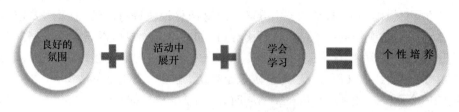

图 7-15　个性培养的实践途径

(1) 个性培养要有良好的氛围。

我们知道,个性的养成同时受到学校、家庭和社会的影响,如果这三方面的教育标准不统一,那么就会使学生感到迷茫,不知道谁对谁错,也不知道究竟该如何发展,也就必然会产生心理冲突,继而影响他们健全个性的形成和发展。因此,实施个性教育必须把学校、家庭、社会三方的教育统一起来,形成良好的个性教育环境氛围。

营造性格培养的良好氛围,需要家庭、学校、社会三方共建。从家庭这方面来说,首先要做到的就是"去成人化"影响,即不以成年人的好恶或利弊来看待有关孩子们的事情和问题,而让孩子生活在一个较为宽松的和较为宽容的家庭氛围之中,让孩子自由发展。当然,还需要家长适当地给予孩子鼓励与支持,向孩子传递正面的影响。二是从未来学校的学校氛围这方面来讲,我们知道,学生的个性培养的关键点不仅取决于教师的教学能力是否优秀,更取决于学校是否有满足学生全面发展和个性培养需求的教育环境与文化氛围。如果为学生提供个性学习的环境和自主学习的文化氛围,只要教师进行适当引导,就能推动学生的全面发展和个性培养。这种教育环境与文化氛围肯定包括前文已经多次提到过的人文关怀和多元的评价,以及积极的鼓励和正面的刺激。但基于未来学校独特的环境技术优势,我们也可以利用大数据技术来对孩子进行个性培养,通过大数据收集分析让教师对学生群体有着全面且深入的了解,并精确到每位学生,比如通过学生日常行为或者学习数据的景况分析,形成一些关键词,让这些关键词成为学生个性发展的助力和目标。且通过数据信息和关键词的变动,教师还可以了解到学生的变化,能更好地对学生进行全面教育和个性培养。此外,我们不能忽视未来学校为学生提供的满足其全面发展和个性培养需求的资源平台,结合教师进行的有效辅导,为学生的个性培养助力。而最后也就是我们常说的社会氛围,首先要加强的就是"把关人"理论的应用,让学生们少接触或者辩证批判性地去接触各种各样的信息。尽量让学生们生活在一个真善美的氛围里。当然同时也应该教导学生们明白真善美的含义,不要将真善美口号化、道德化、标签化,而是让真善美真正融入学生的心里,让学生真正认同真善美所传递的价值观,进而鼓励学生们发展个性。当然,仅仅从未来学校的角度来说,对家庭氛围和社会氛围只能起到一定限度的影响和规范作用,这就需要未来学校与家庭和学生生活的社区建立联系,构建一个三方信息互通、资源共享、未来共育的平台,关于这一部分,下文将有详细的阐述。

(2) 个性培养要在活动中展开。

人是社会中的人,离开了人类的社会实践,人的健全的个性就无从谈起。所以,培养学生的个性应在活动中展开,让学生更多地在活动中体验、感悟和习得,经受个性教育内容的熏陶和感染。基于活动的个性教育的具体方法有以下四种:

①影视感染法。充分利用未来学校提供的技术网络平台,组织学生观看一些具有鲜明人性美、人情美和人道内容的电影电视及动画。而且鉴于目前具有针对性且适合学生的人

性启蒙的作品偏少,未来学校也可以多方联系,建立校企创作平台,从而建立一支自己的"教育文学"作家队伍,为学生提供良好的精神食粮。

②实践体验法。充分利用未来学校提供的各种应用空间和区域,组织学生参与设定的有个性的教育内容的具体实践活动。还可以与社会合作开展如城乡学生"手拉手"等活动,让城市学生吃住在农村同龄伙伴的家中或学校,在真实的环境中去感受和体悟生活,这样,爱心、同情心、换位思考等个性品质就会自然衍生出来。

③叙事教育法。利用未来学校的录播厅、校园广播等功能性教室,组织学生们听故事和案例。每个人都有故事,故事具有启智、明理、导行的育德、育心、育人的意义,是教育者走进学生心灵、感化心灵和引导心灵的有效方式。故事和案例既可以是学生们自己讲,也可以是教师讲,也可以邀请家长甚至社会人士讲;既可以通过录播厅的影视传媒来进行,也可以在班级活动、午间广播中开展;既可以讲自己的故事,也可以讲别人的故事。

④角色扮演法。利用未来学校的梨园亭(图7-16)、演绎中心组织学生表演小话剧、小戏曲,让学生们模仿和扮演某些特定的人道者和慈善者。这种角色扮演常常会使学生在不知不觉中习得某些真善美的行为,打造良好的个性品质。

图7-16 梨园亭

(3)个性培养要让学生学会学习。

良好个性品质的养成离不开学习。当今时代是一个需要人人学习、终身学习的时代。建设学习型组织、学习型社会已成为世界潮流。不重学则殆,不好学则退,不善学则衰。我们认为,在学习中培养个性大致包括以下几个方法。

①在历史中学。即向前人学,向中外历史上的优秀事例学。未来学校独特的云端共享资源为这种学习提供了技术保障,让学生们可以通过对传记、史学、文学作品、专题教育材料、影视作品的领悟和感受来学习,也可以通过专题研究的形式来学习。

②在比较中学。有比较才有鉴别,在鱼龙混杂中,通过比较"真善美"与"假恶丑",让学生们积极交流讨论,在好书分享区开展专题读书会,在交流与感受中,道德是非的价值判断不言自明。

③在实践中学。陶行知在《三代诗》一首诗中写道:"行动是老子,知识是儿子,创造是孙子。"就是说要从行动中获得知识,再用知识去指导行动。这样,就在理论和实际、读书和实践之间架起了一座贯通的桥梁,形成了一条联系的纽带,也只有这样,才能推动社会不断

进步。

④在生活中学。向生活中活生生的典范学习，这种学习看得见、摸得着，示范效应大，效果不错。生活时时是学习，处处是学习，既不囿于某个具体的时间，也不囿于某个具体的情境，随时都有学习行为发生，学习无处不在。持这样观念的人会让学习成为一种习惯，会让理论素养和实践技能在不断的学习中得到增长和升华，从而使个性得到良好的发展。

7.4.4 生涯规划

早在20世纪八九十年代，联合国教科文组织就推出了一系列关于教育改革和社会发展的纲领性文件，其中最重要的就是提醒我们，教育首先要教会和指导国民学会生存，在人们有了基本的生存能力之后，才能有多数人学会学习、学会发展、学会合作、学会关心、学会创造，这也即是人们常说的"仓廪实而知礼节"。基于这一共识，世界许多国家对教育的作用与目标进行了调整，将中小学生的基础知识学习与基本技能训练与其未来的生存与发展结合起来。

事实上，在许多国家，小学生在高年级就开始体验社会生活。他们会积极参加社会服务、做志愿者、尝试打工、了解相关的社会保障及法律、知道生存竞争的残酷、具备自主维权的基本能力，使其掌握的生存类知识和能力与学校传授的理论性知识相得益彰、相辅相成，为其之后的独立发展奠定了坚实的基础。而在这些有益的学习与实践中，生涯规划方面的学习与指导发挥着重要的作用。但是要知道，小学生生涯规划教育是一个漫长的过程，它主要包括职业规划、学业规划两个方面，其中以学业规划教育为基础，以职业规划为核心。前者以从事向往的职业为目标，对当前学习状态进行设计与安排，后者则体现出小学生未来职业的意愿与趋向。这需要整个教育系统的持续关注和支持，同时也离不开社会与家庭的配合协作，一言以蔽之，关于小学生生涯规划教育我国还有很长的路要走。

但对于作为教育践行者的未来学校来说，培养和教育学生，并引导其朝着正确方向发展是十分重要也是义不容辞的责任。因此，我们坚持对小学生进行职业生涯规划教育，这会让学生们在不同的人生阶段树立不同的目标，促进他们更好地发展。而且我们坚信，在目前提倡素质教育的背景下，对小学生进行职业生涯规划教育也是未来教育发展的必经之路。但俗话说得好"打铁还需自身硬"，加强学生的生涯规划能力，强化学生的职业生涯规划意识，提高学生对自我的认识的职业生涯教育也需要未来学校建立健全学校职业生涯规划教育服务体系。而未来学校也必须通过加强宣传生涯规划教育的意义和作用，引导家长在子女早期教育中为孩子的生涯规划教育打下良好的基础；同时争取到企业、学校等机构的认可和接受，主动为学生们提供实践平台。通过学校、家庭、社区通力合作，搭建完善的职业生涯规划教育服务体系，使学生能科学、有效地规划自己未来的学业与职业，提高综合素质与就业竞争力，为未来的就业奠定良好的基础。

我们知道，一个人的职业从选择到发展是一个较为漫长的过程，从小学开始进行职业生涯规划教育，使其从小树立正确的世界观、人生观、价值观，明确学习目标，逐渐增强职业意识，对提高学生学业、职业规划能力有着十分重要的现实意义。我们认为可以将小学生生涯规划教育依靠年级分为职业意识培养期、职业方向初探期、职业观念树立期三个阶段。

（1）职业意识培养期。

在小学低年级阶段（小学一、二年级），需要设置专门的职业生涯规划教育课程，这样可以更为规范地为学生介绍职业，启蒙教育，并促使学生形成相应的学科理念与能力，以及在学习的过程中形成良好的职业观，促使学生可以更好地将职业规划与自己的梦想联系起来,并努力为之奋斗,职业意识是伴随学生成长与发展的必备因素,可以更好地促进学生的发展与进步,而且这一门学科的教学目标不是根据学生的特点强制地或严格地为其进行相应的职业规划与设计,而是要努力抓住学生自主意识的关键时期,从多方面对学生的职业意识进行培养,让小学生可以更好地在课程学习的过程中认知自我,并有效培养学生的语言能力以及交流能力,进而促使学生得到全面的发展与提升,并有效适应现代社会的发展,让学生在学习的过程中不断地提升自我与发展自我。

而在专门的职业生涯规划教育课程中,未来学校可以结合自身多元组合环境让教师开展校内活动,让学生们正确认识职业。在课堂上,教师主要采用讲授、讨论、实践活动相结合的方式开展,当然也可以通过校内游戏、校内活动的方式引导学生主动思考,并与其他学生分享,使其正确认识自我与客观世界。例如,学校可以在校庆、开学典礼、节日等具有特殊意义的日子,邀请不同职位的家长代表为学生讲解该职位的工作内容与意义,并现场模拟演示,使学生更深刻地理解工作内涵。另外,还可以以班级为单位进行角色扮演,排练职业情景剧,由学生扮演社会中某个职位劳动者,通过小品、情景剧等方式展示给大家,使学生更好地体验角色,对其产生兴趣与热情,教师应抓住时机妥善引导职业生涯教育,取得事半功倍的教育效果。不仅如此,教师还可以通过故事启迪学生,向学生们传播职业精神。要知道,小学生普遍具有爱听故事的特点,在生涯规划教育中,以往单纯的理论讲解很难激发他们的学习欲望,教学效果往往不好。对此,教师可以抓住学生特点,通过故事启迪的方式传播职业精神,帮助学生明白职业责任与内涵。

当然,我们还应该注意到的是,在开展小学职业规划的过程中,如果仅仅是依靠课程上的教育,很多小学生并不能理解其中所传达的思想,甚至会认为这是一门枯燥的课程,不愿意进行下一步的学习,长此以往这一门学科便无法顺利地开展。故而需要采取更为科学有效的方式对学生进行教学,将小学的职业启蒙教育与其他学科结合起来,并相互渗透,因此我们也需要加强对各科教师的职业教育规划培训,促使所有教师都可以接受这一新型理念,并在实际教学中进行渗透,促使学生可以从各方面接受职业规划教育思想,从多维度促进学生的发展与进步。

(2)职业方向初探期。

到了小学中年级阶段(小学三、四年级),我们就需要结合校内外实践,去培养学生的实践能力了,因为实践能够最好地促使学生将所学运用于社会中,将所学知识运用于实践,并对知识进行逐步的深化,促使学生可以真正地发展与提升自我。而在采用校内外实践相结合的方式,将校内学到的理论知识灵活应用到校外实践中的方法的使用中应注重操作性、直观性、平等性,将重心放置在学生自我教育上,与实际需求联系起来,提高学生的实践能力。此外,我们还可以通过相关实践活动去有效地培养学生的劳动技术素养以及科学创新能力,故而教师在早期进行教学之时就可以尝试根据学生的实际情况以及课程开展状况在其中融入相应的教学活动,并在实践活动之中让每个学生都可以切身感受每个职业的素养要求以及形象要求,进而有效地促使学生为了自己的梦想朝相应的方向奋斗。而且职业素养活动的开展可以在实践活动的支持下提高学生的课堂参与度以有效激发学生的学习兴趣,并为学生提供一个可以实现自我理想以及梦想的相关平台,以有效增加学生对未来职业的期待,故而学校可以定期开展职业风采展示节日,让每个学生根据自我的未来梦想、自我感知以及课堂所教授的内容对角色的职业风采进行展示,并通过未来学校的云端共享技术在全校进行交流与交谈。

除此以外,学校还可以开展社区单位实践、写人物作文、参与志愿者活动、冬夏令营等活动,使学生接触到社会中更多的职业并且更直观地体验工作与生活,接触更多的新知识,并在实践中发挥自己的特长,进一步判断自己的职业兴趣点与优缺点,寻找自己与理想职业之间在能力、性格、思想等方面的差距,并为了获取更多知识储备与能力不懈奋斗。

当然,在此阶段,我们还要取得学生家长的支持,进而通过家校合作,促使学生从多方面得到发展与提升。学校为学生提供了更多参与社会实践的机会,家长则可以带领孩子到自己工作单位参观,并尝试完成一些力所能及的任务,以此增强学生的职业感受,增强其参与热情与主观能动性。或者也可以在学校与家长进行交流、沟通之后共同组织一个职业交流日,在学校定期开展交流会,每次邀请不同职业的家长,对学生讲解这个职业所需要的职业素养以及职业技能,让学生对这个职业进行更为深入与透彻的理解,而且在交流活动结束之后还可以让学生进行小组内讨论,在活动中通过交流与分享的形式,促使学生对每个职业进行更为深入与透彻的了解,并让学生对未来的职业进行设想,促使学生在整个活动中发展与提升自我。这样,我们就可以通过多样化的活动方式使学生认识自我、了解缤纷的世界,通过认知家长、亲戚、邻里及周围人的工作性质与特点的方式,使学生内心深处对职业有更加深入的认识与了解,从而培养其职业意识与敏感度,使其不但知道社会上有各种各样的职业,还懂得各行各业都是平等的、光荣的,劳动者都在凭借自己的力量为社会创造价值,从而激发对职业的向往与热情。

(3)职业观念树立期。

小学高年级(小学五、六年级)是小学的最后一个阶段,这个阶段就需要未来学校组建的针对小学生的生涯规划队伍登场了,这个队伍主要由师德高尚、专业能力强、人格健全的教师组成,我们通过这个队伍对学生进行个体辅导,解答学生的职业困惑。而且我们在开展小学生生涯规划教育的职业方向初探期就可以采用导师制让学生与职业生涯规划队伍的教师有所接触了,只有这样教师才可以在了解学生家庭背景、性格特点等多方面信息的基础上,与学生深入交流,进而在职业观念树立期让教师可以针对存在职业困惑的学生提供个体辅导。辅导的形式不限,可以是师生之间展开对话或者通过未来学校提供的场所条件利用网络、书信进行通信,学生可以随时预约,与教师谈论自己在生活、职业生涯等方面的困惑与问题,教师可以站在专业角度为其提供建设性意见,针对学生间存在的共性问题,还能够通过团体解答、专题讲座等方式解决,与个体辅导互为补充,使每位学生都能树立正确健康的职业发展观。

当然,职业生涯规划队伍中职业生涯规划指导工作仅仅只有教师也不可行,一方面这样的职业生涯规划队伍中的教师总数太少,另一方面,由于缺乏对于某一职业的系统知识,仅仅依靠教师开展的职业生涯规划教育效果有限。因此可以向社会招聘少数符合条件的高素质职业人才,如职业顾问、业内知名人士作为某些职业生涯规划的咨询师,同时在学校里有计划、分步骤地重点培养校内教师,为他们搭建平台,提供学习机会,逐步建立一支专业的、稳定的学生生涯规划队伍。也只有让这样的队伍为学生们服务,才能让该阶段的学生可以根据自己的职业兴趣点去树立正确的职业价值观,明白自身潜力与理想职业间有多大距离,想象若干年后自己将定位何处等,树立与国家发展、个人价值实现相符合的职业规划观,并为之奋斗。

最后,我们还要注意的是提升小学生生涯规划的执行力,保证生涯规划教育效果。职业规划的过程不仅包括制定职业目标的过程,还包括围绕职业目标制订符合自己的计划并付诸行动的过程。而个体发展的动力来自于个体的主观能动性,所以只有让学生主动地规划自己的职业生涯,为自己定下发展的目标,制作出真正属于自己的经过深思熟虑、修改多次的职业生涯规划单,才能让学生们在未来的生活中可以真正地对自己的计划付诸实践。也只有这样,才能算是成功的职业生涯规划教育,才能让学生们实现个人价值,真正达到未来学校教育的目的。

综上所述,未来学校的生涯规划教育将随着人的发展而改变,对于小学生来说,他们正处于各项意识与能力初步形成的时期,对其开展生涯规划教育,使其从小树立远大目标,逐渐树立明确的职业观念,并为自己的理想职业努力奋斗。未来学校的生涯教育不会只单纯停留于课本,而要在实践中贯彻落实,通过课堂故事启迪、校内外实践相结合、开展多样校内活动等方式,让学生亲身感知职业,寻找个人职业兴趣点,从而积累更多技能与经验。

7.5 构建完整的学生培养环境系统

在本章的最后,我们要说的是,"让美好相遇"的未来学校环境体系构建,绝对不仅仅是指校园内的环境,它不仅仅是指校园里的教室,不仅仅是指校园里的景观区,也不仅仅是指校园里的人文氛围和物质环境,"让美好相遇"的环境体系有着更为丰富的意义。我们认为,真正的"让美好相遇"的环境体系构建离不开学校、学生、家长和社会的多方参与、共同构建。这样的学习生态的融合构建了全社会协同育人的环境,有助于学生们身心的健康发展,引导他们的生命认知感、正心正德。它以学校与家庭、社区"三位一体"的合作模式为重要体现,构建多种场景的广泛连接互通局面,建立协同治理的学习生态创新机制,深化学习方式的变革,形成新学习模式,拓展学生的互动对象有利于强化学生们的表达沟通、组织协调能力,并通过积极参与社区社会实践活动,培养乐学善思、理解共情观念,强化问题探究与实践创新意识。而关于其多方参与、共同构建的过程,我们认为可以从其构建的理论体系认知维度与其构建的具体方法两个方面进行阐述。

7.5.1 构建的理论体系

学校与家庭、社区共育是未来学校"让美好相遇"的学习生态环境融合的重要体现,着重构建学校教育、家庭教育和社区教育"三位一体"的教育模式,是依托未来学校的数字技术实现实体空间的远程对接,包括教室-教室,学校-家庭,学校-社区(校外教育机构、实践教育基地、自然教育基地、博物馆、图书馆等)。学校与社区、家庭的开放融合,新场景的应用与新学习模式的形成,使得学校教育、家庭教育、社会教育之间的边界逐渐被消解,家庭和学校之间的关系被重新界定。过去学校对于家庭教育没有干预,学校对于家庭教育的作用比较弱,随着教育生态的变化,家长的全方位参与是形成家校共育合力的基础,将成为未来教育与整个社会协同进化的重要支点。三方广泛连接交互,打破边界,融合外界生态,实现学习空间场景虚、实多维构建,满足学生多样化、个性化学习需求与灵巧教学、新课程开展的场景变化需求,推动教育从低维向高维跃迁,促进学生全面化、个性化、多样性和创造性发展。这也使得三者紧密联系,互相渗透、互相促进、协调一致,提升育人环境,拓展学生活动对象,建立协同治理的学习生态创新机制,构建统一的教育生态网络。而学校与家庭、社区共育"三位一体"的教育格局,拓宽了教育时空,包括以下四个重要内容。

第一,家长学校建设。家长学校建设最重要的一点是,学校需要在实践和理论层面上为家长提供辅助和指导,为家长的家庭教育提供教育服务,这也是未来学校功能的延伸。众所周知,校园教育与家庭教育,相辅相成缺一不可,那么在未来学校的环境中,就需要二者紧密配合,达成教育共识,在教育的模式标准、核心动力等方面都有一个统一的认识。这也就需要家长掌握相关教育理念的基本内容和方式方法。让家长主动承担起孩子第一任老师的重要职责。当然,还要考虑到不可能所有家长都具有完备的相关教育理念和正确的教育方式方法。这就需要未来学校向家长着重强调其重要性并提供相关服务,进而提升家校沟通,促进教师角色的转变,发挥教师在与家长沟通方面的效用。让未来学校中的孩子们的数据画像内容转变成服务于家庭学生成长和学生发展的基础方向的数据分析,进而实现家校共育,通过影响家庭培养学生。

第二,社区、学校协同育人。未来学校需要达成社区、学校协同育人最重要的原因就是学校和社区都拥有丰富的教育资源。那么构建学校、社区协同育人,就离不开与学生课外实践活动组织安排的紧密配合。积极让学生融入社区实践,发现社区问题,增长社区体验,关注社区生活,从实践中发现问题,了解社会基本情况。促使学生与社会系统更好地连接,提升学生适应社会的能力,同时也能通过开展的各种各样的活动,丰富学生的文化视野,提升学生解决问题的能力和学生之间协作交流的能力。再搭配上互联网络云端共享,线上线下共同协作,进而让学生们不再是学习的被动旁观者,而是积极参与者,让学习与创造一体化。

第三,社区对家庭教育的支撑。社区对家庭教育的支撑往往是容易被人们所忽略的。但是社区对家庭教育的支撑,在未来学校的环境体系构建中,也扮演着不可或缺的重要角色。首先是学生的校外安全问题。这往往需要社区环境提供支持,而构建一个良好的社区家庭沟通环境,有助于解决学生校外安全问题,其次,我们还要意识到家庭教育往往存在着功能、内容和场景不足的问题,这个时候社区资源就对家庭教育资源不足提供了理想的解决方案,因为社区有着相当丰富的教育资源,可以支撑家庭教育。最后我们还应该注意到,除社区与学校协同育人外,家庭与社区之间的协同育人,也起着十分关键的作用。家庭和社区积极联系,同时家庭协同社区组织,多样化实践教育活动。让学生在假期里面依然能够参与实践活动的学习。让未来学校的校外教育得到良好的延伸,也让学生们的参与意识得到加强。

三位一体信息共享,实现自适应学习,构成完整的学生培养环境系统(图7-17)。基于未来学校提供的5G物联网大数据和区块链技术的分析与管理平台,促进家庭、学校与社区三者之间的交流互通,实现教育信息同步,在三方数据解读共享和充分沟通的基础上达成一致的教育目标,进而构建学生学习问题的解决之道,形成以学生为中心的全方位自适应学习。

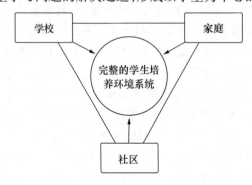

图7-17 完整的学生培养环境系统

7.5.2 构建的具体方法

学校与家庭、社区共育的三位一体的培养环境系统必然会与新技术结合促进系统的建立。未来学校是教育学、认知科学、技术和社会的混合体,伴随着大数据、人工智能、云端计算等技术的日趋成熟,新技术既可以作为教育内容,促使学校培养数智人才;也可以是传统教育的加速器,提高教学效率、减少教师工作量,促进教师角色转变;还能嵌入学习系统,使自适应学习得以发生,实现因材施教,每个人的作业、学程都不一样,都有一个数字画像,学习生活轨迹得以记录,学过什么样的课,做过什么事情,什么事情从来没有成功过,都会通过数据得到清晰的记录。

学校与家庭、社区共育的三位一体的培养环境系统构建具体方法如下:

从学校－家庭的环境系统构建来看,首先,需要根据家庭教育水平在线综合测评报告进行诊断与定制指导服务,建立家庭教育指导课程体系,提供课程、教材等学习资源,并进行教材数字化转化和云课程开发。基于教学内容,推出线上与线下相结合的平台集成服务。建立家校培训体系,包含家庭教育"成长型"家长培训与家庭教育指导者培训,定期以讲座授课等方式展开培训学习。以定期举办儿童大会、家长大会、交流分享活动等家庭教育品牌活动,进行家校共育成果的交流与展示。此外,还需要构建联通学校、家庭及课前、课中、课后的在线学习空间,随时记录学生学习信息,并通过云计算和人工智能技术进行数据采集和计算,帮助教师实现作业管理的智能化和实现测练管理的智能化,支撑教学数字化和智能化评价,使学校真正成为"学习随时随地,资源无处不在"的智慧云校园。

从学校－社区的环境系统构建来看,首先,需要建立社区与学校联动机制,建立社区安全管理平台与服务支撑模式,安全平台记录从学生出校门到进社区、社区学习中心、家门等相关信息,并同步到教师、家长及社区管理人员终端设备上。其次,需要建立学校－社区的泛在互联。未来的教育将从竞争走向共生,学校、家庭、社区、企业、工厂、政府机构、自然界和博物馆等都是独特的教育场景,依托数字技术实现实体空间远程对接,建立泛在互联。而这些来自真实世界的力量会不断滋养学生的成长,促进学生自我系统与社会系统的连接,激荡共生,良性互动。学校要主动与外部世界连接,让学生、教师、管理者主动提出问题,开展协作学习,相互影响、感染、渗透和启发从而生成集体智慧,共同解决同一类问题。最后,需要建立学生社会实践管理系统,实现社区及学校信息同步,校园接入社区志愿者网络信息,共同管理、审核。实践活动信息在管理平台系统实时更新,与校园活动形成主题同步与互补。

从家庭－社区的环境系统构建来看,首先需要家长协同社区组织有益于家庭和孩子的活动,通过这些隐形的课程和服务对家庭提供支持,弥补家庭教育内容、场景和功能的不足。此外,需要家委会、社区学习委员会协助学校建立沟通平台,做到信息实时、准确共享,学校整合信息,在与家庭、社区充分协同的基础上提供个性化课程服务和发展规划,实现因材施教。

从学校－家庭－社区的环境系统构建来看,首先,需要建立三方信息共享平台,打造连通性的学习生态新流程体系。建立基于大数据、区块链的分析与学习管理平台,为教师提供人工智能助手,为学生提供个性化的新课程。其次,还要注重培养以人为本的全球公民意识。构建政府部门、学校、社会、家庭共同参与的新学习体系,新场景的应用,突破了时空限制,让学习方式发生了深刻变革,新技术与教学的融合让个性化学习成为可能,教育管理的重点是在学生测评、数据分析的基础上与其进行充分对话、从而制定个性化的教育方案,并连接新课程促进学生提升和创新。最后,还要促进学校成为学生深度学习实践、体验和沟通交流的场所,整合学生的内在成长和体验。

未来学校教育与新技术的结合,推动了学生学习生态的进化,让学生们冲破了传统学校的环境藩篱,让教育能够逐渐从校园延伸至社会、社区和家庭。未来学校,通过新技术对教育的赋能,让学生学习不受空间与时间的约束,可以让学生们随时随地学习,传统的学校、家庭、社区与人工智能辅助学习场景、剧场场景、博物馆场景、数字图书馆或数字阅读场景和实践场景结合,它们之间通过广泛的连接形成学校－学生－家长－社会的体系。在这个全新的学习生态系统中,全体教育工作者与民众共建、共享、共治,每一个人既是这一系统的奉献者,也是这一系统的受益者,共同构建了全社会协同育人的新学习环境。

参 考 文 献

[1] 李笑非. 创造最适宜学生的"未来"教育——基于核心素养与学习能力的未来学校建设探索[J]. 教育科学论坛,2016(14):27-31.

[2] 张欣. 未来学校的构建与实施[J]. 河南教育(基础教育版),2017(5):9.

[3] 杨帆. 基于课程体系建设的创客教育[J]. 中国教育学刊,2018(A1):8-11.

[4] 刘玮. 为唤醒的教育[J]. 中国教育学刊,2018(3):69-73.

[5] 孙倩瑾. 丰富课堂知识 扩展学生视野——《嫦娥奔月》教学策略探讨[J]. 小学教学参考,2011(28):59.

[6] 王昌胜. 空间:教育活动的主动参与者[J]. 湖北教育(政务宣传),2018(6):57.

[7] 刘军. 智慧课堂:"互联网+"时代未来学校课堂发展新路向[J]. 中国电化教育,2017(7):14-19.

[8] 张治. 上海市电教馆馆长 张治 学校3.0时代的教育新图景[J]. 上海教育,2018(19):28.